FALKO LIECKE
Brennpunkt Deutschland

FALKO LIECKE
mit HANNES REHFELDT

BRENNPUNKT DEUTSCHLAND

**Armut, Gewalt, Verwahrlosung
Neukölln ist erst der Anfang**

QUADRIGA

Dieser Titel ist auch als Hörbuch und E-Book erschienen.

Die Bastei Lübbe AG verfolgt eine nachhaltige Buchproduktion. Wir verwenden Papiere aus nachhaltiger Forstwirtschaft und verzichten darauf, Bücher einzeln in Folie zu verpacken. Wir stellen unsere Bücher in Deutschland und Europa (EU) her und arbeiten mit den Druckereien kontinuierlich an einer positiven Ökobilanz.

Originalausgabe
Copyright © 2022 by Bastei Lübbe AG, Köln
Außenlektorat: Ulrike Strerath-Bolz
Umschlaggestaltung: Kristin Pang
Einband-/Umschlagmotiv: © Annette Hauschild/OSTKREUZ
Satz: two-up, Düsseldorf
Gesetzt aus der Crimson
Druck und Einband: GGP Media GmbH, Pößneck
Printed in Germany
ISBN 978-3-86995-117-1

5   4   3   2   1

Sie finden uns im Internet unter quadriga-verlag.de
Bitte beachten Sie auch: lesejury.de

Inhalt

Prolog

Warum sich unsere Zukunft hier entscheidet

Wer wie ich seit mehr als fünfundzwanzig Jahren Kommunal-politik im Berliner Bezirk Neukölln macht, ist durch nichts mehr zu überraschen. Möchte man denken. Ich kenne die Verwahr-losung in einer Stadt, die zwar einen sozialen Anspruch hat, aber oft schon an einfachster Hilfe für Obdachlose, Flüchtlinge oder einsame Senioren scheitert. Ich kenne den offenen Drogenhan-del in den Grünflächen und U-Bahnhöfen, den menschenun-würdigen Konsum schwerster Betäubungsmittel in Parks und Hauseingängen mit all seinen schrecklichen Auswirkungen auf suchtkranke Menschen, Anwohner und Stadtbild. Ich kenne die krasse Kriminalität arabischstämmiger Clans und verabscheue den Herrschaftsanspruch, der mit ihrem Proll-Gehabe und da-mit einhergehenden Auftreten auf unseren Straßen klarmachen will: »Wir sind Chef hier!«. Das sind sie nicht und werden es nie sein. Und als Jugendstadtrat kenne ich die teils brutale Gewalt, mit der schon Kinder und Jugendliche aufwachsen, von der sie geprägt werden und die sie als einziges ihnen bekanntes Zeichen von Stärke auf der Straße an andere weitergeben.

Mit welcher Selbstverständlichkeit ich am 31. August 2020 auf offener Straße von mehreren Mitgliedern des bundesweit bekannten Al-Zein-Clans angepöbelt und bedroht wurde, hat mich aber dennoch kalt erwischt. Kleine Kinder waren das. Kin-der, die offenbar schon in jungen Jahren ihren Versagerbrüdern nacheifern und keinerlei Hemmungen vor offener Androhung von Gewalt haben.

Ich war bei einer Parteiversammlung am gerade frisch ein-geweihten Leuchtturm der Neuköllner Bildungspolitik: dem

Campus Rütli. Unmittelbar vor der Veranstaltung kamen vor der nagelneuen, aber schon mit verschiedensten Tags und zweifelhaften Kunstwerken beschmierten Quartiershalle drei Männer im Alter von fünfundzwanzig bis dreißig Jahren um die Ecke. Sie riefen meinen Namen, fragten aufgeregt und mit szenetypischen Droh- und Machtgebärden, warum ich ihnen die Kinder wegnehmen wolle, und kamen immer näher. Sie seien ja stolze Mitglieder des Al-Zein-Clans und wollten wissen, ob sie denn auch alle kriminell seien. Offenbar war ihnen das Titelblatt einer Berliner Boulevardzeitung von vor knapp einem Jahr noch in guter Erinnerung. Auch wenn ich bezweifle, dass sie mehr als die Schlagzeile »Nehmt den Clans die Kinder weg« gelesen oder verstanden hatten.

Sie machten Fotos und Videos von mir und redeten gleichzeitig heftig auf mich ein. Besonderen Wert legten sie darauf, dass ich zwischendurch auch ihre teuren Uhren zur Kenntnis nahm. Mehrmals wiesen sie auf die klobigen, glitzernden und recht unhandlich wirkenden Zeitmesser an ihren Handgelenken hin. Mir kam zwischenzeitlich der Gedanke, ob sie denn mit den ganzen Zahlen auf den Ziffernblättern auch etwas anzufangen wüssten, ich disziplinierte mich aber schnell wieder. Die Fehlschläge sozialdemokratischer Bildungspolitik, die Berlin in den letzten Jahrzehnten durch eine ausschließlich von der SPD geführte Bildungsverwaltung erleiden musste, waren gerade nicht mein größtes Problem.

Das Ganze sollte bedrohlich und einschüchternd wirken. Sie wollten mir verdeutlichen, wer in »ihrem« Teil von Neukölln die Ansagen macht. Und ich kann mir gut vorstellen, dass das bei anderen Menschen sehr gut funktioniert.

Bei mir nicht. Zu einem kleinen Teil aus Trotz, zum größten Teil aus dem Wissen um meine Rolle als Vertreter des Staates und der ihn tragenden Mehrheitsgesellschaft gab ich nicht klein bei. Die Stimmung wurde aggressiver, die Clanmitglieder bauten sich vor mir auf, kamen näher, pushten sich selbst immer weiter hoch, wurden kurzatmiger und bedrohlicher. Es war das Standardrepertoire einer Klientel, für die ich neben einem guten Teil Verachtung nur Mitleid empfinde.

Ein Parteifreund, von Beruf Polizist und entsprechend geübt im Auftreten, kam zufällig hinzu, sodass die Männer von mir ablassen mussten. Auf dem Rückzug keiften sie noch einige Beleidigungen, und es fiel ein Satz, der mich aufhorchen ließ: »Pass auf deine Kinder auf. In Neukölln gibt es leicht mal einen Toten.«

Direkt im Anschluss kamen mehrere Halbwüchsige von schätzungsweise acht bis zwölf Jahren auf mich zu. Mit Kettenschlössern und Steinen »bewaffnet«, warfen sie mit Beleidigungen um sich, deren Bedeutung sie meist selbst wohl nicht vollständig erfassen konnten. »Deutscher piç«[1], »Hurensohn«, »Scheiß-Kartoffel«. Immerhin äußerten sie ihre Meinung über mich überwiegend in verständlicher deutscher Sprache. Zarte Knospen eines ersten Bildungserfolgs? Immer positiv denken!

Eine weitere Eskalation konnte ich zusammen mit meinen Parteifreunden verhindern, aber die Absicht war klar. Aus der Sicht der Angreifer hatten weder ein »verfickter Hurensohn« wie ich noch die CDU etwas in »ihrem« Kiez verloren. Eine Haltung, die linke Avantgarde, Clanfamilien und rechtsextremistische Brandstifter gemeinsam haben. Wir sollten uns also schleunigst »verpissen«. Später stellte sich heraus, dass auch die Kinder – alles Jungs – aus dem Al-Zein-Clan stammen.

Diese nur ungefähr zehn Minuten dauernde Szene könnte für andere eine Initialzündung, ein persönlicher Ansporn für mehr politischen Einsatz gegen Clans, Jugendkriminalität und allgemeine Verwahrlosung sein. Wieder andere würde es einfach so hinnehmen und wären dankbar, dass nicht mehr passiert ist. *Al-Hamdu-li-'llah.* Für mich war es nur eine weitere Bestätigung für das, was in Neukölln schiefläuft und wogegen ich seit mehr

---

1 Türkischer Sammelbegriff für »Bastard«, »Hurensohn«.

als zwölf Jahren als Lokalpolitiker kämpfe, die Hälfte dieser Zeit noch an der Seite von Heinz Buschkowsky: Clans, Jugendkriminalität, Gewalt, Autoritätsverlust, Staatsverachtung, Desintegration und allgemeine Verwahrlosung.

Die kompromisslose Gewaltbereitschaft, der grenzenlose Hass und die ins Gesicht geschleuderte Verachtung von allem, wofür unser Land steht, lässt vermutlich niemanden unbeeindruckt zurück. Für mich war das Erlebnis daher auch eine von vielen Bestätigungen, dass mein Kurs richtig ist. Und dass wir alle, die Politik, aber auch jeder Einzelne aus der Mitte der Mehrheitsgesellschaft, noch viel Arbeit vor uns haben. In Neukölln entscheidet sich Deutschlands Zukunft: Entweder wir schaffen das – oder eben nicht. Wobei Letzteres keine Option ist, die ich jemals akzeptieren würde. Aufgeben kommt für mich, selbst angesichts direkter Bedrohungen, nicht infrage.

Die Probleme in Neukölln sind so vielfältig wie seine 330 000 Einwohner aus über hundertsechzig Nationen. In jedem Politikbereich kann ich aus jahrelanger Praxis Dutzende offene Flanken aufzählen, die das Leben in diesem Brennglas der Republik prägen. Manches wird Lesern aus Köln, Dortmund, Essen, Bremen oder Frankfurt bekannt vorkommen. In ihrer geballten Wucht gibt es sie aber wohl nur in Neukölln. Einige von ihnen liegen mir besonders am Herzen. Um sie geht es in diesem Buch.

TEIL 1

DIE PROBLEME DES »PROBLEMBEZIRKS«

Drogen, Verwahrlosung und Menschen am Abgrund

Wenn ich vom Rathaus Neukölln zum nur einen Kilometer Luft-
linie entfernt an der berüchtigten Hermannstraße gelegenen
Anita-Berber-Park fahre, geht das am besten mit den U-Bahn-
Linien 7 und 8. Wer sich im U-Bahnhof Rathaus Neukölln den
Bahnsteig entlangwagt, hört sie von Weitem und riecht sie nur
Sekunden später: Mehrfach suchtkranke Menschen, immer wie-
der die gleichen, die hier auf den Bänken im Bahnhof sitzen, viel
Alkohol trinken und sich hin und wieder lautstark streiten. Wo-
rüber, erfährt man so gut wie nie. Vermutlich wissen sie es oft
selber nicht. Es stinkt fast im gesamten Bahnhof nach schalem
Bier, Urin und dem Qualm billiger Zigaretten. Diese offene Trin-
kerszene ist seit Jahrzehnten ein ungelöstes Ärgernis.

Die für die Bahnhöfe verantwortlichen Berliner Verkehrsbetriebe beteuern stets pflichtschuldig ihren Wunsch, diese Situation zu beenden, zucken aber allzu oft mit den Schultern, wenn
es um konkrete Maßnahmen geht. Ich kenne die Probleme des
Unternehmens, auf hundertfünfundsiebzig U-Bahnhöfen mit
über hundertfünfundfünfzig Kilometern Streckennetz für Ordnung zu sorgen. Es ist nicht so, dass sie nicht wollen. Aber oft
fehlt es an der praktischen Umsetzung vor Ort.

Ordnungsamt und Polizei sind nicht zuständig, und mehr als
gut gemeinte Ansprachen und sporadische Platzverweise, die
kaum länger halten als der letzte Rest in der Bierflasche, sind
meist nicht drin. Wenn dann das jedenfalls nach Wahrnehmung
der meisten Berliner spärlich eingesetzte Sicherheitspersonal
der Verkehrsbetriebe eher mit einem aggressiv gebrüllten »Warum machst du ḥarām?« auffällt statt mit Seriosität und Freund-
lichkeit, wirken sie eher wie ein Teil des Problems als eins der
Lösung. Sicherheit fühlt sich für viele Menschen einfach anders
an. Damit wird das selbst gewählte und in millionenschweren
PR-Kampagnen gepflegte Bild des modernen Unternehmens
mit Spaßfaktor nachhaltig untergraben.

Der mit Graffiti beschmierte Zug der U7 fährt in den Bahnhof ein. Ich meide den ersten Waggon, in dem es nach Erbrochenem und altem Bier stinkt, und steige mit zwei Dutzend weiteren Fahrgästen in den zweiten Waggon in Richtung Spandau bei Berlin. Heute werde ich das Problem mit den Trinkern auch nicht lösen.

Nach weniger als einer Minute Fahrt fährt der Zug in die nächste Station. Es ist der Hermannplatz direkt an der Grenze zum Nachbarbezirk Friedrichshain-Kreuzberg. Besser wird es hier nicht. Im Gegenteil, hier kreuzen sich die beiden Berliner Drogenlinien U7 und U8. Die Lebensadern des Heroinhandels in der deutschen Hauptstadt, entlang derer sich wie eine unregelmäßige Perlenkette die Konsum-Hotspots aufreihen. Der Hermannplatz ist gleichzeitig einer der größten Umsteigepunkte in Berlin. Tausende Menschen jeden Tag, die meist mit Smartphone in der Hand, Kopfhörern im Ohr und strikt nach unten gerichtetem Blick die schreckliche Realität auszublenden versuchen.

Kaum jemanden stört es wirklich, wenn sich in der Ecke des Bahnhofes eine kümmerliche Gestalt Heroin kocht und kurz darauf mit zittriger Hand die Spritze ansetzt. Wenn nach jahrelangem Konsum die Armvenen vernarbt und verstopft sind, landet die Nadel oftmals zwischen den Zehen oder mit heruntergelassener Hose in der Leiste. Manchmal auch unter der Zunge, wobei das viel Übung und eine ruhige Hand erfordert. Übung haben sie alle, eine ruhige Hand nicht. Eine eher selten praktizierte Variante ist die Injektion in den After. Der Szenebegriff dafür lautet »up your bum«, und es ist sogar eine der schonenderen Konsummethoden, da keine Nadel verwendet wird. Wenn es so etwas wie »schonenden Heroinkonsum« überhaupt gibt.

Allein die Vorstellung der verschiedenen Arten, Gift in seinen Körper zu befördern, lässt mich immer wieder erschaudern. Wer so etwas macht, hat unvorstellbare Probleme und braucht dringend Hilfe. Die meisten Leute haben sich an den Anblick von Menschen am Abgrund allerdings gewöhnt. Es ist Alltag, gerade in der anonymen Innenstadt einer Metropole wie Berlin. Im hippen »Kreuzkölln« am Maybachufer finden manche jungen Hipster, dass die Obdachlosen mal ein wenig ihr immer weiter anwachsendes Zeltlager an der Böschung des Landwehrkanals aufräumen könnten. Aber ansonsten sei das halt immer noch besser als Gentrifizierung.

Mich stört es noch immer so richtig. Und viele Anwohner, die so etwas nicht nur im Vorbeigehen, sondern mitten in ihrem Kiez ertragen müssen, stört es erst recht. In den Sommermonaten erreichen mich regelmäßig Schreiben von Bürgern, die den Mut haben, ihren Mund aufzumachen, und denen es schon lange reicht. Aber auch hier bestimmt das Schulterzucken der Zuständigen eher das Bild, als dass es zu handfestem und wirklich nachhaltigem Eingreifen kommt.

Ich fahre mit der U8 wieder in Richtung Süden und gelange nach einem kurzen Halt am U-Bahnhof Boddinstraße – hier steht eines der größten Jobcenter Deutschlands – zum U-Bahnhof Leinestraße. Auf der Zwischenebene liegen Spritzenreste, Blut, Kot und Urin. Es stinkt. Mit mir steigt ein kleines Mädchen mit viel zu großem buntem Schulranzen aus dem Zug und läuft zielstrebig zum südöstlichen Ausgang. Es scheint den an eine speckige Säule gelehnten afrikanischen Dealer nicht zu bemerken und ignoriert bemüht den menschlichen Unrat am Fuße der hoffnungslos verschmutzten Treppe. Normalität in diesem Teil von Neukölln.

Direkt am südwestlichen Ausgang liegt der Eingang zum Anita-Berber-Park. Ein ehemaliger Friedhof, inzwischen eine lang gezogene Grünanlage mit direktem Anschluss an die größte innerstädtische Freifläche der Welt. Wer den von Bäumen gesäumten schnurgeraden Weg in Richtung Sonnenuntergang spaziert, dem bietet sich nach fünfhundert Metern die herzeröffnende Weite des Tempelhofer Feldes, das leicht nach Westen hin abfällt. Auch mit Randbebauung auf dem ehemaligen Flughafengelände bliebe es beeindruckend und könnte zusammen mit dem Anita-Berber-Park ein schöner Ort, eine grüne Oase mitten in der lauten und dreckigen Metropole sein.

Wenn dieser Ort nicht wie viele andere Parks und Straßenzüge in Neukölln vollkommen vermüllt und verdreckt wäre. Um die 10 000 Kubikmeter Müll sammelt die Berliner Stadtreinigung jedes Jahr aus dem öffentlichen Raum im Bezirk auf. Das sind ungefähr vier olympische Schwimmbecken voll. Jeden Tag erreichen die Neuköllner Verwaltung im Schnitt vierunddreißig Beschwerden von Bürgern, die es satthaben. Über zwölftausend im Jahr. Und trotz Verlängerung der Dienstzeiten des Ordnungsamtes, trotz privater Sicherheitsdienste, die Verursacher auf frischer Tat stellen sollen, trotz teurer PR-Kampagnen, die letztlich nur zum persönlichen Vorteil einer ehemaligen Bezirksbürgermeisterin gestartet wurden, ändert sich am eigentlichen Zustand seit Jahren nichts.

Ich weiß nicht, ob Sie – wenn Sie beispielsweise im Hochsauerlandkreis oder in der Brandenburgischen Elbtalaue leben – sich das Ausmaß des Mülls auf den Straßen, Hinterhöfen und Parks vorstellen können. Hier jedenfalls landen buchstäblich ganze Wohnungseinrichtungen mitten auf dem Gehweg. Matratzen, Stühle, Kühlschränke, Katzenklos, Couchgarnituren, Lampen, Hausmüll. Was auch immer Sie sich vorstellen können, es liegt hier auf der Straße. Und wenn erst einmal etwas daliegt, kommt schnell noch viel mehr hinzu. Besonders dreist wird es, wenn an offensichtlich unbrauchbaren Schrott ein Schild mit der Aufschrift »Zu verschenken« geklebt wird. Ein ganz billiger Versuch, seiner Faulheit und Verwahrlosung einen Anstrich von Nachhaltigkeit und Selbstlosigkeit zu geben. Es gibt mittlerweile ganze Ecken, in denen diese selbst organisierten Versuche einer »sharing economy« zu massiver Vermüllung des öffentlichen Raumes und kaum noch passierbaren Gehwegen geführt haben.

Mit dem Müll kommen die Ratten, gegen die mein Gesundheitsamt immer nur punktuell vorgehen kann. Sie sind in Berlin mit bis zu zehn Millionen Exemplaren ohnehin weit mehr als doppelt in der Überzahl.

Das größte Ärgernis ist aber illegal abgeladener Gewerbemüll. Er wird ganz gezielt in den Abend- und Nachtstunden im Bezirk verteilt, um Entsorgungskosten zu sparen. Dachpappe, Farbeimer, Dämmstoffe und Elektroschrott. Wo gegen Müll aus Privathaushalten vielleicht der kostenfreie Sperrmülltag helfen könnte, muss der Bezirk gegen diese kalkulierte Vermüllung knallhart vorgehen. Weil bisher nichts geholfen hat, ist auch mal ein wenig Kreativität erlaubt. Natürlich können wir Videotechnik einsetzen. Aber auch ungewöhnliche Maßnahmen wie verdeckte Ermittler, die sich mitten in der Nacht auf die Lauer legen, kann ich mir gut vorstellen. Wenn wir endlich hart durchgreifen und Bußgelder verhängen, die richtig wehtun, spricht sich das schnell rum. Was in diesem Bereich bislang gelaufen ist, ist trotz großspuriger Ankündigungen viel zu zaghaft, viel zu wenig und viel zu spät.

Seit Jahren ist der Anita-Berber-Park außerdem einer der Schwerpunkte des Konsums schwerer Drogen und neben der Schönleinstraße auf der anderen Seite des Hermannplatzes das Symbol für die schier menschenverachtende Verwahrlosung durch den Konsum illegaler Betäubungsmittel. Hier findet sich alles, was Menschen zurücklassen können. Wer es nicht gesehen hat, kann sich die Zustände in diesem Drecloch nicht vorstellen. Schon kurz hinter dem Eingang befindet sich auf einer Wiese eine Art Treffpunkt: eine Sitzgruppe aus Baumstämmen. Verdreckt mit haushaltsüblichem Müll, Chipstüten, Bier- und Schnapsflaschen. Zwischendrin ein paar kleine Plastiktütchen, die szenetypisch zum Verkauf von Cannabis genutzt werden. Nicht schön, nur wenig bedrohlich, aber auch erst der Anfang.

Wenige Meter weiter führt ein ausgetretener Pfad in ein spärlich bewachsenes Gebüsch. Eine mit allerlei menschlichem Unrat verdreckte Matratze, benutzte Einmallöffel zum Zubereiten von Crack oder Heroin, Blutspritzer, benutzte Kondome, Fäkalien in der Ecke. Was auch immer man sich in dunklen Fantasien ausmalen kann, hier ist es bereits passiert. Prostitution für den schnellen Schuss ist keine Seltenheit, sondern gehört zum Geschäft.

Noch einmal wenige Meter östlich entlang der verwucherten Mauer des ehemaligen Friedhofes mehren sich die offenen Spritzen, blutverschmierte Taschentücher und menschliche Fäkalien. In den Jahren 2018 und 2019 wurde ein Großteil der insgesamt über neuntausend in Neuköllner Grünanlagen und Spielplätzen gefundenen Spritzen hier aufgesammelt. 2020 waren es im gesamten Bezirk Neukölln allein schon 10 149. Das bedeutet nicht zwingend, dass es mehr Spritzen gab, sondern zunächst nur, dass wir mehr aufgesammelt haben. Und auch wenn jede aufgesammelte Spritze eine weniger in Kinderfüßen bedeuten kann, bin ich damit nicht wirklich zufrieden.

Warum ist das so? Warum gerade hier? Suchtkranke Menschen suchen sich nicht aus, wo sie konsumieren. Wer einmal die Konsumenten im U-Bahnhof Schönleinstraße betrachtet, sieht auf den ersten Blick: Die sind vollkommen am Ende. In der Drogensucht richtet sich alles, wirklich alles im Leben nach einem einzigen Ziel aus: dem nächsten Schuss. Es gibt keine langfristige Planung, keine Frustrationstoleranz, keine Strategien zum Umgang mit Rückschlägen oder gar die Bereitschaft zum auch noch so kurzen Verzicht. Die Mobilität der Händler bestimmt die Konsumorte. Suchtkranke Menschen sind also mindestens genauso mobil wie ihre Dealer. Bis sie ihr Gift gekauft haben. Dann bewegen sie sich keine zweihundert Meter weit, sondern suchen den nächsten – aus ihrer benebelten Sicht – halbwegs geeignet erscheinenden Ort. Sobald die Drogen verfügbar sind, werden sie konsumiert. Sofort, unverzüglich. Auf dem Spielplatz, im Hauseingang, hinter der Kita oder auf dem Schulgelände. Im Gebüsch im Anita-Berber-Park. Oder auch direkt gegenüber vom Rathaus auf einer der belebtesten Straßen des Bezirks.

Das führt dazu, dass meine bezirkliche Suchthilfekoordination mit wenigen Wochen Abstand kleinteilig nachvollziehen kann, wohin die Drogenhändler und mit ihnen die Konsumenten abgewandert sind. Vom S-Bahnhof Neukölln entlang der Ringbahn zur Sonnenallee oder zur Hermannstraße. Vom Hermannplatz mal in Richtung Kotti zur Schönleinstraße – wo sie fast immer anzutreffen sind – oder in Richtung Süden zur Leinestraße, zum Anita-Berber-Park und den angrenzenden Friedhöfen. Immer entlang der U- und S-Bahnlinien, die höchste Mobilität im ewigen Katz-und-Maus-Spiel mit der Polizei versprechen.

Der Bezirk kann letztlich nur wenig tun. Wir haben spezielle Mülleimer aufgestellt, die ein Hineingreifen verhindern und dadurch das sichere Entsorgen benutzter Spritzen ermöglichen. Ein Dutzend dieser Spritzenbehälter steht mittlerweile an verschiedenen Orten in Neukölln, fast alle im Norden des Bezirkes. Wir bezahlen aus eigenen Mitteln Straßensozialarbeiter, die mit den suchtkranken Menschen in Kontakt treten und sie zu einem »sozialverträglichen Konsum«, also in Konsumräumen anstatt in Treppenhäusern und auf Spielplätzen bewegen sollen. Wir haben zwei Automaten aufgestellt, aus denen sich suchtkranke Menschen saubere Spritzen und anderen Konsumbedarf ziehen können. Weil sie in ihrer Sucht sonst Spritzen teilen oder mehrfach verwenden und damit das Risiko erhöhen.

Kommunale Politik muss in solchen Fragen undogmatisch sein. Ich finde den Konsum falsch, will aber den Menschen trotzdem eine Chance geben, ihn zu überleben. Nicht wenige missverstehen das als Billigung oder gar Unterstützung der Sucht. Ich sehe es als rein pragmatisches Handeln, um Leben zu retten. Gleichzeitig habe ich in meinen zwölf Jahren als Gesundheitsstadtrat vermutlich Dutzende Briefe an die zuständige Senatsverwaltung geschrieben, man möge doch endlich mehr gegen den Konsum in aller Öffentlichkeit tun. Meistens war es vergeblich, hin und wieder kam nicht mal eine Antwort.

Das eigentlich Absurde an der ganzen Situation: Die Bezirke in Berlin sind für illegale Drogen gar nicht zuständig. Meine Suchthilfekoordination, die viele Jahre aus genau einer halben Stelle bestand, ist eigentlich verantwortlich für legale Suchtmittel: Alkohol, Tabak, Glücksspiel und Medikamente. Für diese Fälle sollen wir Beratungsstrukturen schaffen, die Selbsthilfe ermöglichen, Aufklärung leisten und Projekte anstoßen. Besonders starke Auffälligkeiten in diesen Bereichen gibt es in Neukölln nicht. Es gibt sogar weniger akute Alkoholvergiftungen als im Durchschnitt der Stadt. Für Muslime ist Alkohol ḥarām und darum insbesondere bei sehr vielen Jugendlichen und jungen Erwachsenen im Bezirk, die stattdessen auf Medikamente zurückgreifen, kaum ein Thema. In anderen Städten macht gerade diese Altersgruppe einen großen Teil der wegen akuter Alkoholvergiftung stationär aufgenommenen Patienten aus. Stattdessen gibt es einen überdurchschnittlichen Anteil von Störungen durch chronische Alkoholabhängigkeit. Also Menschen, die viele Jahre krankhaft trinken und dann Hilfe benötigen. Ein Symptom der generell schwachen Sozialstruktur im Bezirk und ein besorgniserregender Blick auf die sozialen Probleme außerhalb der migrantischen Subkultur.

Der Tabakkonsum ist ebenfalls rückläufig und mittlerweile weniger verbreitet als im Rest der Stadt. Dennoch erkranken und sterben sehr viel mehr Neuköllnerinnen und Neuköllner an seinen Auswirkungen: eine Spätfolge des weit verbreiteten Rauchens in der Vergangenheit, das erst seit wenigen Jahren langsam zurückgeht. In diesen Bereichen gäbe es viel Potenzial, Lebensjahre und Lebensqualität zu gewinnen. Doch da wir uns wegen der schweren Begleiterscheinungen von Drogensucht auf die illegalen Drogen konzentrieren (müssen), kann dieses Potenzial nicht gehoben werden.

Denn der absolute Schwerpunkt liegt auf den Opioiden, allen voran Heroin. Bis zu zweitausend Menschen in Neukölln sind von dieser Droge abhängig, oft schon infolge eines einzigen Konsums. Die Zahl der Behandlungen infolge einer Vergiftung mit Opioiden ist mehr als dreimal so hoch wie im Berliner Durchschnitt. Im Nachbarbezirk Treptow-Köpenick gibt es pro 100 000 Einwohner 14,5 vollstationäre Krankenhausaufenthalte durch Opioidkonsum im Jahr. In Neukölln sind es 105,5. Diese Zahlen sind nur schwer greifbar. Aber versuchen wir es mal. Stellen Sie sich bitte ein Krankenzimmer mit vierzehn Betten vor. In jedem von ihm liegt ein Einwohner von Treptow-Köpenick mit schwersten Folgen seines Heroinkonsums. In Neukölln liegen in jedem dieser Betten sieben Personen. »Sie stapeln sich«, kommt Ihnen jetzt vielleicht in den Sinn. Und so ist es auch.

Zwischen 2004 und 2014 hat sich diese Zahl verdreifacht. Diesem Hellfeld, das sich durch beobachtbare und dokumentierte Krankenhausaufenthalte speist, steht ein Dunkelfeld gegenüber, das nach Expertenschätzung noch weit größer ist. Und man muss kein ausgewiesener Experte sein, um das zu wissen.

Cannabis spielt eine untergeordnete Rolle und ist in Neukölln vermutlich nicht überdurchschnittlich verbreitet. Vorsichtige Annahmen gehen davon aus, dass um die dreitausend Neuköllnerinnen und Neuköllner täglich Cannabis konsumieren und dass achtzehnhundert Menschen im Alter von fünfzehn bis vierundsechzig Jahren davon abhängig sind. Es gibt keinen Grund, das zu verharmlosen. Entgegen vorherrschender Legenden der Harmlosigkeit dieser Droge werden in Neukölln jedes Jahr bis zu siebzig Menschen infolge ihres Cannabiskonsums wegen psychischer und Verhaltensstörungen stationär aufgenommen. Seit 2004 hat sich dieser Wert mehr als verdreifacht. Die Haltung der letzten Bundesregierung, Cannabis nicht als weitere legale

Droge freizugeben, ist deshalb aus gesundheitspolitischer Sicht absolut richtig. Auch wenn ich den Kampf gegen Windmühlen, den Polizei und Justiz wegen dieser Droge führen, sehe und die Frustration der Männer und Frauen der Berliner Polizei auf der Straße mehr als teile: Wer hier einfache Lösungen verspricht, lügt oder hat keine Ahnung.

Noch einmal zurück zur Berliner Drogenlinie, der U8. Wer vom Anita-Berber-Park wieder in Richtung Norden fährt und eine Station hinter dem Hermannplatz aussteigt, kommt zum schlimmsten Drogenloch der Stadt, dem U-Bahnhof Schönleinstraße. Das menschliche Elend ist hier kaum auszuhalten. Das gilt auch für die Anwohnerinnen und Anwohner, die trotz Vermüllung, Lärm und schlechter Luftqualität eigentlich gerne hier wohnen. Es ist ein pulsierender und moderner Kiez mit jungen Familien, die sich zunehmend um ihre Nachbarschaft kümmern. Aber wenige Meter unter der Erde findet rund um die Uhr Konsum statt. Offene Spritzen bei laufendem U-Bahnverkehr, auf den Bänken in der Mitte des Bahnsteigs und auf den Zwischenebenen in Richtung Ausgang wird Crack und Heroin aus Alufolien geraucht, und der Dealer des Vertrauens steht grinsend daneben. Selbst die tolerantesten und verständnisvollsten Menschen meiden diesen Bahnhof, wenn es irgendwie geht.

Einer von ihnen ist Silvio, dessen Erlebnisse mich sehr bewegt und massiv geärgert haben. Er kam Mitte der Neunzigerjahre aus Brasilien zum Studieren nach Berlin und ist nach seinem Abschluss an der Technischen Universität als Ingenieur hiergeblieben. Ein hochgebildeter, zurückhaltender und zuvorkommender Mann und Familienvater, der sich für seine Nachbarschaft interessiert und bei einem Gespräch vor seinem Haus von allen Seiten höflich und respektvoll, aber gleichzeitig auch vertraut und freundlich gegrüßt wird. Ein Mann, dem man das Engagement für seinen Kiez glaubt, der es lebt. Ein Mann von der Art, wie sie in Neukölln dringend gebraucht wird.

Als er einmal seine Kinder mit der U-Bahn zu Kita und Schule bringt, scheint einer der Dealer einen kurzen Blick, eine vermeintliche Geste oder ein Wort falsch aufgefasst zu haben und folgt ihm vom Bahnhof bis zurück zu seiner Wohnung, nur wenige Meter vom Ausgang des U-Bahnhofs Schönleinstraße entfernt. Er nimmt das in diesem Moment kaum wahr, denkt sich jedenfalls nichts dabei. Als er einige Tage später mal wieder das Haus verlässt – dieses Mal zum Glück allein – steht der Drogenhändler direkt vor seiner Haustür, nicht mal einen Meter von ihm entfernt, und starrt ihn an. Ich kann mir gar nicht vorstellen, welche Gedanken, welcher Schlag in diesem Moment durch Silvio gefahren ist. Der Afrikaner sagt kein Wort. Er muss es nicht. Die Botschaft ist angekommen.

Seitdem läuft Silvio mit seinen Kindern jeden Morgen zum 1,6 Kilometer entfernten U-Bahnhof Südstern, um dann mit der U7 zu fahren. Den U-Bahnhof Schönleinstraße hat er seit diesem Tag nicht mehr betreten.

Aber auch diese stillschweigende Vereinbarung mit dem Drogenmilieu beendet seine Erfahrungen mit dem Elend der Berliner Suchthilfe nicht. Er schreibt mir im Sommer 2020, weil jetzt auch im Treppenhaus direkt vor seiner Wohnungstür harte Drogen konsumiert werden. Blutspritzer an der Wand, offene Spritzen im Aufgang und im Hinterhof, menschliche Fäkalien vor seiner Wohnungstür. Er spielt nun doch mit dem Gedanken, wegzuziehen.

Er kämpft lange mit sich, weil es eigentlich nicht seine Art ist, aufzugeben. Und weil er einen starken Sinn für Gerechtigkeit hat. Warum soll er gehen und nicht die? Was würde sich dadurch ändern? Stattdessen entschließt er sich, Zettel im Treppenhaus zu verteilen, seine Nachbarn zu warnen und die Hausverwaltung zu ermahnen, endlich die seit Ewigkeiten nicht selbstständig schließende Tür zu reparieren. Ich wiederhole das, weil es so wichtig ist: Ein Mann von der Art, die in Neukölln dringend gebraucht wird.

Was ich als Gesundheitsstadtrat tun konnte, war überschaubar. Ich konnte ihn auf einen Hilfsfonds für Wohnungseigentümer zur Einbruchsicherung hinweisen. Darauf, Druck bei den verantwortlichen Politikern auf Landesebene aufzubauen. Und auf das ständige und immer wiederkehrende Melden jeglicher Beobachtungen mit Verbindung zur Drogenszene bei der Berliner Polizei. Nicht, um die Kolleginnen und Kollegen zu nerven. Sondern um ein Bild der tatsächlichen Lage zu ermöglichen. Drogendelikte sind opferlose Straftaten, sie werden polizeilich nur gesehen, wenn Dritte sie melden. Anders als bei Taschendiebstahl oder Raub sind alle Beteiligten mit der Tat einverstanden, und keiner hat im Anschluss Interesse daran, die Polizei zu verständigen. Das müssen Anwohner tun, um der Polizei eine Lageeinschätzung und eine angemessene Reaktion zu ermöglichen. Das ist gelinde gesagt unbefriedigend für Silvio. Und für mich auch.

Es geht so nicht weiter. Es geht einfach nicht. Während die Stadt zunehmend verwahrlost, hatte die aus SPD, Linkspartei und Grünen gebildete Landesregierung, die in Berlin »Senat« heißt, viele Jahre lang noch nicht einmal ein Lagebild über Konsum- und Handelsstrukturen in der Stadt. Jedwede Suchthilfestrategie ist also im Blindflug unterwegs. Stochern im Nebel, politisch gewollt. Und während sich das braune Gift hochmobil entlang seiner Lebensadern durch die Stadt bewegt, setzt der Senat auf ganze drei stationäre Konsumräume in der gesamten Hauptstadt und lässt weiter die höchsten Eigenbedarfsmengen der gesamten Bundesrepublik zu.

Berlin ist mit seiner Suchthilfe und mit seiner Drogenpolitik krachend gescheitert. Das ist allen klar, die mit offenen Augen durch diese Stadt gehen. Ich will einen radikalen Wechsel. Mehr Mobilität, mehr Flexibilität in der Suchthilfe. Wer »den Affen schiebt« – so wird in der Szene der akute Zustand eines suchtkranken Menschen ohne ausreichend Droge bezeichnet –, fährt nicht durch die halbe Stadt, um einen von nur drei Konsumräumen aufzusuchen. Suchtkranke Menschen kommen nicht zur Hilfe. Die Hilfe muss zu den suchtkranken Menschen kommen. Ich will die helfende Hand für diese Menschen und die geballte Faust gegen die Dealer und Hintermänner. Berlin braucht einen Neustart der Suchthilfe.

Dazu brauchen wir zusätzlich zu den stationären Konsumräumen mobile Angebote für die am stärksten betroffenen Bezirke. Wir hätten das schon vor Jahren gebraucht. Wir müssen endlich in die Lage kommen, flexibel und schnell zu reagieren. Allein in Neukölln werden mindestens drei Konsummobile benötigt. Die Bezirke müssen dann die Genehmigungen für den Betrieb von Konsum- und Beratungsmobilen auf öffentlichem Straßenland auch unverzüglich erteilen. Es ist nicht hinnehmbar, dass diese Genehmigungen teilweise ein halbes Jahr benötigen. Um überhaupt strategisch arbeiten zu können, benötigt Berlin außerdem endlich ein Lagebild. Nur so können wir Wanderungen von Handel und öffentlichem Konsum beobachten und darauf reagieren. Daran müssen alle Bezirke verpflichtend beteiligt werden. Bisher arbeitet die Berliner Suchthilfe ohne ein Gesamtbild. Das ist fahrlässig.

Die ganze Stadt braucht eine erhebliche Aufstockung der Straßensozialarbeit mit Fremdsprachenunterstützung, um suchtkranken Menschen angemessen zu helfen und sie damit von der Straße zu bekommen. In den U- und S-Bahnen müssen Polizei, Sicherheitsdienst von BVG und Deutscher Bahn sowie Sozialarbeiter gemeinsam unterwegs sein. Und auch wenn es bei linken Zeitgenossen zu Augenrollen führt: Bei der Bekämpfung des Handels mit illegalen Betäubungsmitteln darf es keinen Rechtsstaatsrabatt für Drogendealer geben. Schon der einmalige Handel mit verbotenen Substanzen muss zu schnellen und spürbaren strafrechtlichen Konsequenzen führen. In jedem Einzelfall sind außerdem aufenthaltsrechtliche und aufenthaltsbeendende

Maßnahmen zu prüfen. Es gibt wirklich keinen Grund, solche Leute hierzubehalten, wenn es auch anders geht.

Ich bin überzeugt, dass wir mit diesem Paket einen großen Teil der erbärmlichen Zustände in dieser Stadt verbessern können. Nicht sofort, aber mit Geduld und Augenmaß. Wegschauen ist keine Alternative mehr, war es nie. Nicht für Silvio. Nicht für die suchtkranken Menschen. Und nicht für mich.

Der Abgrund des Drogenkonsums ist die eine Seite der großstädtischen Verwahrlosung. Die andere Seite ist die Obdachlosigkeit. Oft verschwimmt beides zu einer auch für erfahrene Helfer undurchsichtigen Masse aus Problemen und unklaren Kausalitäten. Dass es keine Musterlösung gibt, kein Patent, keine Heilsversprechen, mag der Tod von Marco Reckinger zeigen.

Geboren und aufgewachsen in einer Kleinstadt in Luxemburg, wurde ihm seine Heimat schnell zu eng. Obwohl, oder gerade weil, er in dieser Enge erfolgreich war. Er machte innovative elektronische Musik, spielte vor bis zu dreitausend Leuten, vor deren Ohren und Augen die Musik erst entstand. Ein vollkommen neuer künstlerischer Ansatz, der Potenzial hatte. Er wollte raus, irgendwohin. Aber vor allem wollte er nach Berlin. Die Stadt war sein Sehnsuchtsort. Und hierhin zog es ihn immer wieder. Auch nachdem er nach nächtelangen Feiern, Drogen, Abstürzen und beruflichem Chaos auf Druck seiner Freunde kurze Zeit wieder in seine Heimat zurückkehrte. Ab 2016 verlieren sich die Spuren, Kontakte reißen ab. Was bleibt, sind die Drogen und zunehmende psychische Probleme. »Erkrankungen aus dem schizophrenen Formenkreis« wird später in der Akte stehen, die mein Sozialpsychiatrischer Dienst (SpD) anlässlich des ersten Kontaktes mit ihm nach Anwohnerbeschwerden anlegt.

Marco lebt jetzt auf den Straßen des Schillerkiezes im hippen Szeneviertel. Nachts schreit er so laut, dass Anwohner die Polizei rufen. Die Sozialarbeiterinnen meines SpD suchen ihn auf, sehen ihn mehrmals, bieten Hilfe an. Hilfe, die er immer wieder freundlich, aber bestimmt ablehnt. Zu keinem Zeitpunkt konnte irgendeine Form der Eigen- oder Fremdgefährdung erkannt werden. Und damit lagen auch nie die Voraussetzungen für die Einweisung in eine psychiatrische Klinik vor.

Ich finde es richtig, dass in Deutschland die Hürden für die erzwungene Einweisung in eine psychiatrische Einrichtung sehr hoch gelegt sind. So etwas geht nur, wenn jemand eine Gefahr für sich selbst oder andere darstellt. Ich will keinen Staat, der seine Bürger reihenweise wegsperrt, einfach nur, weil sie krank sind. Rückblickend wäre es aber vermutlich das Einzige gewesen, was Marco hätte retten können. Auf einer linken anarchistischen Internetplattform wurde mir und meinem für das Sozialamt zuständigen Bezirksamtskollegen der Grünen allerdings vorgeworfen, wir hätten Marco früher zwangseinweisen müssen. In die Psychiatrie, wo er »malen und Musik machen« könne. Es ist eine besonders hilflose Naivität, die ich den Menschen noch nicht einmal übelnehmen kann. Sie wissen es schlicht nicht besser. Und sie brauchten dringend einen Schuldigen für etwas, was nur schwer zu ertragen ist.

Denn Ende 2020 war Marco nicht mehr auffindbar. Der letzte Versuch, ihn nach einer Begutachtung unter gerichtliche Betreuung stellen zu lassen, war damit zum Scheitern verurteilt. Marco Reckinger starb im Alter von dreiunddreißig Jahren in seinem Schlafsack auf den Straßen Neuköllns.

Der *Tagesspiegel* schreibt am 25. Januar 2021 in einem bewegenden Nachruf: »Es endet damit, dass 100 Menschen an einem kalten, nassen Januarabend auf dem Bürgersteig stehen und sich von Marco verabschieden.« Sie fragten sich, warum ihm nicht geholfen werden konnte, und lieferten die Antwort gleich mit: Er wollte keine Hilfe. Nicht die, die ihm angeboten wurde, und auch keine andere.

Darum ist es auch schwer, daraus politische Konsequenzen zu ziehen. Ich weiß nicht, was ihm geholfen hätte, ob es überhaupt eine Chance gab, ihn zu retten. Ich halte aber ein Obdachlosenzentrum, das mehr als »nur« eine warme Nacht bietet, für unbedingt notwendig. Ich will eine Stelle, die neben einem Bett, Suppe, Dusche und sauberer Unterwäsche auch emotionale Nähe und vor allem Perspektiven für den Weg zurück in die Mitte unserer Gesellschaft bietet. Sozialberatung, Hilfe bei der Wohnungssuche, Kostenübernahmen, staatliche Bürgschaften, wenn es sein muss. Begleitung zum Jobcenter, psychosoziale Unterstützung, Suchthilfe. Ein Angebot aus einer Hand, das mit allen Unzulänglichkeiten, Problemen und Ängsten dieser Menschen umgehen kann. Ein Ort, an dem die Hunde der Obdachlosen auch einen Platz haben, an dem in begrenztem Umfang auch konsumiert werden darf. Derzeit erwarten wir von höchst instabilen Menschen, die kaum eine Tagesstruktur haben, dass sie zur Beratung in unsere Dienststellen kommen. Dienstag und Donnerstag, 13 bis 15 Uhr. Das ist zugespitzt, aber auch viel zu oft Realität.

Für Marco Reckinger versammelten sich Dutzende Menschen. Der allermeisten toten Obdachlosen wird nicht auf diese Weise gedacht. Der Tod dieser Menschen wird kaum als Randnotiz wahrgenommen, in den Kurzmeldungen der lokalen Abendnachrichten. Als Gruselgeschichte im flackernden Frühabendprogramm, bei dem man sich umso mehr an die eine trügerische Sicherheit klammert, die durch eine falsche Entscheidung oder einfach nur eine sich langsam anschleichende seelische Erkrankung so schnell dahin sein kann.

Menschen, ob obdachlos oder nicht, die ohne Angehörige sterben, verschwinden still und leise. Niemand nimmt Anteil an ihrem Leben oder ihrem Tod. In Neukölln haben wir das ab 2020 geändert. Seitdem gibt es jedes Jahr im Januar eine öffentliche Gedenkfeier, auf der die Namen der Toten verlesen werden. Es waren stets bewegende und besondere Abende, bei denen ich ins Grübeln gekommen bin. Weit mehr als zweihundert Menschen sterben in Neukölln jedes Jahr, ohne dass Angehörige um sie trauern. Entweder weil sie keine mehr haben. Oder weil sie sich zu Lebzeiten so sehr entfremdet haben, dass die noch lebenden Verwandten, Freunde und Bekannte keine Notiz von ihrem Tod nehmen oder sich einfach auch weigern, die Kosten für die Beerdigung zu tragen.

Das ist ein Symptom der anonymen Großstadt, solche Fälle gibt es tausendfach im ganzen Land. Aber es ist noch mehr. Bei nicht wenigen Namen auf der mehrere Seiten langen Liste fehlt ein konkretes Sterbedatum, oder es wurde nur auf einige Tage genau geschätzt. Ganz einfach, weil der Mensch so lange unbemerkt in seiner Wohnung verblieb, dass ein Sterbetag nachträglich nicht mehr ermittelbar ist. Es geht dabei um Wochen und Monate der stillen Verwesung, ohne dass irgendjemand Notiz davon nimmt. Meist fällt es erst auf, wenn der süßlich-beißende Geruch langsam bis in den Hausflur und die Nachbarwohnungen kriecht. Es stimmt mich tieftraurig und nachdenklich, wenn Menschenleben so einsam, beinahe belanglos enden.

Mein Gesundheitsamt kennt die Geschichten hinter den Namen nicht. Es muss sie auch nicht kennen und fragt nicht danach. Die Menschen werden schlicht unter die Erde gebracht. Neukölln gibt dafür jedes Jahr um die 200 000 Euro aus. Die Beerdigungen erfolgen größtenteils als Feuerbestattung. Behutsam und respektvoll, aber ohne Gedenken, ohne ausdrückliche Würdigung ihres Menschseins. Es ist ein Verwaltungsvorgang, der sich »ordnungsbehördliche Bestattung« nennt. Dabei stehen hinter jedem Namen ein Leben und eine Geschichte. Oft sind es Geschichten von enttäuschten Hoffnungen, vergessenen Träumen und verlorener Liebe. Aber, wie es in unser aller Leben ist, auch Geschichten von Momenten des Glücks, der Dankbarkeit und der Geborgenheit. Und auch wenn diese Geschichten in einigen wenigen Fällen auch von schweren Vergehen oder gar Verbrechen gegen die eigene Familie oder Kinder handeln, hat sich der Bezirk Neukölln – habe ich entschieden, dass ein Gedenken an sie möglich sein soll. Einfach, weil sie Menschen waren. Weil sie Neuköllnerinnen und Neuköllner waren.

Der Anstoß kam von einem privaten Verein, der bis heute unglaublich viel Kraft in diese Gedenkfeiern steckt. Nach und nach konnten viele Partner gewonnen werden, die sich diesem Anliegen tatkräftig angeschlossen haben. 2021 haben in ganz Neukölln die Kirchenglocken geläutet, um der einsam Verstorbenen zu gedenken. So etwas hält eine Gesellschaft auch zusammen, und ich möchte diese Gedenkfeier in Neukölln nicht mehr missen.

Beinahe wäre sie durch massiv vorgetragene Bedenken verhindert worden, die sich allesamt auf Angst vor dem Datenschutz zurückführen lassen. Es könne ja nicht sein, dass wir die Namen verstorbener Menschen an Dritte weitergeben. Doch, das kann es. Das passiert auf jedem Friedhof und in jeder Tageszeitung jeden Tag. Auf Grabsteinen und in Traueranzeigen. Rein rechtlich betrachtet, sind die Namen verstorbener Menschen keine »personenbezogenen Daten« im Sinne der Datenschutzgrundverordnung und damit auch nicht besonders geschützt. Rechtlich gesehen. Moralisch und ethisch bin ich mir der besonderen Schutzwürdigkeit der Namen verstorbener Menschen durchaus klar. Ich bin aber der Meinung, dass ein würdiges Gedenken diesem besonderen Achtungsanspruch gerade gerecht wird. Ihre Namen erklingen zum letzten Mal. Daran gibt es nichts Verwerfliches.

Es könnte ja sein, dass Angehörige sich bloßgestellt fühlen, war ein weiteres Gegenargument. Weil ihnen unterstellt würde, sie könnten oder wollten die Beerdigung ihres verstorbenen Familienmitgliedes nicht bezahlen. Es wurden Szenarien von Schmerzensgeldklagen und Verstößen gegen das Persönlichkeitsrecht entworfen. Aber ganz unabhängig von allen juristischen Spitzfindigkeiten und Bedenken ist für mich klar: Das Gedenken an unsere Toten gehört zum Leben. Ein respektvolles Gedenken kann nicht falsch sein.

Zudem stimmt es in manchen Fällen sogar, dass Angehörige sich schlicht weigern, die Kosten zu tragen. Und dann holt sich mein Gesundheitsamt die Bestattungskosten auch zurück – notfalls mittels Kontopfändung, wenn es sein muss auch noch Jahre später. Berechtigte Ausnahmen gibt es nur bei erheblicher Entfremdung, beispielsweise nach Gewalt oder Missbrauch durch ein Elternteil. In diesen Fällen ist es nicht zumutbar und unter Umständen retraumatisierend, wenn geschundene Kinder für ihren Peiniger aufkommen sollen. Es ist absolut richtig, diese Menschen in Frieden zu lassen und die Beerdigung durch den Staat zu ermöglichen.

Dass dieses Gedenken an verstorbene Menschen bewegt, zeigt ein Gästebucheintrag aus der Gedenkfeier im Jahr 2021, den ich hier vollständig zitieren möchte:

> Lieber Vater,
> erst kurz vor Weihnachten habe ich erfahren, dass du verstorben bist.
> Durch Zufall war ich hier und habe an der Gedenkstunde teilgenommen, eher durch Zufall. Du wohntest hier drüben in der Nähe. Für die wenigen Kontakte, danke! Dein Name wurde verlesen. Ein Licht hatte ich auch mit.
> Deine durch »Zufall« entstandene Tochter

Jedes Mal, wenn ich diese Zeile lese, muss ich schlucken. Es geht mir nahe. Und so soll dieses Gedenken auch wirken.

Im Januar 2021 haben wir die Gedenkfeier pandemiebedingt größtenteils digital abgehalten. Monate später meldete sich ein Angehöriger bei mir, der nur durch die Aufzeichnung der Feier vom Tod seines Cousins erfahren hatte. Er wollte in Erfahrung bringen, wo sein Verwandter begraben liegt, um sich von ihm zu verabschieden. Diese Beispiele bestärken mich darin, dass dieses Gedenken gut für Neukölln ist. Und genauso kann es gut für andere Städte und Gemeinden sein. Mir fällt kein einziger Grund ein, warum es solch eine Veranstaltung nicht in allen Kommunen dieses Landes geben kann. In Neukölln angefragt hat schon im Jahr 2020 die Stadt Kassel, die sich mit genau den gleichen Fragestellungen und vermeintlichen juristischen Hindernissen gequält hat. Ich habe dort gerne mit den Erfahrungen aus Neukölln ausgeholfen und hoffe, dass sich auch in Hessen jemand ein Herz fasst und es einfach macht.

Tote Säuglinge und hilflose Frauen

Wenn die ehemalige Bundesfamilienministerin Franziska Giffey nach Neukölln kommt, wird groß aufgefahren. Am 22. Juni 2018 war es nicht weniger als ein beklebter Doppelstockbus der Berliner Verkehrsbetriebe (in Berliner Mundart »der große Gelbe«), der zur Vermittlung der Botschaft herhalten musste: Die Ministerin macht jetzt ernst im Kinderschutz. Gemeint war eigentlich die »Bundesinitiative Netzwerke Frühe Hilfen und Familienhebammen«, aber es macht schon viel mehr her, wenn man es Kinderschutz nennt. Und es stimmt ja auch, denn Kinderschutz beginnt nicht erst bei bereits bestehender Vernachlässigung und seelischem Missbrauch, sondern er wirkt im besten Fall präventiv. Er unterstützt Familien, bevor etwas Schlimmes passiert, anstatt später geschundene Kinderseelen und gebrochene Knochen heilen zu müssen.

Die allermeisten Kindeswohlgefährdungen und gerade die besonders schrecklichen Tötungen von Säuglingen geschehen fast nie mit Vorsatz oder gar Planung. Sie sind in den allermeisten Fällen das Ergebnis einer kompletten Überforderung. Wenn Eltern ihr nächtelang schreiendes Kind nicht mehr aushalten, sich allein fühlen oder es tatsächlich sind und keinen Ausweg mehr wissen, wird es gefährlich. Dann kann es zu regelrechten Aussetzern kommen, zu Impulshandlungen, die schreckliche Folgen haben können. Dann werden Säuglinge aus dem Fenster geworfen oder gegen die Wand geklatscht. Am stärksten davon gefährdet sind Kinder in ihren ersten sechs Lebensmonaten. Darum sind die sogenannten »Frühen Hilfen« auch im Kinderschutzgesetz verankert und werden mit etlichen Millionen Euro durch die Bundesregierung gefördert. Sie sollen Unterstützung von Familien in der Phase rund um die Geburt leisten und so nicht nur die bestmögliche Entwicklung von Kindern fördern, sondern auch solche Überforderungssituationen verhindern.

In Neukölln machen wir das seit 2012 mit einer eigenen Präventionsstrategie – der Neuköllner Präventionskette –, die von der Schwangerschaft bis ins Schulalter hinein allen Kindern ein gutes und gesundes Aufwachsen frei von Gewalt, Vernachlässigung und Entwicklungsstörungen ermöglichen soll. Das ist gut gemeint, und wir investieren dort noch zusätzlich zur Bundesförderung viel Kraft. Die Erfolge sind aber zäh und nur schwer handfest nachzuweisen. Denn es ist ein hartes Geschäft. Alle Familien mit den vielfältigen Unterstützungsangeboten zu erreichen, ist beinahe aussichtslos. Und selbst wenn die jahrelange mühevolle Arbeit erfolgreich ist, kann ich es nicht beweisen. Denn es ist kaum möglich, zweifelsfrei zu belegen, dass ohne die Präventionsarbeit Kinder totgeschüttelt, missbraucht oder vernachlässigt worden wären. Das Präventionsparadox, das wir alle in der Corona-Pandemie kennengelernt haben, macht auch im Bereich der Frühen Hilfen jeden Nachweis von Wirksamkeit extrem schwer.

Dass der Anteil übergewichtiger Kinder unter den Neuköllner Erstklässlern zwischen 2013 und 2017 um über zwei Prozentpunkte auf 13,5 Prozent gesunken ist, kann mit vielen Faktoren zusammenhängen. Dass Sprachdefizite und auffällige Visuomotorik (Auge-Hand-Koordination) im gleichen Zeitraum um elf und fünf Prozent zurückgegangen sind, kann andere Ursachen haben als die Arbeit meines Jugend- und Gesundheitsamtes. Beispielsweise den Zuzug von eher bildungsnahen Menschen mit höherem sozialen Status. Wenn der Nord-Neuköllner Hipster irgendwann Kinder bekommt, ist eben eher Holzspielzeug statt Xbox angesagt.

Und dennoch, die Idee ist bestechend einfach. Je mehr wir als Gesellschaft tun, um die Gefährdung des Kindeswohls zu verhindern, bevor sie eintritt, desto mehr Leid können wir verhindern und desto besser wachsen Kinder und Jugendliche in unserem Land heran. Das ist aber letztlich auch eine Frage des Geldes. Modellstudien sagen uns, dass wir mit jedem eingesetzten Euro für Frühe Hilfen bis zu 34 Euro im Lebensverlauf eines Kindes sparen können. Für den Logopäden, für die Ergotherapie, für zahnärztliche Behandlung an völlig verfaulten Kinderzähnen. Aber auch für gesellschaftliche Folgekosten von niedriger Bildung, Arbeitslosigkeit, Drogenkonsum und Delinquenz. Eine Rendite von 3400 Prozent! So einen Zinssatz bekommen Sie bei keiner Bank! Wer da nicht zuschlägt, ist dämlich.

Nur leider sind wir das offenbar. Denn während wir seit 2012 pro Jahr ungefähr 100 000 Euro für die Neuköllner Präventionskette zur Verfügung haben, geben wir allein in Neukölln für den Reparaturbetrieb der Jugendhilfe – die »Hilfen zur Erziehung« – über 60 Millionen Euro aus. Jedes Jahr aufs Neue. Berlinweit sind es weit mehr als 500 Millionen Euro, Tendenz stetig steigend. Ziel der Politik ist es schon lange nicht mehr, diese Kosten zu senken. Es gilt stattdessen schon als Erfolg, wenn sie nur weniger stark ansteigen.

Und selbst die mageren 100 000 Euro für Prävention muss ich mir jedes Jahr in zähen politischen Verhandlungen hart erkämpfen und dafür auf andere wichtige Projekte verzichten. Rückblickend bin ich trotzdem sicher, dass wir damit Gutes getan haben. Die Gesundheit der Neuköllner Kinder hat sich in den

Jahren meiner Amtszeit als Jugend- und Gesundheitsstadtrat in der Breite erheblich verbessert. Vielleicht ist das mein größter politischer Erfolg.

Das Projekt also, das die Ministerin an diesem sonnigen Tag in Neukölln groß bewirbt und zusammen mit ihrer Parteifreundin aus dem Senat in die Kameras lächelnd anpreist, ist zuvor unter großem Aufwand und gegen einige Gegenwehr aus eben jenen Reihen in Neukölln aufgebaut worden. Als sie noch Bürgermeisterin dieses Bezirks war, hatte sie daran kaum Interesse. So etwas als Vorreiter in der Bundeshauptstadt aufzubauen, ist eben viel Arbeit. Vieles kann schiefgehen. Es sah zu Beginn nicht nach einem Prestigeprojekt aus, das die Presse auf den Plan ruft. Neukölln hat es erst dazu gemacht.

Es geht um die Babylotsen, die an Deutschlands zweitgrößter Geburtsstation, am *Vivantes Klinikum Neukölln*, diejenigen Familien zusätzlich gezielt betreuen, die bestimmte soziale Risikofaktoren auf sich vereinen. Das können Arbeitslosigkeit, Suchtmittelkonsum, soziale Isolation, Mehrlingsschwangerschaft und bekannte psychische Erkrankungen sein. Oder auch Gewalt in der Partnerschaft, mangelhafte Sprachkenntnisse und fehlende Krankenversicherung. Nur einer oder zwei dieser Faktoren sind oft kein Problem und können aus eigener Kraft abgefedert werden. Wir wissen aber, dass die Gefahr einer Vernachlässigung, Überforderung oder gar einer Lebensgefährdung des neugeborenen Kindes ganz beträchtlich steigt, wenn mehrere dieser Risikofaktoren gleichzeitig vorliegen. Ihre Wirkung potenziert sich.

Wenn eine Frau nur ein kleines Einkommen zur Verfügung hat, in einer viel zu engen Wohnung Kette raucht und mit frühgeborenen Zwillingen allein ist, weil der Mann die Hartz-Knete im »Kulturverein« verspielt, ist sie schlicht nicht in der Lage, sich mit voller Hingabe und der notwendigen Geduld den Kindern zu widmen. Und wer materiell abgesichert ist, aber mit einer psychischen Erkrankung und ohne soziale Kontakte mit einem Schreibaby im hübschen Eigenheim sitzt, ist übrigens nicht wesentlich besser dran. Mit den Babylotsen können wir hier gezielt gegensteuern, Probleme früh erkennen und rechtzeitig helfen. Wir können keine Wunder vollbringen, aber zur Seite stehen und Angebote machen. Zur Schuldnerberatung, zur Gewaltschutzambulanz, zur Hebamme für eine anständige Nachsorge oder einfach nur zum Nachbarschaftscafé, wo die Mutter ihre alltäglichen Probleme mit Gleichgesinnten besprechen kann. Es klingt nach wenig, aber es hilft. So funktioniert sozialkompensatorische Prävention. Mit kleinen Mitteln viel bewirken.

Die Idee kommt ursprünglich aus Hamburg, ist aber wie gemacht für Neukölln. Ich wollte es sofort bei uns umsetzen, als ich davon hörte. Genau wie die berlinweit einzige komplett kommunal finanzierte Schreibaby-Ambulanz ist es eines der wirksamsten Instrumente gegen Kindeswohlgefährdungen und ein Riesengewinn für den ganzen Bezirk. Das hat der Berliner Senat nach viel Überzeugungsarbeit schließlich auch so gesehen und die Babylotsen nur wenige Jahre nach dem erfolgreichen Projektstart in Neukölln in der ganzen Stadt auf den Weg gebracht. Manchmal reicht diese versteckte Art der Anerkennung aus, um weiterzumachen.

Manchmal reicht es aber nicht. Insbesondere dann nicht, wenn die klare und ungeschönte Benennung von Problemen und Gefahren zu einer politischen und medialen Kampagne führt, die im Rückblick einfach nur fassungslos macht. So geschehen, als ich 2016 den aktuellen Gesundheitsbericht meines Bezirks vorstellte. Ich hatte mich zwei Jahre zuvor ganz bewusst dafür entschieden, die bis dahin berlinweit eher stiefmütterlich betriebene Berichterstattung zur Gesundheit in den Bezirken neu aufzusetzen und endlich Profis ranzulassen. Die seitdem veröffentlichten Berichte setzen Standards und erschöpfen sich nicht in der Beschreibung von Zahlen, sondern sagen der Politik, was zu tun ist.

So hat der Gesundheitsbericht 2016 einen tiefen Einblick in die gesundheitliche Lage der Neuköllnerinnen und Neuköllner gegeben. Das traurigste Ergebnis: Wer in Neukölln lebt, stirbt früher. Ein Jahr früher im Vergleich zum gutbürgerlichen Steglitz-Zehlendorf, um genau zu sein. Jeder achte Neuköllner – und das heißt: vierzigtausend Menschen! – hat eine Schwerbehinderung, aber die wenigsten nutzen die Unterstützungsmöglichkeiten, die damit verbunden sein könnten. Die Säuglingssterblichkeit liegt bei uns höher, und in keinem anderen Berliner Bezirk gibt es mehr Tote durch Lungenkrebs. Alles wichtige Erkenntnisse, die langfristig in Politik münden müssen. Einiges davon hatte ich bereits früher aufgegriffen und nach Hilfe durch die Berliner Landesregierung gerufen. Interessiert hat es meist niemanden.

Für bundesweite Aufregung sorgte dann aber meine Ankündigung, die Ursachen der hohen Säuglingssterblichkeit erforschen zu wollen. Dazu gab es reichlich Anlass, denn in Neukölln starben in den Jahren 2014 bis 2016 5,3 Kinder auf tausend Lebendgeborene – der bundesweite Durchschnitt liegt bei 3,2. Was in vielen anderen Ländern der Welt als paradiesischer Zustand gelten würde (in Nordkorea liegt der Wert bei 22, in Angola bei 96), ist aus meiner Sicht in diesem Land mit seiner hochgerüsteten medizinischen Infrastruktur nicht hinnehmbar. Ich habe die Daten verglichen. In sieben von neun Jahren zwischen 2008 und 2016 hatte Neukölln eine wesentlich höhere Säuglingssterblichkeit vorzuweisen als der in seiner Sozialstruktur vergleichbare Bezirk Mitte. Die größte Diskrepanz gab es 2011 mit 2,8 Verstorbenen pro 1000 Lebendgeborenen in Mitte und 7,0 in Neukölln.

Für die Ursachen kamen infrage: rein statistische Verzerrungen, ein schlechterer Zugang zur medizinischen Versorgung und zu Vorsorgeangeboten für sozial schwache Familien ohne ausreichende Sprachkenntnisse sowie eine erhöhte Sterblichkeit aufgrund von Verwandtenehen. Sie dürfen raten, worauf sich die Presse besonders stürzte. Was folgte, war der Artikel »Mythos

Verwandtenehe« einer Wissenschaftsjournalistin, die den wissenschaftlich ganz unbestreitbar vorliegenden Zusammenhang von Verwandtenehen und Säuglingssterblichkeit gänzlich abstritt, sowie in der Folge ein von der größten Berliner Tageszeitung immer wieder reproduzierter Rassismusvorwurf gegen mich.

Aber der Reihe nach. Es ist wissenschaftlicher Konsens, dass eine genetische Verwandtschaft der Eltern das Risiko von Missbildungen, Fehlgeburten und Erkrankungen bei Kindern erhöht. Bei direkter Blutsverwandtschaft der Eltern verdoppelt sich das Risiko einer schweren Erkrankung (Morbidität) und des Versterbens innerhalb von vier Wochen nach der Geburt (neonatale Mortalität) von 1 bis 2 Prozent auf 2 bis 4 Prozent. Das klingt erst mal nicht viel. Wenn ich mir aber aussuchen könnte, ob mein ungeborenes Kind eine doppelt so hohe Chance hat, kurz nach der Geburt zu sterben, oder nicht, müsste ich nicht lange nachdenken.

Verwandtenehen sind nun aber ein kulturelles und soziales Phänomen und infolgedessen in den betreffenden Kulturkreisen schon Hunderte von Jahren geübte Praxis. Sie versprechen soziale Sicherheit, Zusammenhalt in der Familie und in manchen Gesellschaften einfach nur zahlenmäßige Stärke gegenüber anderen Gruppen. Verwandtenehen sind auch eine generationenübergreifende soziale Überlebensstrategie. Dazu müssen wir gar nicht weit in die Welt hinaussehen. Europäische Adelshäuser haben über Jahrhunderte die gleiche Praxis verfolgt, und gerade in Dorfgemeinschaften auf dem Land war eine Ehe unter Cousins und Cousinen aus schlichter Alternativlosigkeit oder materiellen Notwendigkeiten viel länger fester Bestandteil des Alltags, als uns allen bewusst ist. Haus und Hof bleiben damit in der Familie. Dass so etwas aus moralischen und ethischen Vorstellungen abgelehnt wird, – auch verbunden mit wissenschaftlichen Erkenntnissen –, ist noch relativ neu.

Heute liegen die Länder mit der höchsten Konsanguinitätsrate – also der Anteil von unter Verwandten geschlossenen Partnerschaften – im Nahen Osten. Betrachtet man die Verbreitung weltweit, zieht sich ein Band beginnend in Nordafrika inklusive Mauretanien und Sudan über die Türkei bis hin zur arabischen Halbinsel, die das Zentrum dieser Praxis ausmacht, und weiter über den Iran, Afghanistan, Pakistan und Indien. Fast eine Milliarde Menschen leben in Staaten, in denen mindestens jede zehnte Ehe, teilweise mehr als jeder zweite Ehe, mindestens zwischen Cousins und Cousinen zweiten Grades erfolgt. In Deutschland liegt dieser Wert – mit einiger Unsicherheit – bei einem bis vier Prozent. Verboten sind solche Ehen im Gegensatz zum echten Inzest – der Heirat zwischen Eltern und Kindern oder Geschwistern – auch hierzulande nicht.

Durch eine Jahrhunderte andauernde Tradition solcher Verbindungen innerhalb einer Population erhöht sich jedoch das Risiko von erblich bedingten Erkrankungen dermaßen, dass es einem den Atem verschlägt. Eine Studie unter der pakistanischstämmigen Bevölkerung im britischen Birmingham ergab einen Konsanguinitätsgrad von fünfundfünfzig Prozent und daraus folgend ein dreizehnfach erhöhtes Risiko für neonatale Mortalität gegenüber der englischstämmigen Bevölkerung. Selbst die Gesundheitsberichterstattung der Bundesregierung kennt dieses Problem und benennt es im Schwerpunktbericht »Migration und Gesundheit« bereits 2008:

> […] weitere genetische Erkrankungen [werden] gehäuft bei türkischstämmigen Kindern, aber auch bei Kindern aus dem Mittleren und Nahen Osten und aus Nordafrika (Marokko) beobachtet. […] Eine Ursache für diese überproportionale Betroffenheit wird in tradiert häufigeren konsanguinen Eheschließungen (Verwandtenehen) gesehen. Konsanguinität als Risikofaktor für eine erhöhte Morbidität und Mortalität von Kindern konnten Studien in der Türkei sowie im Mittleren und Nahen Osten nachweisen.

Es ist also nicht so, dass wir es nicht wüssten. Und ohne noch tiefer in die Details zu gehen oder auch neueren Erkenntnissen vorgreifen zu wollen, lässt sich zweifellos feststellen, dass die jahrhundertelange Praxis der Heirat zwischen Verwandten das Risiko für Erkrankungen und Tod von Säuglingen signifikant erhöht. Aus der Feder der Berliner Wissenschaftsjournalistin klingt es allerdings so: »Der Normalfall ist das gesunde Baby.« Eine unglaublich schmerzhafte Relativierung des Leids, das Betroffene erfahren müssen. Oft, weil sie es einfach nicht besser wissen. Wenn es nach dieser Logik geht, müssen wir uns nie wieder beim Autofahren anschnallen und können jegliche Sicherheitsvorkehrungen an Kernreaktoren abschalten. Denn der Normalfall ist ja die unfallfreie Fahrt und der störungsfreie Betrieb. Der genannte Artikel ist ein Sinnbild für alles, was in den linksliberal geprägten Redaktionsräumen dieses Landes schiefläuft.

Monate später erschien ein anderer Text in einer anderen großen Berliner Tageszeitung zu diesem Thema. Für »Die toten Babys von Neukölln« wurden seine Autoren vollkommen zu Recht mit dem Deutschen Reporterpreis ausgezeichnet. So differenziert, so neugierig und authentisch war Lokaljournalismus lange nicht. Darin wird unter anderem von einem Neuköllner Vater türkischer Abstammung berichtet, der es nach eigener Aussage nicht mehr riskieren konnte, mit seiner Frau ein weiteres Kind zu bekommen. Denn seine Frau ist auch seine Cousine. Ihre gemeinsame zweiunddreißigjährige Tochter ist wegen eines Gendefekts seit Geburt zu 100 Prozent schwerbehindert und auf dem körperlichen und geistigen Niveau eines Kleinkindes. Er sage allen, dass es nicht normal sei, Verwandte zu heiraten. Aber es höre kaum jemand auf ihn. »Bei uns wird schon nichts passieren«, heißt es immer. *In schā' Allāh.*

Gerade unter sehr gläubigen Muslimen, so der Vater, sei die Verwandtenehe noch verbreitet – auch in Deutschland, auch in Neukölln. Noch 2010 kam eine Studie der Bundeszentrale für gesundheitliche Aufklärung zu dem Ergebnis, dass jede vierte türkische Frau in Deutschland mit einem Verwandten verheiratet sei.

Ich hole deshalb so weit aus, weil ich klarmachen will: In der Neuköllner Debatte ging es nicht darum, ob Verwandtenehen potenziell schädlich sind. Das ist seit Jahren gesicherte wissenschaftliche Erkenntnis, auch wenn es im besagten Artikel rundweg bestritten wurde. Es ging darum, ob die wesentlich höhere Säuglingssterblichkeit im Bezirk damit erklärbar ist. Denn darüber kann man sich tatsächlich streiten, da auch andere Faktoren ausschlaggebend sein könnten. Man muss dieser Frage aber zunächst nachgehen wollen. Sie zu ignorieren, weil einem das Ergebnis vielleicht nicht gefällt, ist keine verantwortungsvolle Politik.

Beantworten kann man die Frage nur durch eine detaillierte Analyse der Totenscheine der verstorbenen Neugeborenen. Früher lagen sie mal in Neukölln, als aber der verantwortliche Mediziner aus meinem Gesundheitsamt den Bezirk wechselte, nahm er das Zentralarchiv für Leichenschauscheine gleich mit. Seitdem werden sie für ganz Berlin in einem Keller im Gesundheitsamt Reinickendorf gelagert. Und genau dort stößt die von mir angestoßene Aufklärung der Neuköllner Säuglingssterblichkeit an ihre Grenzen.

Neben einigen Kuriositäten wie Hundertjährigen, die als neugeboren verstorben geführt wurden, weil schlicht das Geburtsjahrhundert vertauscht wurde, gibt es handfeste Schwierigkeiten. Bei kaum einem verstorbenen Säugling ist die Todesursache so detailliert angegeben, dass ein Rückschluss auf die Ursachen überhaupt möglich wäre. Eine rechtsmedizinische Obduktion der kleinen Körper erfolgt nur in Ausnahmefällen, und nur selten machen sich behandelnde Ärzte von sich aus die Mühe, die genaue Todesursache zu erforschen oder zu dokumentieren. Ich habe dafür Verständnis, denn in dieser schrecklichen Situation haben wirklich alle Beteiligten, von den verzweifelten Eltern über die Pflegekräfte und Hebammen bis hin zu den Ärzten wirklich andere Sorgen. Aus meiner Sicht gibt es da keine Vorwürfe an die direkt Betroffenen.

Die Ergebnisse meiner Bemühungen waren also recht ernüchternd. Zumal durch mehrfache Umstellung der landes- und bundesweiten Statistik relevante Vergleichsdaten auch erst Jahre später, frühestens ab 2023 verfügbar sein werden. Einen Einfluss der Verwandtenehe auf die Säuglingssterblichkeit konnten wir schlussendlich weder bestätigen noch ausschließen.

Die Aufregung war umsonst. Die mediale Hetzjagd auch. Die Mühe war es nicht. Denn ich konnte mit der Untersuchung zeigen, dass die Dokumentation der neonatalen Mortalität zwischen den verschiedenen Berliner Geburtskliniken abzuweichen scheint. Während im Neuköllner Klinikum auch solche Säuglinge als lebend geboren erfasst werden, die vor Ende der 22. Schwangerschaftswoche (SSW) geboren wurden, aber Lebenszeichen gezeigt haben, werden in anderen Kliniken Geburten vor Ende der 22. SSW offenbar zumeist nicht als lebend geboren erfasst. Dieser statistische Effekt wirkt sich insbesondere auf die Sterblichkeit in Neukölln aus, da ungefähr die Hälfte aller Neuköllner Kinder auch im Klinikum Neukölln geboren wird.

Auch eine sehr einfache, aber leider falsche Erklärung konnte ich ausschließen. Zwar werden in das sogenannte Level-1-Klinikum in Neukölln, eine Geburtsklinik mit der besten Ausstattung auch für komplizierte Fälle, Schwangere aus der ganzen Stadt und dem Umland gebracht. Und diese Spezialisierung auf Risikogeburten führt auch dazu, dass mehr Neugeborene im Klinikum versterben als in einem Wald-und-Wiesen-Krankenhaus in der Lüneburger Heide. Aber die Erfassung in der Statistik erfolgt immer nach dem Wohnort der Mutter, nicht nach dem Sterbeort. Ein für Neukölln gemeldeter verstorbener Säugling ist also nicht zwangsläufig in Neukölln verstorben, aber in jedem Fall ist seine Mutter hier gemeldet. Und der frühe Tod eines Kindes aus Cottbus wird auch dann dort in die Statistik eingehen, wenn man ihn noch im Klinikum Neukölln vergeblich zu retten versuchte.

Aus den Ergebnissen konnte ich einige Empfehlungen ableiten, die die Datenbasis in Berlin zukünftig verbessern sollen, insbesondere die verpflichtende Obduktion bei unklarer Todesursache. Handfeste Vorschläge, die es nie gegeben hätte, wenn es nach der gesammelten empörten Linken im Bezirk und einer Wissenschaftsjournalistin gegangen wäre, die das aus ihrer Sicht »Richtige« schreibt anstatt das Wahre. Sie hat mich übrigens weder während der Recherche für ihren Artikel noch irgendwann danach kontaktiert. Zumindest mit Letzterem kann ich ganz gut leben.

Auch wenn die Ursachen für die höhere Säuglingssterblichkeit vermutlich nie ganz aufgeklärt werden, bedeutet es nicht, dass Verantwortliche in Berlin nichts tun können. Denn ganz egal, ob Verwandtenehen in Neukölln einen Einfluss darauf haben, die soziale Lage hat es auf jeden Fall. Darum ist es richtig, Programme wie die Babylotsen zu starten. Sie helfen sozial schwachen Familien und jenen mit fehlenden Sprachkenntnissen oder einem schlechten Zugang zum Gesundheitssystem dabei, sich ihr Recht auf gute medizinische Behandlung zu erstreiten. Ich bin überzeugt: Langfristig retten sie Menschenleben und sparen uns als Gesellschaft sogar noch richtig viel Geld dabei. Wo es solche präventiven Projekte noch nicht gibt, müssen sie sofort her. Mir egal, wer es bezahlt. Einfach machen.

Wie der Kiez sich selbst »empowert«

Neukölln ist Erntedankfest an den Buckower und Rudower Stadtgrenzen und Flohmarkt am Maybachufer. Fastenbrechen im großstädtischen Norden und hinduistisches Tempelfest im

Süden. UNESCO-Welterbe, Schloss und Gutshof in Britz und Plattenbau in der Gropiusstadt. Es ist Hähnewettkrähen in Rudow und Strohballenrollen am Richardplatz. Und im Frühjahr 2018 war Neukölln ein Elterncafé im Harzer Kiez. Einer der sozialen Brennpunkte Neuköllns, in dem jeder hart erkämpfte Euro gut aufgehoben ist.

Sechs Frauen sitzen hier in einem zu kleinen Raum an einem zu großen Tisch, Kinder turnen in einer zwar provisorisch, aber erkennbar liebevoll hergerichteten viel zu kleinen Spielecke. Die Sozialpädagogin des beauftragten sozialen Trägers serviert Baklava und Kaffee, belegte Schrippen und Çay. Außer ihr spricht keine der Frauen genug Deutsch, um ihre alltäglichen Geschäfte selbstständig zu erledigen. Sie schlagen sich mit ihren Herkunftssprachen Persisch, Türkisch, Paschtunisch und verschiedensten arabischen Dialekten durch. In Neukölln funktioniert das meist gut. Hier am mittlerweile reich und vielfältig gedeckten und verlockend duftenden Tisch geht es nur auf Deutsch, weil jede von ihnen eine andere Muttersprache hat. Und den sechs Frauen im Alter von zwanzig bis fünfzig Jahren huscht bei jeder gelungenen Kommunikation untereinander ein Lächeln über das stellenweise durch die Kopftücher verdeckte Gesicht.

Wirklich sagen kann man das freilich nur bei fünfen von ihnen. Die sechste ist komplett verschleiert und trägt einen Niqāb, der nur einen schmalen Schlitz für die Augen frei lässt. Was ich politisch vollkommen ablehne, muss hier einen Raum haben, den ich mit zusammengebissenen Zähnen, aber mit klarem Blick für die Alternative toleriere. Denn die Alternative ist, dass diese Frau gar nicht mehr rauskommt, keinen Kontakt zu anderen hat. Nicht sieht, dass es auch anders geht.

Auf dem Programm steht die Vorstellung einer Säuglingspuppe, die mit viel Technik vollgestopft die Folgen eines Schütteltraumas simulieren kann. Was solch ein heftiges Schütteln mit einem kleinen Kinderkörper macht, dazu später mehr. Hier und heute ist es sinnvolles Beiwerk, denn im Fokus steht der Austausch der Mütter untereinander.

Die Frauen finden schnell eine gemeinsame Basis. Ihre Probleme sind alle die gleichen. Das Jobcenter will für sie gänzlich unverständliche Unterlagen ausgefüllt, dreifach kopiert und beglaubigt sehen. Der Brief aus der Schule muss von der zweitjüngsten Tochter übersetzt werden, und keine der Frauen weiß, ob nun wirklich nur eine Information über den Tag der offenen Tür oder doch eine Maßregel wegen des Verhaltens des großen Bruders darinsteht. Die älteren Kinder haben Ärger im Jugendklub, und der Mann ist – wenn überhaupt – nur dann zu Hause, wenn gegen Monatsmitte das Geld für den Spielautomaten fehlt; ansonsten ist er bis spät abends im »Kulturverein« oder der Sportsbar.

Man darf sich das Leben dieser Mütter nicht wie hämischen Müßiggang auf Steuerzahlerkosten vorstellen. Sie leben sowohl materiell als auch sozial in einem allzu kleinen Käfig, der weder aus Gold noch aus anderem begehrenswerten Material gefertigt ist. Ihr Käfig ist geschaffen aus Bildungsferne, pseudoreligiösen archaischen Riten und Gebräuchen sowie anerzogener und teils brutal durchgesetzter Unterdrückung. Wo sie herkommen, ist das normal. Und das Erschreckende: Hier in Neukölln, mitten in Deutschland ist es das auch. Jedenfalls aus der Sicht dieser Frauen, die von freiheitlich-demokratischer Grundordnung, Gleichberechtigung von Mann und Frau, sexueller Selbstbestimmung oder gar den Segnungen des sich selbst immer wieder karikierenden Feminismus noch nie etwas gehört hätten. Wenn sie nicht hier und heute in dieser kleinen Runde beim Frauenfrühstück sitzen und langsam und behutsam an ein Leben im Land der deutschen Mehrheitsgesellschaft herangeführt würden.

Ich kann an ihren Augen sehen, dass sie vieles, was sie hier hören, nicht mit ihrer Lebenswelt in Einklang bringen können und es lediglich ohne erkennbares Verständnis der Bedeutung für sich selbst zur Kenntnis nehmen. Es braucht viel Zeit und Kraft, für die ich die sozialpädagogisch geschulte Gastgeberin des sozialen Trägers sehr bewundere. Sie begegnet den Frauen auf Augenhöhe, ohne Verurteilung oder erhobenem Zeigefinger. Kleine Schritte sind ihr Geschäft. Und wenn nach Jahren eine dieser Frauen vor Stolz fast platzt, weil sie den Deutschkurs bestanden hat, eine Aushilfstätigkeit in der Bäckerei um die Ecke annimmt oder sich selbstbestimmt gegen ein weiteres Kind entscheidet und das auch gegenüber ihrem Mann durchsetzt, sind das die Erfolge, für die es sich lohnt zu arbeiten.

Ich bin der Überzeugung, dass die Zukunft der Kinder aus diesen Familien an den Müttern hängt. Sie sind es, die unsere Mehrheitsgesellschaft stärken, befähigen und unterstützen muss. Neudeutsch heißt es »empowern«, ein Begriff, bei dem ich innerlich die Augen verdrehe, wenn ich ihn in Förderanträgen sozialer Träger in den härtesten Kiezen der Stadt lese. Um Begrifflichkeiten geht es mir aber nicht, sondern darum, was dahintersteckt. Manchmal sind es Nebelkerzen, die ausgelaugte und schon lange nicht mehr auf der Höhe der Zeit agierende Projektträger über die nächste Förderperiode retten sollen. In den allermeisten Fällen steht dahinter aber das ehrliche Interesse und echte Ideen für den Zugang zu den Menschen im Bezirk, die unsere Hilfe am meisten brauchen.

Und auch wenn ich mir in einer idealen Welt für jeden einzelnen dafür ausgegebenen Euro viele andere schöne Dinge vorstellen kann, wird für diese Arbeit aus meiner Sicht noch immer nicht genug Geld ausgegeben. Ich muss dazu gar keinen Vergleich zum Hauptstadtflughafen BER bemühen, der den Steuerzahler bis zu seiner Eröffnung 1,36 Millionen Euro gekostet hat. Pro Tag. Oder vielleicht doch: Eine Stunde Flughafenbau im märkischen Sand reicht locker für ein komplettes Jahr Elterncafé für einen ganzen Stadtteil. Wenn solche Projekte gut gemacht sind,

sind sie meiner Überzeugung nach der beste Weg, die nächste Generation nicht zu verlieren.

Wir brauchen diese kleinen, fast immer prekär finanzierten lokalen Projekte, die eine unschätzbar wertvolle Arbeit leisten. Sie heißen in Neukölln zum Beispiel »Wellcome«, »Kiezsterne« oder »Stadtteilmütter«. Am erfolgreichsten sind sicherlich die Stadtteilmütter, die mittlerweile weit über die Grenzen Neuköllns und Berlins hinaus Nachahmer gefunden haben. Arbeitslose und oft minimal qualifizierte Frauen, die selbst einen Migrationshintergrund haben, werden mit einer Förderung vom Jobcenter in grundlegenden gesellschaftlichen, gesundheitlichen und Bildungsfragen ausgebildet. Es geht um den Zugang zur Kita und warum sie gut für das Kind sein kann. Es geht um Sexualentwicklung, Rechte von Kindern und Frauen, Sprachentwicklung, gewaltfreie Erziehung und vieles mehr, was in manchen Zuwandererfamilien – und diesen Befund muss man leider auch für manch »urdeutsche« Familie in ähnlich schlechter sozialer Lage erheben – nicht zum Tagesgeschäft gehört.

Man nimmt sich Zeit für diese Bildungsarbeit. Ganze sechs Monate werden die Stadtteilmütter geschult. Und oft zum ersten Mal in ihrem Leben werden sie für ihre Arbeit bezahlt. Verlässlich, wertschätzend, sozialversicherungspflichtig. Es war ursprünglich auch ein Ziel des Projektes, diese Frauen über die Qualifikation für den ersten Arbeitsmarkt zu stärken. Ein Ziel, das sich in den allermeisten Fällen aber nicht erfüllt. Für die meisten Teilnehmerinnen ist der dauerhafte Verbleib als Stadtteilmutter die echte Chance. Aus meiner Sicht schmälert das den Erfolg des Projektes aber nur unwesentlich.

Nach erfolgreicher Schulung gehen die Stadtteilmütter dann zu den Familien aus ihren Herkunftsländern und teilen ihr neu erworbenes Wissen. Auf Augenhöhe, vielleicht nicht immer perfekt und lehrbuchreif, aber so, dass auch die Mütter beim Frauenfrühstück im Harzer Kiez es verstehen und für ihren von Monotonie und Abschottung geprägten Alltag nutzen können.

Es sind kleine Schritte. Mir sind sie oft zu klein. Aber ohne sie hätten wir gar keine Chance, voranzukommen. Der rote Schal der Neuköllner Stadtteilmütter ist zu einem Symbol geworden, das Hoffnung ausstrahlt. Wir brauchen mehr solche Symbole, hinter denen auch wirklich etwas steckt.

Dennoch spüre ich auch hier einen beängstigenden Wandel. Betrachtet man die ersten Fotos der Stadtteilmütter zu Beginn des Projekts, sind es Frauen, die fast alle ohne ein Kopftuch auskamen. Heute ist es umgekehrt. Die meisten der Stadtteilmütter tragen neben ihrem roten Schal ein Symbol, das ich mit der Unterdrückung der Frau verbinde. Ein Widerspruch, wie ich finde, wenn wir jungen Mädchen klarmachen wollen, dass Selbstbestimmung ein eigener Wert ist, der nicht vom Patriarchat bestimmt wird. Während ich diese Zeilen tippe, höre ich schon wieder die Rufe: Rassismus und Islamophobie! Warten Sie bitte ab. Was das Kopftuch als Symbol ausmacht, soll später noch ausführlich Thema werden.

Während die Stadtteilmütter schon 2006 vom amtsprägenden Neuköllner Bezirksbürgermeister Heinz Buschkowsky ins Leben gerufen wurden, mittlerweile bundesweit verbreitet sind und allein in Berlin mit Millionensummen gefördert werden – zwischen 2019 und 2024 sind 43 Millionen Euro angesetzt –, kommen andere Projekte mit wenigen Hundert oder Tausend Euro im Jahr aus. Ohne Ehrenamt geht es meist nicht, aber das macht diese Projekte auch so spannend. Wie einfach und sympathisch das geht, zeigt das Ehrenamtsprojekt »Kiezsterne«, das von meinem Jugendamt mitentwickelt wurde und seit 2016 gute Arbeit leistet.

Hier werden junge Mütter und Väter aus allen sozialen Milieus darin bestärkt, auf ihre Nachbarn zuzugehen und Hilfe und Unterstützung für andere junge Familien anzubieten. Sie sind Multiplikatoren für die Familienzentren, Nachbarschaftstreffs und Frauencafés, die es mittlerweile überall und gerade im problembelasteten Norden von Neukölln gibt. Das geht einfach über ein Gespräch auf dem Spielplatz oder an der Supermarktkasse. Beziehungen aufbauen, Hilfen anbieten und Erfahrungen teilen. Diese einfache Ansprache – Sozialarbeiter würden sie »niedrigschwellig« nennen – funktioniert unglaublich gut. »Wenn die Mütter erst den Weg in das Familienzentrum gefunden haben, wollen sie nicht mehr weg«, sagte einmal eine meiner Sozialarbeiterinnen im Jugendamt. Gemeinsam mit einigen freien Trägern der Jugendhilfe hat sie das Projekt entwickelt. Gekostet hat es den Bezirk bis heute so gut wie nichts, auch dank der Unterstützung der Werner-Coenen-Stiftung, die sich seit vielen Jahren dafür engagiert.

Diese Beispiele und etliche weitere zeigen mir, dass Integration über die Frauen laufen muss, wenn sie eine Chance auf Erfolg haben soll. Angefangen bei den Mädchen, die wir beim Weg aus den beengenden Hierarchien ihrer Herkunftskultur an die Hand nehmen müssen. Sonst gehen sie verloren zwischen Familienehre, Zwangsheirat, Kopftuch und einer Mehrheitsgesellschaft, die das alles – ganz im Sinne der politischen Korrektheit – lieber gar nicht wissen will.

Die Schule des Verbrechens

Die High-Deck-Siedlung liegt am südlichen Ende der Neuköllner Sonnenallee noch außerhalb des S-Bahn-Ringes, der die Grenzen der Berliner Innenstadt markiert. Hier leben sechstausend Menschen auf einer Fläche von zwanzig Hektar. Die Siedlung ist die Beton gewordene Bausünde des sozialen Wohnungsbaus der Siebziger- und Achtzigerjahre. Das war auch der Grund, warum der Film *Sonnenallee* von Leander Haußmann nicht hier, in unmittelbarer Nähe des namengebenden Grenzübergangs gedreht wurde, sondern in einer eigens errichteten Filmkulisse in Potsdam-Babelsberg. Die im Film gezeigte typische Berliner Block-bebauung ist hier einfach nicht zu finden.

Die vorherrschende Farbe in der Siedlung ist Grau. Hochgelagerte Gehwege – die für die Siedlung namengebenden »High-Decks« – verbinden die meist fünf- bis sechsstöckigen Wohnblocks und geben dem gesamten Gelände einen verwinkelten, unübersichtlichen Eindruck. Unter den »High-Decks« parken die Autos. Viele dunkle Ecken, in denen Unrat einfach liegen bleibt und Angsträume entstehen. Dass die Siedlung im November 2020 in weiten Teilen unter Denkmalschutz gestellt wurde, ist ein schlechter Witz und für die Bewohner ein weiterer Nackenschlag. Denn damit sind die bereits geplanten Sanierungen der teilweise maroden Wohnungen, wenn überhaupt, nur eingeschränkt möglich. Was genau an dieser Betonwüste erhaltenswert sein soll, habe ich bis heute nicht verstanden. Eine verkopfte Entscheidung vollkommen an der Lebenswirklichkeit der Menschen vorbei.

Mehr als die Hälfte der Bewohner lebt von Hartz IV oder anderen Sozialleistungen. Der Migrationsanteil ist ähnlich hoch wie im tiefsten Norden Neuköllns, die benachbarte Grundschule zählt 98 Prozent Migrationshintergrund. Kaum jemand möchte hier wirklich leben, aber die meisten haben schlicht keine Wahl. Wer es sich leisten kann, zieht weg. Wer bleibt, findet meist keinen Grund, sich positiv mit seiner Nachbarschaft zu identifizieren. Hier brodelt es schon länger.

2020 ist die Lage explodiert. Bekannt wurde das Viertel auch durch die ersten Szenen der Fernsehserie *4 Blocks*, in der ein Polizeieinsatz gegen drogendealende Clans massiv eskaliert. Wie sich innerhalb kürzester Zeit Dutzende Anwohner auf den High-Decks sammeln und unter lautem Geschrei mit Müll und anderen Dingen nach drei einsamen Polizisten werfen, wird heute so manchem Beamten an seine letzte Schicht im Kiez erinnern. Die Fiktion ist selten so nah an der Realität wie in diesen ersten

Minuten der Serie. Die Siedlung wird spätestens seitdem immer wieder in der deutschsprachigen Gangster-Rap-Szene zitiert und mystifiziert. Im profitablen Rap-Geschäft lebt es sich gut ein mit dem Image des Ghettokids, das es geschafft hat.

Die Lage war schon vor 2020 – wie der Neuköllner sagt – beschissen. Während der Corona-Pandemie wurde dann auch noch unter dem grünen Justizsenator Dr. Dirk Behrendt die Entscheidung getroffen, bereits inhaftierte Straftäter vorzeitig aus dem Vollzug zu entlassen. Da die Gefängnisse mit dem Infektionsschutz ihrer Insassen schlicht überfordert waren, sollte Platz geschaffen werden. Die harten Jungs kamen also zurück. Danach eskalierte die Lage in der High-Deck-Siedlung ins Unermessliche. Wir in der Bezirksverwaltung, Polizei und Engagierte vor Ort konnten darüber nur entsetzt den Kopf schütteln. Nie passte das (paraphrasierte) Zitat des preußischen Innenministers Gustav von Rochow († 1847) besser: »Es ist dem Untertanen untersagt, den Maßstab seiner beschränkten Einsicht an die Handlungen der Obrigkeit anzulegen.«

Wir Neuköllner schütteln also den Kopf, kotzen sinnbildlich in die Ecke, holen tief Luft und machen einfach weiter. In vielen Videokonferenzen zum Austausch über die Lage und denkbare Lösungsansätze. Aber vor allem mit beiden Beinen auf der Straße und im direkten Kontakt mit Kindern und Jugendlichen, die immer mehr und immer früher in die knallharte kriminelle Szene abrutschen. Den Justizsenator, der sich ganz gerne durch Verfassungsklagen gegen Schweinehaltung profiliert – freilich ohne jemals einen konventionellen Schweinestall, den es in Berlin ohnehin nicht gibt, von innen gesehen zu haben –, interessieren die Zustände auf der Straße offenbar nicht. Seine Ideologie ist durchgesetzt, wir in Neukölln müssen das Schlamassel ausbaden und mit unglaublicher Kraftanstrengung den Scherbenhaufen beseitigen.

2020 gab es allein in der High-Deck-Siedlung 1220 Straftaten. Mehr als dreimal pro Tag wurde irgendwo eingebrochen, härteste Drogen werden gehandelt, Menschen mit Messern und Eisenstangen malträtiert. Und während im Pandemiejahr 2020 berlinweit die Straftaten rückläufig waren, Jugendgruppengewalt sogar um neunzehn Prozent zurückging, stiegen sie hier vor allem seit Oktober 2020 massiv an. Es gab zwei Überfälle mit Schusswaffen auf den letzten verbliebenen Laden im Kiez, regelmäßig wurden Polizeibeamte und Ordnungsamtsmitarbeiter bedroht, attackiert, angespuckt. Es kommt zu Angriffen mit Flaschen und Steinen, wie man es sonst nur aus dem linksalternativen Nachbarbezirk Friedrichshain-Kreuzberg kennt. Jugendliche legen regelrechte Steindepots und Straßensperren mit brennenden Autoreifen an, um Beamte, die sich in »ihren Kiez« wagen, in einen Hinterhalt zu locken und möglichst schwer zu verletzen.

Solche Straßenschlachten sind nicht an der Tagesordnung. Es sind spektakuläre Taten von Jugendgruppen im Alltag eines Kiezes, der von Kriminalität, Drogen und Gewalt geprägt ist. Aber bei jedem einzelnen Einsatz in der High-Deck-Siedlung müssen die Männer und Frauen der Berliner Polizei mit solchen oder ähnlichen Übergriffen rechnen und hoffen, dass sie am Ende ihrer Schicht wieder gesund zu ihren Partnern und Kindern zurückkehren können. Wenn der Abschnittsleiter der Polizei mir versichert, dass es mit ihm keine »No-go-Areas« geben wird, dann glaube ich ihm das. Allein schon, weil ich die Entschlossenheit in seinem Blick ernst nehme und diese Einstellung genau das ist, was Neukölln braucht. Ich sehe, dass die hochgerüstete Berliner Brennpunkteinheit unterwegs ist. Ich weiß, dass das Landeskriminalamt verdeckt ermittelt. Ich schätze die verstärkten Verkehrskontrollen in der Gegend. Ich sehe aber auch, dass die Realität uns alle einholt. Wenn fast ein ganzer Kiez auf unsere Gesellschaft und ihre Regeln spuckt, wird es schwer.

Der Macht- und Herrschaftsanspruch der dominierenden Jugendgruppen und ihrer Familien wird offen und ins Gesicht der Männer und Frauen in Uniform formuliert: »Das sind unsere Straßen, verpisst euch hier. Ich ficke deine Mutter, du Hurensohn. *Allāhu akbar*«. Aus Sicherheitskreisen wurde mir berichtet, wie die hasserfüllte Ablehnung und Verachtung unserer Gesellschaft einem Polizisten bei der Festnahme eines mutmaßlichen Straftäters, der gerade einen Paketboten ausrauben wollte, ins Gesicht geschmettert wurde:

> Ihr Wichser, ich mache euch alle fertig. Schwanzlutscher, keiner nimmt euch ernst, verpisst euch endlich! Kommt alleine, dann bringe ich euch um, ich werde euch ficken, euch wehtun, ich merke mir eure Gesichter, euch hole ich mir, einen nach dem anderen, ich werde euch Schlimmes antun, das schwöre ich bei Allāh, Gott ist mein Zeuge.
> Wenn ihr noch mal hierherkommt, werde ich einen Stein auf euch und euer Scheißauto werfen. Für euch nehme ich eine Steinplatte und mache euch kaputt. Glaubt mir, ich werde auf jeden Polizisten einen Stein schmeißen, der in meinen Kiez kommt, ihr habt hier nichts zu suchen. Euch wird ein 40-Tonner überfahren, und wenn ich das machen muss, bei Allāh!

Es ist der pure Hass, die blanke Verachtung und der klare Bezug zu religiösem Terrorismus, der Berlin erst wenige Jahre zuvor erschüttert hatte. Beim Anschlag mit einem Sattelzug auf den Weihnachtsmarkt auf dem Breitscheidplatz starben 2016 dreizehn Menschen, siebenundsechzig wurden teils schwer verletzt. Es war der bis dahin schwerste islamistische Terroranschlag auf deutschem Boden.

In der High-Deck-Siedlung muss selbst bei Rettungseinsätzen der Berliner Feuerwehr regelmäßig die Polizei in Mannschaftsstärke hinzugezogen werden, da die Anwohner grundsätzlich besser wissen, wie Menschen zu retten sind und die

Einsatzkräfte behindern, beleidigen und angreifen. Wer das als pure Mentalitätsfrage und überzogene Sorge um geliebte Menschen abtut, ist eher Teil des Problems als der Lösung.

Routineeinsätze für Rettungskräfte gibt es in diesem Kiez nicht mehr. Die ganze menschliche und gesellschaftliche Verkommenheit offenbart sich bei einem Blick auf die Details und stellt selbst mich als wirklich hartgesottenes Neuköllner Original vor ernsthafte Zweifel, warum wir uns eigentlich noch solche Mühe geben. Mir kam zugegebenermaßen der Gedanke: »Da ist jede Mühe vergebens, diese Jugendlichen, diese Familien, dieses Viertel sind verloren.« Irgendwann wurden selbst Jugendklubs angegriffen, Sozialarbeiter öffentlich angefeindet und ihre Autoreifen zerstochen. Nur durch Glück kam es dadurch nicht zu einem schweren Verkehrsunfall, zu Toten und Verletzten.

Was auch unter Polizisten für Erstaunen sorgt, ist die Dreistigkeit bei Einbrüchen, die allesamt im direkten Wohnumfeld der Täter stattfinden. Die beklauen buchstäblich ihre Nachbarn, denen sie am nächsten Morgen im Treppenhaus dreckig ins Gesicht grinsen. Und das sind nur die Taten, von denen wir wissen. Gerade bei den Drogendelikten ist die Dunkelziffer enorm. Ganz einfach, weil im Gegensatz zu Eigentums- oder Gewaltdelikten keiner der am Drogenhandel Beteiligten ein Interesse an Strafverfolgung hat. Betäubungsmittelkriminalität ist daher ein sogenanntes Kontrolldelikt. Je mehr kontrolliert wird, desto mehr wird aufgedeckt. Ein hochrangiger Polizeibeamter sagte einmal zu mir, mit Blick auf den Drogenhandel sei Nord-Neukölln kein Brennpunkt mehr, sondern eine Brennfläche. Wer da zu genau hinsieht, macht sich keine Freunde.

Eine Eruption der Gewalt hat mich besonders bestürzt. Am 27. Mai 2020 klingeln zwei Kinder immer und immer wieder an der Haustür eines Mieters in einem der Wohnblöcke der High-Deck-Siedlung. Es ist nicht das erste Mal, dass er diese Klingelstreiche ertragen muss. Dieses Mal erwischt er die beiden Kinder aber und hält sie fest, um die Eltern mit diesem Verhalten zu konfrontieren. Bis hierhin könnte sich diese Szene in jeder anderen Nachbarschaft in Deutschland abspielen. Die in der Mehrheitsgesellschaft zu erwartende Reaktion: Die Eltern holen die Kinder ab, vielleicht gibt es eine Entschuldigung, vielleicht auch nicht. Man verträgt sich oder geht sich einfach aus dem Weg.

Am 27. Mai 2020 läuft das anders. An diesem sonnigen Tag strömen innerhalb weniger Minuten an die hundert Verwandte, Freunde und Bekannte der Familie der Kinder zum Ort des Geschehens. Die Fähigkeit der Mobilisierung über soziale Medien darf keinesfalls unterschätzt werden, wenn der überwiegende Teil der mit der Erziehung der Kinder überforderten Großfamilie in der Zwei-Zimmer-Wohnung zum Monatsende ohnehin in Jogginghose vor dem Flatscreen hängt und auf solch eine Gelegenheit für Zerstreuung nur wartet. Zudem geht es hier um die Ehre – von wem auch immer –, und die muss verteidigt werden, bis aufs Letzte. Mit allen Mitteln.

In diesem Fall bedeutet das, den schwarzen Nachbarn so heftig zu verprügeln, dass er nie wieder auf die Idee kommt, ein arabischstämmiges Kind auch nur anzuschauen. Der Mann überlebt schwer verletzt, hat die Botschaft aber verstanden. Kurze Zeit später zieht er mit seiner Familie weg. Weit weg.

Alle Täter, die die Polizei ermitteln konnte, waren bekannt. Es sind die sogenannten »kiezorientierten Mehrfachtäter«, »Schwellentäter« und Intensivtäter, die die Meute angeführt haben und von ihr angestachelt wurden. Das hat System. In der Siedlung werden gezielt strafunmündige Kinder an die Kriminalität herangeführt und von älteren Jugendlichen und jungen Erwachsenen benutzt. Von denen, die vorzeitig ihre Entlassung aus Tegel feiern konnten.

Hier mal ein Diebstahl, da mal ein Piece (ein Stück Haschisch) oder ein kleiner Warenkreditbetrug. Bis zum vierzehnten Lebensjahr ist der liebe Nachwuchs dafür überhaupt nicht zu belangen. Sehr praktisch für die Hintermänner. Und der Eintritt für Kinder in die Kriminalität, wie sie in Hochglanzserien, Musikvideos und jeden Tag auf der Straße vorgelebt und verharmlost wird. Sie wachsen mit ihren Straftaten. Sie kennen es nicht anders. Die Jungs werden zum Überfall auf den Paketboten geschickt, der unter falschem Namen bestellte hochwertige Elektronik ausliefern soll. Die Mädchen werden als Drogenkurier missbraucht oder in die Prostitution geschickt. Wer nicht mitmachen will, lebt gefährlich. Wie die Fünfzehnjährige, die keine Drogen durch den Kiez tragen wollte und dafür sexuelle Übergriffe bis hin zur versuchten Vergewaltigung über sich ergehen lassen musste.

Es war Anfang 2021, als endlich alle Verantwortlichen, pandemiebedingt in einer Videokonferenz, zusammensaßen. Der sozialdemokratische Bürgermeister Neuköllns sah zu diesem Zeitpunkt erstmals »strukturelle Probleme«. Sein Amtsvorgänger Heinz Buschkowsky wäre explodiert, hätte er diese Naivität und Ahnungslosigkeit miterlebt.

Was kann eine Kommune angesichts solcher Probleme tun? Aufgeben ist keine Neuköllner Option, war es nie. Natürlich muss die Strafverfolgung ihre Arbeit machen. Knallhart, robust und ohne Angst vor reflexhaften Relativierungsversuchen. Aber solch einen Kiez dreht man nicht mit dem Tonfa um. Wer das fordert, hat keine Ahnung von der Realität und sitzt meist irgendwo bequem im Sessel, ohne die Absicht, wirklich etwas zu verbessern. Solche notorischen Zündler haben noch nie Probleme gelöst. Der Kiez braucht vor allem eine soziale Stabilisierung, die Jahre dauert und viel Schweiß und Tränen kostet.

In Dänemark werden solche »Ghettos« – so hießen sie dort lange Zeit ganz offiziell – teilweise abgerissen, die Bewohner umgesiedelt und auf andere Stadtteile quotiert. Diese von einer sozialdemokratischen Regierung verantworteten und von einer breiten gesellschaftlichen Mehrheit getragenen Maßnahmen sind aber keine Lösungen für Neukölln oder Deutschland. Wohnraum vernichten? In Berlin im Jahr 2022? Ganze Stadtviertel dem Erdboden gleichmachen und neu bauen? Wo denn eigentlich? Ganz davon abgesehen, dass es keine Probleme löst, sondern sie nur verteilt. Die Menschen sind dann noch immer sozial isoliert, vielleicht mehr als vorher. Sie sind noch immer bildungsfern, arbeitslos und schlecht integriert. Ich wünsche den Dänen mit der Strategie alles Glück der Welt. Für unser Land kann ich dem Konzept nur wenige einzelne Punkte abgewinnen.

Einer davon ist die Kitapflicht bei festgestelltem Förderbedarf. Wohlgemerkt nicht für alle Bewohner im Kiez, wie es in Dänemark angeordnet ist, sondern aufgrund bestimmter sozialer Indikatoren wie Bildungsstand, Sprachniveau und Einkommen. Es wäre ein Anfang, so etwas wie annähernd gleiche Startchancen für die nächste Generation zu ermöglichen.

Neukölln hat das Glück, unglaublich engagierte und tolle Menschen in der Jugendarbeit, im Quartiersmanagement und in der sozialen Arbeit zu haben. Ohne sie wären wir verloren. Auch sie sagen, dass es noch nie so schlimm war. Die dienstältesten Kollegen arbeiten hier seit zwanzig Jahren und konnten an vielen Stellen doch nur zusehen, wie der Kiez verkommt. Mich hat überrascht, mit welcher Deutlichkeit die Ursachen dafür angesprochen wurden: arabischstämmige Familien, die in den Achtzigerjahren hergezogen sind, Dutzende Kinder bekommen haben und deren Wohnung mittlerweile zu klein für ein irgendwie gesittetes Miteinander geworden sind. Wenn dazu noch die totale soziale Desintegration kommt, die aufgrund vollständiger Bildungsferne und fehlender Perspektive geradezu zwangsläufig erscheint, dann ist das der Zunder.

Der Funke, der den Kiez explodieren ließ, war der komplette Wegfall aller sozialen Leitplanken während der Pandemie. Schulen, Jugendklubs, Streetwork – alles zu. Die Straße war der neue Spielplatz. Der Supermarkt das neue Kinderzimmer.

So sehen es auch Vertreter der migrantischen Community. Die Söhne der zugewanderten Eltern übernehmen aus lauter Langeweile und Perspektivlosigkeit die Macht in den Familien und im Kiez. Der kulturell forcierte Geltungsdrang wird dort ausgelebt, wo man ohne relevante Schulbildung und mit bloßer körperlicher Gewalt vermeintlich etwas bewirken kann: auf der Straße gegenüber Schwächeren. Man besitzt ja sonst nichts, was irgendwie Bedeutung hätte. Es war schon ein großer Erfolg eines sozialen Trägers, der sich auf arabische Familien spezialisiert hat, dass immerhin vierzehn Mädchen und drei Jungs aus dem Kiez regelmäßig zum Arabischunterricht gekommen sind.

Wieso Arabisch und kein Deutsch? Weil zum Deutschunterricht keiner kommt und der Träger so wenigstens noch einen Fuß in der Tür der Familien hat. Wer sich klarmacht, dass Mädchen kaum noch im öffentlichen Raum zu sehen sind und selbst zu Sozialarbeiterinnen der Jugendhilfe nur nach tagelanger Überzeugungsarbeit bei den Eltern Kontakt haben dürfen, der sieht, dass das in der Tat ein großer und wichtiger Erfolg war. Auch wenn ich mir, konservativ wie ich bin – da kann ich nicht aus meiner Haut –, natürlich lieber einen genauso funktionierenden Deutsch- und Demokratieunterricht gewünscht hätte. Er wäre ja bitter nötig. Aber mit frommen Wünschen kommt man nicht weit in der Realität Neuköllns. Pragmatismus ist angesagt, auch wenn das nicht jedem passt. *Wa-llāh ḥabībī.*

Auch Jugendarbeit kann diese Verhältnisse alleine nicht umkehren. Sie ist aber ein Eckpfeiler einer Lösung. Ich möchte nur beispielhaft ein Projekt herausgreifen, das es mir angetan hat, weil es so simpel wie erfolgreich ist: der *Mitternachtssport*. Hier wird am späten Abend mit den Kindern und Jugendlichen im Kiez gekickt. Mit ausgebildeten sozialpädagogischen Fachkräften, die einen Draht zu ihnen haben. Wer sich nicht an die Regeln hält, fliegt raus. Das klappt nicht nur in Neukölln super, sondern auch im Wedding, in Spandau und anderen Brennpunkten der Hauptstadt. Die prominenten »großen Brüder« – Bundesligaprofis mit Standing bei den Jugendlichen – sind wichtige Botschafter. Zu ihnen schauen die Kinder auf. Ein gutes Wort von ihnen macht noch wochenlang die Runde im Kiez. Aber der Star ist der Sport. Und der regelgebundene Kontakt zu den Jugendlichen, die sonst auf der Straße sitzen und Scheiße bauen würden, kann auch langfristig etwas bewirken.

Wenn ich dann in einer Runde mit der verantwortlichen Politikerin für die Vergabe von Hallenzeiten höre, dass der Mitternachtssport im Winter keine Hallenzeiten bekommen kann, »weil es kein Sport ist, sondern Jugendarbeit« und Sporthallen eben nur Sportvereinen zur Verfügung gestellt werden, schwillt mir richtig der Kamm. Nur rot anzulaufen bringt aber nichts. Stattdessen suche ich Mittel und Wege, es doch möglich zu machen. Das Ergebnis zählt. Und zur Ehrenrettung der Kollegen: Ich sehe auch immer wieder die Bereitschaft, Lösungen zu finden. Gut so!

Und doch musste die Jugendarbeit vor Ort letztlich kapitulieren. Am 31. Oktober 2021 – es war Halloween und der halbe Kiez war im abendlichen Halbdunkel unterwegs – rotteten sich in der Spitze bis zu einhundert Jugendliche zusammen. Es wurde verbotene Pyrotechnik gezündet, Steine auf Autos und vorbeifahrende Linienbusse sowie in Richtung der eintreffenden Polizeikräfte geworfen. Erneut wurden brennende Barrikaden errichtet. Nur mit Mühe konnte die Situation beruhigt werden.

Der Zorn des Mobs entlud sich letztlich gegen meine Jugendeinrichtung im Kiez und die Sozialarbeiter, die extra am Sonntagabend vor Ort waren. Steine und Böller prasselten auf sie ein. Als Konsequenz und auch, um die Mitarbeiter zu schützen, blieb der Jugendklub auf unbestimmte Zeit geschlossen.

Gegen die knallharte Kriminalität und Gewalt ist die Polizei am Zug. Mit aller Härte, die unser Rechtsstaat herzugeben vermag. Was wir in solchen Kiezen für eine echte Lösung aber brauchen, ist eine mit vereinten Kräften aufgebaute Identifikation seiner Einwohner mit ihrer Nachbarschaft. Ihnen muss ihr soziales Umfeld wieder wichtig, oder jedenfalls nicht vollkommen egal sein. Dabei spielt auch das Quartiersmanagement eine wichtige Rolle. Das hat sich für viele kleine Projekte wie Anti-Gewalt-Trainings, Deutsch- und Integrationskurse, Kunstaktionen und Gartenprojekte eingesetzt. Alles super und jeden Euro wert. Wenn sich aber gerade ein Großteil der arabischen Familien für solche Projekte oder den Aufruf zur Wahl des Quartiersrates kein Stück interessiert, sie mangels grundlegender Kenntnisse der deutschen Sprache schon gar nicht versteht, ist die Wirkung arg begrenzt.

Das Quartiersmanagement hat auch eine Videoüberwachung des Sonnencenters angestoßen, eben jenes letzten verbliebenen Nahversorgers im Kiez, der mehrfach überfallen wurde. Alle dort ansässigen Geschäftsleute haben sofort zugestimmt. Nur das Jobcenter nicht, das dort mit einer Außenstelle vertreten ist. Der Personalrat war dagegen, denn es könnte ja sein, dass die Arbeitsleistung der Beschäftigten während einer Zigarettenpause erfasst wird. Wieder so ein Punkt, an dem meine Halsschlagader kurz vor dem Platzen ist.

Aufgeben werde ich trotzdem nicht. Nicht angesichts vollkommen außer Kontrolle laufender jugendlicher Intensivtäter. Nicht angesichts der scheinbaren Ohnmacht des Staates gegenüber immer wieder neu aufploppender Kriminalität und Verwahrlosung. Und nicht angesichts grenzenlos naiver und heillos überforderter Politiker, die sich die Welt schönquatschen. Übrigens auch nicht mit Blick auf diejenigen, die alles noch schlechter reden, als es ohnehin ist, nur um den harten Mann zu markieren oder Hass und Angst zu säen. Meist ohne selbst bisher irgendetwas Positives beigetragen zu haben. Es liegt mir einfach zu viel an dieser Stadt, diesem Bezirk und seinen vielen hart arbeitenden Menschen, als dass ich bereit wäre, all das einfach geschehen zu lassen.

Der Mord an Uwe Lieschied

Es war bitterkalt am Freitag, dem 17. März 2006. Den ganzen Tag über kletterte das Thermometer kaum über den Gefrierpunkt, und von den fünfzehn Zentimetern Neuschnee der vergangenen Tage war noch einiges auf den Straßen Neuköllns zu sehen. Polizeihauptkommissar Uwe Lieschied hatte an diesem Tag eigentlich frei und war zum Fußballspielen mit seiner Mannschaft verabredet. Daraus wurde nichts, der Platz war vereist. Wäre es ein paar Grad wärmer gewesen, hätte sich Uwe Lieschied mit seinen Freunden und Kollegen auf dem Platz ausgepowert und wäre dann nach Hause zu seiner Familie gegangen.

Es kam anders. Er ging in den Nachtdienst, um seine Kollegen zu unterstützen. Für seine Kameradschaft, seine Opferbereitschaft war er unter den Männern und Frauen seines Abschnitts bekannt und geschätzt. Uwe Lieschied würde heute vermutlich noch leben, wäre es damals ein paar Grad wärmer gewesen.

Als Trupp des damaligen Streifendienstes VB (Verbrechensbekämpfung) waren Uwe und seine beiden Kollegen Heiko und Sven an diesem Abend gemeinsam im Einsatz. In Zivil ist es ihre Aufgabe, durch die Großstadt zu fahren und Straftäter möglichst auf frischer Tat zu erwischen. Sie sind die, die man im besten Fall nicht kommen sieht. Einbrecher, Räuber, Fahrraddiebe, Drogendealer stehen auf ihrer Liste. Tagesgeschäft für Uwe und seine Jungs.

Gegen 21.00 Uhr fällt ihnen ein Einsatzwagen des eigenen Abschnitts auf, der mit Sonder- und Wegerechten aus der Hermannstraße kommend auf die Flughafenstraße einbiegt und wegen einer Sachbeschädigung auf dem Weg zum Einsatzort ist. Sie stoppen ihn kurz und fragen, ob sie helfen können.»Wat habta denn?«, fragt Uwe Lieschied die Kollegen Melle und Helmut. Melles Antwort fällt kurz aus:»Könnta mit ran?« Es ist ihre erste Nachtschicht nach anderthalb Jahren Elternzeit. Eine Beamtin mit viel Herzblut und den besten Absichten. An diesem Abend hat sie kein gutes Gefühl, deshalb will sie weitere Kollegen mit dabeihaben.

Gemeinsam fahren sie nur wenige Meter weiter in die Fontanestraße, wo ein Mann im Streit mit seiner ehemaligen Partnerin einen Stein in die Fensterscheibe geworfen hat. Aufregung, laute Schreie, Machogehabe. Ein ganz normaler Einsatz, den es so oder so ähnlich jeden Tag in der pulsierenden Innenstadt des multiethnischen Neukölln gibt. Keine Herausforderung für das Team, und nach kurzer Zeit ist die Lage geklärt. Jetzt geht es direkt vor Ort an den Papierkram. Strafanzeige, Personalien prüfen, Beweismittel sichern. Uwe sagt noch,»Mensch, Melle, schmeiß den blöden Stein weg, den brauchste nich mehr.« Auch heute, fast sechzehn Jahre später, klingen ihr diese Worte des erfahrenen Vollblutpolizisten Uwe noch in den Ohren.

Der Stein landet im Mülleimer, die Sache ist erledigt. Die Kollegen wünschen sich noch eine ruhige Nacht und gehen getrennte Wege. Melle und Helmut fahren entgegen dem üblichen Vorgehen mit ihrem Einsatzwagen und dem mit Handschellen gefesselten Steinewerfer um die nächste Ecke, um die Personalien aufzunehmen. Warum, wissen sie heute nicht mehr. Vielleicht war es eine Eingebung, vielleicht Intuition, vielleicht Zufall.

Noch auf dem Weg zum eigenen Fahrzeug fallen der Besatzung vom Streifendienst zwei Männer auf, die vor irgendetwas wegrennen. Uwe kribbelt es in der Nase, sein Spürsinn schlägt an. Er ruft den Männern aus kurzer Distanz hinterher:»Stehen bleiben!«

Es ist 21.20 Uhr an diesem 17. März 2006 in Berlin-Neukölln. Hier und jetzt trifft Uwe Lieschied seinen Mörder. Der arbeitslose Mehmet·hat gerade mit seinem dreißigjährigen Komplizen Yusuf eine einundfünfzigjährige bulgarische Prostituierte überfallen und feuert unvermittelt achtmal auf ihn. Aus fünf Metern Entfernung leert er das gesamte Magazin seiner Česká-Pistole. Eine Kugel, Kaliber 7,65 Millimeter, durchschlägt die linke Schläfe von Uwe – er hat keine Chance. Er kommt noch nicht einmal dazu, seine Waffe zu ziehen. Er geht genau an der Stelle zu Boden, an der Melle und Helmut kurz zuvor noch standen. Wären sie nicht ausnahmsweise um die Ecke gefahren, hätte es sie genauso erwischen können.

Stattdessen fahren Melle und Helmut im Moment der Schussabgabe gerade in die nahe gelegene Karlsgartenstraße, um die Daten des Festgenommenen zu notieren. Sie hören die Schüsse und zucken ein weiteres Mal zusammen, als kurz darauf ein Schrei durch das Funkgerät schallt. Die Meldung über einen angeschossenen Kollegen und einen flüchtigen Täter trifft sie wie ein Schlag. »Raus!«, ruft Helmut, öffnet mit zitternden Händen die Handfesseln des Steinewerfers und scheucht ihn weg. Sie übernehmen sofort die über Funk angeordnete Verfolgung der flüchtigen Täter in den angrenzenden Volkspark Hasenheide, in dem sich binnen weniger Minuten Dutzende Polizisten sammeln.

Die Suche wird an diesem Tag erfolglos bleiben. Melle und Helmut kehren nach kurzer Zeit um. Hier können sie nichts ausrichten. Stattdessen wollen sie nach ihrem verletzten Kollegen sehen, den sie noch am Tatort vorfinden. Wenig später kommt der Rettungswagen. Uwes letzte Worte kurz vor dem Abtransport ins Klinikum Neukölln: »Mein Kopf tut weh ...«

Nach vier Tagen im Koma, am 21. März 2006 – soeben wurde der flüchtige Täter nach intensiver Suche gefasst –, stirbt Uwe Lieschied an seinen schweren Verletzungen. Er wurde nur zweiundvierzig Jahre alt. Und es vergeht kein Tag, an dem nicht an ihn gedacht wird. Der Täter wird wegen Mordes zur Verdeckung einer Straftat zu lebenslanger Haft verurteilt. Kein Trost für die

Angehörigen, keine Genugtuung für Melle, Helmut, Heiko und Sven.

Wenn dieses Buch erscheint, könnte er schon wieder frei sein. Der Rechtsstaat begründet das so:

> Zu den Voraussetzungen eines menschenwürdigen Strafvollzugs gehört, daß dem zu lebenslanger Freiheitsstrafe Verurteilten grundsätzlich eine Chance verbleibt, je wieder der Freiheit teilhaftig zu werden. Die Möglichkeit der Begnadigung allein ist nicht ausreichend; vielmehr gebietet das Rechtsstaatsprinzip, die Voraussetzungen, unter denen die Vollstreckung einer lebenslangen Freiheitsstrafe ausgesetzt werden kann, und das dabei anzuwendende Verfahren gesetzlich zu regeln.

So schrieb es das Bundesverfassungsgericht schon 1977 und leitete daraus ab, dass die Verhängung einer Strafe, die unweigerlich bis zum Lebensende gilt, gegen das Grundgesetz verstößt. Lebenslang bedeutet in unserem Land also nicht lebenslang. Es bedeutet, auf – zum Zeitpunkt des Urteils – unbestimmte Zeit. Nach fünfzehn Jahren ist erstmals eine Bewährung möglich, die dann fünf Jahre andauert. Danach ist der Mörder ein freier Mann. So sehr ich die verfassungsrechtlichen Erwägungen kognitiv verstehe, so sehr lehne ich sie beim Gedanken an die Tat emotional ab. In dem Moment, in dem ich diese Zeilen schreibe – es ist der 21. März 2021 und ich komme gerade vom Gedenken anlässlich Uwe Lieschieds fünfzehnten Todestages – ist es für mich ein unerträglicher Gedanke, dass sein Mörder jederzeit auf freien Fuß kommen könnte.

Das Recht dient nicht den Opfern, und es dient nicht der Rache. Es dient noch nicht einmal unbedingt der Gerechtigkeit. Schon allein, weil Gerechtigkeit für jeden Einzelnen von uns etwas anderes bedeutet und wir uns niemals auf die eine Gerechtigkeit einigen könnten. Das Recht dient der Rechtssicherheit und dem Rechtsfrieden. Das ist für eine Gesellschaft als Ganzes richtig und wichtig. Für den Rechtsstaat ist die Tat und die mit ihr verbundene Schuld nach fünfzehn oder zwanzig Jahren vielleicht erledigt. Die Familie und Kollegen werden den Rest ihres Lebens Tag für Tag daran denken. Sie müssen lernen, damit weiterzuleben. Sonst gehen sie daran kaputt. Gerade den Berlinerinnen und Berlinern möchte ich darum zurufen:»Haltet zu ihnen! Haltet zu den Männern und Frauen der Berliner Polizei, die jeden verdammten Tag ihr Bestes für unsere Sicherheit geben.« Und oft, viel zu oft, auch ihre Gesundheit oder gar ihr Leben. Bei allen wichtigen und weniger wichtigen Debatten darf das niemals vergessen werden.

Uwe Lieschied ist nach dem 2003 von einem libanesischen Clanmitglied erschossenen SEK-Beamten Roland Krüger der zweite Berliner Polizist, der in Neukölln im Dienst ermordet wurde. Roland Krüger wurde von dem Sicherheitschef einer Disco beim Eindringen in seine Wohnung beschossen.

Eigentlich war es ein Routineeinsatz. Ali-Khan wurde verdächtigt, an einer Messerstecherei in seiner Disco beteiligt gewesen zu sein. Aufgrund des Clanhintergrundes wurde das SEK zur Festnahme hinzugezogen. Der Täter eröffnete sofort das Feuer, als Roland Krüger als Erster seines Trupps die Wohnung betrat.

Ein Projektil drang durch einen kleinen Spalt zwischen Schutzschild und Helm in Krügers Kopf ein. Er erlag nach vier Tagen im Koma seiner Verletzung und hinterließ seine Lebensgefährtin und zwei Kinder. Der zu lebenslanger Haft verurteilte Mörder gab später zu Protokoll, er hätte mit dem Überfall des verfeindeten Al-Zein-Clans gerechnet und deswegen geschossen. Es handelt sich um den Clan, mit dessen herzallerliebstem Nachwuchs dieses Buch beginnt. Geglaubt hat ihm das vor Gericht freilich niemand. Zu klar war dokumentiert, dass sich das SEK als Polizei zu erkennen gegeben hatte.

Fast vierzehn Jahre nach dem Mord an Uwe Lieschied stehe ich zusammen mit gut einhundert Berliner Polizistinnen und Polizisten am nördlichen Ende der Neuköllner Morusstraße. Es ist der 27. Februar 2020, es ist kalt und nass. Niemanden hier scheint das zu stören. Ich kann an den sichtlich angespannten Gesichtern der Frauen und Männer in Uniform sehen, wie wichtig dieser Tag für sie ist. Sie kannten Uwe Lieschied, manche von ihnen kannten auch noch Roland »Boulette« Krüger. Als die Tücher von den nagelneuen Straßenschildern der jetzt offiziell gewidmeten Uwe-Lieschied-Straße gezogen werden, ist das einer der emotionalsten Momente in meiner Zeit als Politiker. Gestandene Männer und Frauen senken die Köpfe und müssen schlucken. Wenige Minuten zuvor haben wir am anderen Ende der Morusstraße ein Teilstück der alten Kopfstraße in Roland-Krüger-Straße umbenannt. Es ist ein kleines Zeichen, ein kleiner Sieg. Aber ein wichtiger.

Denn die Erinnerung an Uwe Lieschied wurde nach seinem Tod zunächst nur durch seine Familie und seine engsten Kollegen aufrechterhalten. Sie bauten eine Gedenkstele in der Nähe des Tatorts komplett aus eigener Tasche. Sie richteten sie auch umgehend wieder her, nachdem sie von Linksextremisten angezündet worden war. In den Trümmern fand man auch die Straßenschilder des erst kurz zuvor der verstorbenen Jugendrichterin Kirsten Heisig gewidmeten Platzes, die Linksautonome gestohlen und gezielt an diesem Gedenkort mit vier Autoreifen angezündet haben. Ihre auf der für linke Hetze bekannten Internetseite indymedia.org veröffentlichte Botschaft: »Wir verhöhnen tote Polizisten und Richter. Freiheit für alle Gefangenen!« Sie bezogen sich damit explizit auf den Mörder von Uwe Lieschied, der seine lebenslange Haftstrafe zu diesem Zeitpunkt noch verbüßte. Sein Name ist unbedeutend und wird vergessen werden. Der Gedenkort für Uwe Lieschied aber wird nach dem Brandanschlag noch schöner, und die Namen der beiden Berliner Polizisten werden für immer in dieser Stadt zu sehen sein.

Die alten Kolleginnen und Kollegen waren auch die Ersten, die nach zweimaliger Schändung der beiden Gräber auf dem Neuköllner Parkfriedhof für Ordnung und ein wenig Würde sorgten. Beide Male war ich kurz nach der Tat vor Ort und konnte sehen, wie Grabsteine aufgerichtet und gesäubert, Blumen wieder eingepflanzt und Gestecke aufgerichtet wurden, sobald die Spurensicherung ihre Arbeit erledigt hatte. Es ist herzzerreißend zu sehen, wenn gestandenen Männern und Frauen der Berliner Polizei vor Wut und Trauer die Tränen in die Augen steigen. Wenn sie nach getaner Arbeit nur noch dastehen und füreinander da sein können. Einschüchtern lassen werden sie sich nicht, das habe ich an ihren Augen gesehen, und es wurde mir in Gesprächen immer wieder bekräftigt. Gut so. Aufgeben liegt diesen tapferen Menschen auch überhaupt nicht im Blut.

Dass eine gesellschaftliche Anerkennung für Uwe Lieschied fast vierzehn und für Roland Krüger sogar siebzehn Jahre auf sich warten ließ, ist einer versammelten linken politischen Mehrheit in Neukölln zu verdanken. Ich bin sonst immer für das Bauen von Brücken und eine breite Verständigung zu haben, hier muss ich es aber in dieser Deutlichkeit schreiben, weil ich sonst weder den Angehörigen und Kollegen noch mir selbst im Spiegel wieder in die Augen sehen könnte.

Jahrelang habe ich versucht auszuloten, wie eine öffentliche Ehrung der beiden Berliner Polizisten in Neukölln gelingen könnte. Stets bin ich schon bei ersten Annäherungsversuchen von Sozialdemokraten und Grünen für irre erklärt worden. Es war kein Thema, durfte es nicht sein. Nicht für Parteien, die es sich mit ihrem – teils nur vermuteten – treuen Klientel im linken bis linksextremen Lager nicht verscherzen wollten. Wer »mit Deutschland noch nie etwas anfangen konnte« und ganz selbstverständlich mit der »Speerspitze des Linksextremismus in Deutschland« kooperiert, ist eben für ein würdiges Gedenken an ermordete Polizisten eher nicht zu haben.

Aber ich nehme auch selber die Kritik an, vielleicht zu zaghaft gewesen zu sein. Vielleicht hätte eine offene parlamentarische und mediale Offensive etwas gebracht, vielleicht ein paar Jahre gespart. Vielleicht hätte es das Vorhaben aber auch komplett beerdigt. Denn es gilt bei solchen Vorhaben immer zu bedenken, dass der parlamentarische und politische Betrieb ein Eigenleben hat. Wer heute ohne Aussicht auf eine politische Mehrheit einen noch so guten und wichtigen Antrag in die Bezirksverordnetenversammlung – das Neuköllner Kommunalparlament – einbringt, scheitert nicht nur heute, sondern verbrennt das Thema auf Jahre hinaus. Es wird dann immer heißen: »Das haben wir schon abgelehnt.« Und jede Diskussion darüber wird beendet, bevor sie richtig begonnen hat. Darum also das lange Warten auf den richtigen Moment. Darum die lange Zeit, die Angehörige, Kolleginnen und Kollegen auf ein Signal aus der Gesellschaft warten mussten, für die ihre Liebsten ihr Leben gaben.

Und dennoch war es auch nach dieser langen Zeit ein harter politischer Kampf. Ansatzweise nachvollziehen konnte ich noch den Einwand, dass eine Umbenennung des Tatorts Fontanestraße gerade im Fontanejahr 2019 nicht geht und man daher andere mögliche Straßen suchen solle. Ich kann nur vermuten, dass selbst enthusiastischste Fans des großen deutschen Schriftstellers, der das Pistolenduell in Effi Briest in den direkt an den Tatort grenzenden Volkspark Hasenheide gelegt hat, auf eine von ganzen acht nach ihm benannten Straßen und Plätzen in Berlin hätten verzichten können.

Aber spätestens, wenn Sie nach langem Ringen um mögliche Straßen, die umbenannt werden könnten, am Ende in einem öffentlichen Ausschuss hören, dass man keine Straßen nach den Polizisten benennen könne, weil es beides Männer sind und Straßen aufgrund einer bestehenden Unterrepräsentanz vornehmlich nach Frauen zu benennen seien, habe ich erhebliche Probleme, auch nur ansatzweise sachlich zu bleiben. Wenn es nach ein paar Linken im Bezirk gegangen wäre, hätten wir also noch ein wenig warten sollen, bis ein oder zwei weibliche Polizistinnen in Neukölln erschossen werden. Das ist so dämlich und weltfremd! Ich kann diese Art zu denken nicht mehr ertragen. Sollte noch irgendjemand fragen, warum die ausufernde Identitätspolitik zu einem Problem in diesem Land wird, zitieren Sie mich bitte.

Ja, ich schäme mich dafür, dass das Leid der Angehörigen und Kollegen von Uwe Lieschied und Roland Krüger wegen politischer Taktiererei so lange auf eine angemessene Wertschätzung warten musste. Aber ich bin auch stolz, dass wir es letztendlich geschafft haben. Am Ende war der Druck auf die linke Mehrheit im Bezirk zu groß.

Nicht wenige Polizistinnen und Polizisten stehen darum mit geballter Faust in der Tasche bei den Feierlichkeiten, als gerade jene, die eine Ehrung jahrelang verhindert haben, sich nun dafür beklatschen lassen. Sozialdemokraten – jedenfalls die, die ich an ihrer Spitze kennengelernt habe – haben oft ein besonderes Näschen dafür, fremde Erfolge für sich zu verbuchen. Ich sage das voller Anerkennung. Aber auch voller Mitleid.

Dieses Gefühl, von der politischen Führung komplett verarscht zu werden, ist nur die Spitze eines Unmutes bis hin zur Verzweiflung in den Reihen der Berliner Sicherheitsbehörden. Sie haben das Gefühl, alleingelassen zu werden. Mehr noch, sie begegnen offenem Misstrauen von ganz oben und von denen, die sie zu schützen geschworen haben.

Das haben auch Melle und Helmut schmerzlich erlebt. Nach dem Tod von Uwe Lieschied kam keine Unterstützung, sie blieben bis zum Ende ihrer Schicht um acht Uhr morgens im Dienst. Und durften am nächsten Tag gleich wieder zur nächsten Schicht antreten. Immerhin wurden Heiko und Sven abgelöst. Eine Woche später gab es eine Rundmail der Führungsebene, dass der Polizeipfarrer bei Bedarf zur Verfügung stände. Darüber hinaus gab es keine Fürsorge, Anteilnahme oder Unterstützung für die Männer und Frauen. Aus meiner Sicht ein Totalversagen der Polizeiführung und der politisch Verantwortlichen. Polizeipräsident war damals Dieter Glietsch, Innensenator war Ehrhart Körting (SPD).

Wenige Tage später hatte Melle den Stein auf ihrem Tisch, den sie auf Anweisung ihres Vorgesetzten noch in der Tatnacht wieder aus dem Müll sammeln musste. Als mögliches Beweisstück wurde er sichergestellt, und ausgerechnet sie sollte diesen Fall nun bearbeiten. Traumatisiert und noch immer unter Schock lehnte sie ab. Gemeinsam mit Helmut musste sie sich auch noch rechtfertigen, warum sie die Personalien des Steinewerfers nicht aufgenommen hatten, während Uwe schon blutend am Boden lag.

Dass es in der gesamten Behörde an Fürsorge und Betreuung für die täglich unter extremem Stress stehenden Beamten fehlt, zeigt auch der Zustand der Dienstgebäude, in denen Berliner Polizisten arbeiten sollen. In den Toilettenräumen eines Abschnittes brach vor wenigen Jahren über den Köpfen einer Kollegin die Decke ein. Zusammen mit dem Abwasser der darüberliegenden WCs. Die Polizistin konnte sich nur knapp retten. So hatte sie sich das mit dem Einsatz des Lebens für die Gesellschaft sicherlich nicht vorgestellt.

Und das ist kein Einzelfall. Berlinweit ist der bauliche Zustand der Dienststellen derart desolat, dass der Sanierungsstau mittlerweile auf 1,2 Milliarden Euro beziffert wird. Für alle landeseigenen Gebäude mit Verwaltung, Feuerwehr und Kultur summiert sich der Bedarf sogar auf 3,6 Milliarden Euro. Mit den derzeit von der Landesregierung genehmigten Mitteln wird es sage und schreibe fünfzig Jahre dauern, alle Polizeidienststellen einmal durchzusanieren. Und dann kann man gleich wieder von vorne anfangen. In manchen Dienststellen lassen die Beamten wegen verdreckter Rohre vorsorglich das Wasser eine halbe Stunde laufen, bevor sie ausnahmsweise davon trinken.

Tod durch Überforderung

Ein Symptom sozialer Schieflagen ist Gewalt, auch seelische. Auf der Straße ist sie sichtbar. In den Zeitungen, im Fernsehen und im Radio wird sie uns täglich bewusst gemacht. Und immer mehr und mit einer teilweise beängstigenden Wucht wird sie in den sogenannten sozialen Medien zur Schau gestellt. Es muss zwangsläufig der Eindruck entstehen, es würde immer unsicherer in der Hauptstadt, obwohl rein objektiv das Gegenteil der Fall ist und Kriminalität seit Jahren stetig abnimmt. Selten zuvor war die Gefahr, Opfer eines Gewaltverbrechens zu werden, so gering.

So gut wie unsichtbar ist die Gewalt hinter den Gardinen, in der Küche und im Schlafzimmer, in den eigenen vier Wänden. Dabei begegnen die Opfer von Gewaltdelikten ihren Peinigern meist nicht auf der Straße, sondern am eigenen Küchentisch. Jede vierte Frau erfährt in ihrem Leben Gewalt durch einen Partner. Aber es trifft nicht nur Frauen. Sondern viel zu oft auch wehr- und arglose Kinder.

Als ich 2012 gerade ein Jahr für das Jugendamt verantwortlich war – zuvor war ich bereits zwei Jahre Stadtrat für Gesundheit und Bürgerdienste – erlebte ich mit die schlimmste Zeit meiner noch jungen politischen Karriere. Ein Neuköllner Kind war auf brutale Art getötet worden. So etwas will niemand miterleben, und ich denke noch heute mit Schrecken daran zurück, welch unfassbares Leid dem Kind, seiner Mutter und den übrigen Angehörigen angetan wurde.

Lena wurde sieben Monate alt. Und das, obwohl ihre alleinerziehende Mutter schon während der Schwangerschaft merkte, dass sie Hilfe brauchte. Sie lebte mit sechs weiteren Personen im Haushalt ihrer Mutter: zu eng, zu voll, zu laut. Sie machte alles richtig, wandte sich an das Jugendamt und wurde in einem Betreuten Einzelwohnen untergebracht. Dort fand sie sich schnell zurecht, machte einen Geburtsvorbereitungskurs, richtete die

Wohnung für ihr Baby ein, das vier Wochen später, am 8. Februar 2012, gesund geboren wurde. Mutter und Kind fanden schnell zueinander und genossen die gemeinsame Zeit. Eigentlich soll es genauso laufen, wenn junge Menschen Hilfe brauchen. Die Mutter von Lena war auf einem guten Weg, vielleicht zum ersten Mal in ihrem Leben. Bald wollte sie außerdem eine Ausbildung beginnen, auch wenn diese Doppelbelastung von den Fachkräften im Jugendamt zunächst kritisch gesehen wurde. Aber die anhaltend gute und verlässliche Unterstützung durch die Großeltern sowie die fortgesetzte Betreuung der Mutter im Betreuten Einzelwohnen ließen diese Perspektive realistisch und wünschenswert erscheinen. Doch, es passte alles zusammen. Einer der Fälle in meinem Jugendamt, bei denen man ein gutes Gefühl haben darf. Jedenfalls alles andere als ein harter Fall, den man ganz genau im Blick haben sollte. Bis zu diesem Zeitpunkt jedenfalls.

Wenige Monate nach der Geburt von Lena wurde meinem Jugendamt bekannt, dass die Mutter den mutmaßlichen Kindesvater wieder öfter sieht. Er übernahm auch zunehmend die Verantwortung für Lena. Während der Ausbildung der Kindesmutter ab August 2012 betreute er das Kind fast ganztägig, worüber mein Jugendamt vom Träger des Betreuten Wohnens zunächst nicht informiert wurde. Erst Ende August wurde der fallzuständigen Sozialarbeiterin von der Einrichtungsleitung mitgeteilt, dass Lena bereits seit Anfang des Monats mehrmals unerklärbare Blutergüsse und eine Rötung am Hals habe. Die Sozialarbeiterin ordnete sofort eine kinderärztliche Untersuchung an, die aber keine weiteren Erkenntnisse brachte. Dennoch sollte das Kind nun täglich von der Betreuerin der Wohnhilfe besucht sowie mindestens einmal wöchentlich unbekleidet gesehen werden. Zu diesem Zeitpunkt war klar, dass eine Kindeswohlgefährdung nicht mehr auszuschließen ist.

Nur wenige Tage später wurden auf einer ausführlichen Hilfekonferenz weitere Maßnahmen beschlossen. Die Kindesmutter sollte wieder die Betreuung des Kindes übernehmen, die von da an nur noch unter Aufsicht stattfindenden Kontakte mit dem Vater sollten auf das Wochenende beschränkt werden. Da die Ausbildung der Kindesmutter ohnehin gescheitert war, schien diese Lösung durchaus geeignet, die Lage zu kontrollieren und die Sicherheit von Lena zu gewährleisten.

Anfang September war Lena dennoch allein mit ihrem Vater. Die Mutter war mittlerweile bei ihrer alten Ausbildungsstätte als Aushilfe beschäftigt und daher immer mal wieder auch abends und am Wochenende für mehrere Stunden nicht bei ihrem Kind in der Wohnanlage. Zuvor hatte sie sich gegenüber meinem Jugendamt wütend darüber gezeigt, dass sie nur am Wochenende mit dem Kindesvater zusammen sein dürfe. In nur wenigen Wochen sollte er zur Bundeswehr, und sie wollte die Zeit mit ihm noch genießen. Eine Rund-um-die-Uhr-Betreuung der jungen Familie gab es vonseiten des beauftragten Trägers nicht. Auch an diesem Wochenende war kein Personal vor Ort.

Der Kindesvater gab später an, Lena um siebzehn Uhr in ihr Bett gelegt zu haben. Um zwanzig Uhr habe er sie dann leblos im Bett aufgefunden. Zwar konnte der alarmierte Notarzt Lena noch zweimal wiederbeleben. Nach einer Woche im Koma starb sie aber am 12. September 2012.

Hier enden die Erkenntnisse meines Jugendamtes zu dem Fall. Mehr wussten wir lange Zeit nicht. Erst durch das Urteil des Berliner Landgerichts konnte aufgeklärt werden, was in den letzten Stunden des kurzen Lebens von Lena passierte.

Lena war müde, vielleicht auch ein wenig erkältet. Jedenfalls hat sie viel geschrien und ließ sich durch den zunehmend aufgebrachten und überforderten Vater nicht mehr beruhigen. Er schüttelte das Kind wiederholt und mit solcher Kraft, dass es zum sogenannten Schütteltrauma kam – eine der schwersten Kindesmisshandlungen, die es gibt. Stellen Sie sich das bitte wie eine kaputte Puppe vor, deren Kopf und Glieder mit enormer Kraft unkontrolliert hin und her gewirbelt werden. Durch das ruckartige Vor- und Zurückschleudern des Kopfes werden Gehirn und die es umgebenden Schädelknochen unterschiedlich stark beschleunigt, wodurch feine Blutgefäße unter der harten Hirnhaut unwiederbringlich einreißen. Das führt zu Blutansammlungen, die Druck auf das Gehirn ausüben. Hinzu kommen Einblutungen in die Netzhaut, Rippenbrüche an den Stellen, an denen das Kind gehalten wird, Brüche der Oberarme sowie Atemnot mit oft bleibenden Schädigungen. Die Gehirnfunktion setzt teilweise oder komplett aus, innere Organe wie das Herz funktionieren nicht mehr vollständig. Ein fataler Effekt, denn das Ziel der misshandelnden Eltern wird damit sofort erreicht: Das Kind ist still. Im unwahrscheinlichen Fall, dass das Kind ohne erkennbare behandlungsbedürftige Verletzungen überlebt, ist damit gleich der nächste Anlass zum Schütteln geschaffen. Beim ersten Mal hat es ja gut geklappt!

Gerade Kinder unter einem Jahr sind besonders gefährdet. Der im Verhältnis zum Körper überproportional große Kopf des Säuglings und die schwache Nackenmuskulatur mit fehlender Kopfhaltungskontrolle sowie der höhere Wassergehalt des jungen Gehirns machen solch junge Kinder besonders anfällig. Von zehn geschüttelten Kindern versterben zwei bis drei sofort oder innerhalb weniger Stunden. Ungefähr fünf Kinder leiden an schweren Langzeitschäden. Viele der Überlebenden kommen ihr kurzes und von spastischen Anfällen geprägtes Leben lang nicht über den Entwicklungsstand eines Kleinkindes hinaus. Ich weiß von einem Jungen namens Lukas, der noch fünfzehn Jahre im Koma lag, bis er, ohne das Bewusstsein wiedererlangt zu haben, an den Verletzungen starb. Während dieser ganzen Zeit wurde er von seinem Vater liebevoll gepflegt. Von dem Mann, der ihn mit viereinhalb Monaten innerhalb weniger Sekunden beinahe totgeschüttelt hatte.

Von zehn Kindern haben lediglich zwei bis drei die Chance auf weitgehende Genesung, nur eines überlebt ohne bleibende

Schäden. In Deutschland sterben jedes Jahr bis zu zweihundert Säuglinge an diesem Shaken-Baby-Syndrom. Die Dunkelziffer ist aufgrund der nicht einfachen Diagnostik und zahlloser nicht gemeldeter Fälle sicher sehr viel höher. Das alles ist schon bei nüchterner Aufzählung der Fakten schrecklich genug, und es fällt mir unglaublich schwer, es aufzuschreiben. Wer einmal ein kindliches Gehirn nach solch einem Schütteltrauma gesehen hat, könnte nur noch in der Ecke sitzen und heulen. Es ist unfassbar, was Eltern in ihrer Hilflosigkeit und Verzweiflung ihren Kindern antun.

Lena hatte also schon eine sehr düstere Prognose, als ihr Papa sie hochnahm und mit aller Kraft seiner Verzweiflung schüttelte. Sie sollte einfach still sein, das war sein einziger Antrieb in diesem Moment. Ein Gefühl, das vermutlich viele Eltern von kleinen Kindern kennen. Doch die meisten haben sich glücklicherweise so sehr unter Kontrolle, dass es nicht zum Äußersten kommt. Als das bloße Schütteln von Lena aber nicht mehr den gewünschten Erfolg brachte, schlug ihr Vater ihren Kopf zudem noch auf den Boden oder gegen eine Zimmerwand – jedenfalls gegen einen harten Gegenstand – und fügte ihrem Kopf damit auch eine heftige äußere Verletzung zu. Dieses Shaken-Impact-Syndrom potenziert die Gefahr letaler Verletzungen noch einmal. Man kann sich beängstigend leicht vorstellen, wie Lenas Gehirn an ihren Schädelknochen knallt, gestaucht, gequetscht und irreparabel zerstört wird. Jetzt war Lena still. Für immer.

Ob ihr Vater schon in diesem Moment ahnte, was er getan hatte, ist unklar. In der Rückschau passt dieser Gewaltausbruch aber zu seinem bis dahin bereits wenig erfolgreichen Leben. Er hatte seit seiner Kindheit eine emotionale Störung, die zu erheblichen Problemen in der Schule führte. Einer geregelten Arbeit ging er nicht nach, war jedoch recht erfolgreich im Kampfsport und setzte seine Fähigkeiten auch gerne auf der Straße ein. Mehrere Verurteilungen wegen Diebstahl, gefährlicher und gemeinschaftlicher Körperverletzung und Raub waren die Folge. Aggressionskontrolle war nie sein Ding. Auch das erfuhr mein Jugendamt erst, als es im Strafprozess, mehrere Monate nach dem Tod von Lena, zur Sprache kam. Eltern müssen nun mal kein Führungszeugnis vorlegen. Und das wäre auch keine ernsthafte Lösung für das Problem.

Denn wer nun denkt, das Schütteln von Kindern sei ein Phänomen von bildungsfernen, vorbestraften und/oder psychisch instabilen Eltern, der irrt. Alle diese Faktoren sind nicht entscheidend. Der wichtigste Faktor für den Ausbruch dieser brutalen Gewalt gegen die kleinen Körper ist eine massive akute Überforderung von Eltern, die keinen Ausweg mehr wissen. Jeder, der Kinder hat, kennt solche Situationen. Das ist in keinem Fall eine Entschuldigung für die schreckliche Tat. Aber es ist ein Auftrag an die Politik, nach der strafrechtlichen Aufarbeitung von Einzelfällen nicht zur Tagesordnung überzugehen. Leider passiert aber oft genau das, wenn die öffentliche Empörung über getötete Kinder abgeklungen ist. Es schmerzt, wenn mir engagierte Kinderschützer mit Verzweiflung im Blick sagen, dass wohl erst wieder ein Kind sterben muss, bevor der Kinderschutz erneut auf die politische Agenda kommt. Leider haben sie damit recht.

In Neukölln ist es anders. Eine von mir eingesetzte Expertenkommission hat schon wenige Wochen nach dem Tod von Lena mit der Aufarbeitung begonnen und neben dem akribischen Aktenstudium über den Verlauf des Falles generelle Empfehlungen abgeleitet, wie das System Kinderschutz in Neukölln und Berlin verbessert werden kann. Allen war klar: Es lässt sich nicht in allen Fällen verhindern, dass Eltern ihre Kinder töten. Wir können und wollen nicht neben jedes Kinderbett einen Polizisten stellen. In den allermeisten Fällen sind die eigenen Eltern das Beste, was einem Kind passieren kann. Und dieses Vertrauen des mit dem Wächteramt beauftragten Staates muss sich auch keine Familie erst verdienen, es steht ihr von Beginn an zu. Dort allerdings, wo Politik handeln kann, ist sie auch in der Pflicht. Ohne Wenn und Aber.

Um ganz konkret den Tod von Kindern durch das Schütteltrauma zu verhindern, müssen wir daher früher ansetzen und Überforderungssituationen von Eltern unwahrscheinlicher machen. Das geht nur durch Prävention, die Eltern frühzeitig unterstützt und echte alltagstaugliche Hilfe anbietet. Das können Angebote sein, die helfen, Belastungen von Eltern zu reduzieren, Wege aus einer Krise zu finden oder zu verhindern, dass es überhaupt zu einer Krise kommt. Damit Eltern eben nicht das Gefühl haben, bei Überforderung allein zu sein. Damit sie ihre Situation einschätzen können und im äußersten Fall das Kind sicher ablegen und kurz das Zimmer verlassen, anstatt in einer Kurzschlussreaktion zum Täter zu werden.

Dass Neukölln die einzige für Eltern komplett kostenfreie und kommunal finanzierte Schreibabyambulanz Berlins hat, ist eine dieser Schlussfolgerungen. Dass wir drei fest angestellte Familienhebammen haben, ist eine andere. Dass wir in Elterncafés, Familienzentren und Geburtsvorbereitungskursen mit Simulationspuppen gegen das Schütteltrauma angehen, gehört auch dazu. Diese sogenannte Primärprävention – also grundlegende Angebote, die sich voraussetzungslos an alle richten – kann viel Druck von jungen Eltern nehmen. Aus Studien wissen wir sogar, dass schon die bloße Existenz solcher Angebote hilft. Auch wenn sie gar nicht konkret genutzt werden. Allein das Wissen darum, dass Hilfe greifbar wäre, stärkt gestresste Eltern emotional.

Hinzu kommt – lange Zeit exklusiv in Neukölln – ein Kinderschutzteam, das sich ausschließlich um neu eingehende Kinderschutzmeldungen kümmert und mit einem eigenen Fahrzeug – was musste ich dafür kämpfen! – schnell vor Ort sein kann. So muss das Kind im seltenen Fall einer Inobhutnahme nicht im Bus oder Taxi in die Klinik oder zum Kindernotdienst gebracht werden. Ich weiß aus anderen Bezirken, dass Sozialarbeiterinnen nach hoch strittigen und für alle Beteiligten belastenden Inobhutnahmen eine halbe Stunde im Regen vor dem Haus der Familie standen und auf ein Taxi gewartet haben. Mit dem Kind an der einen Hand und dem selbst mitgebrachten Kindersitz in der anderen. Oder schlimmer noch, dass sie BVG-Tickets bekamen, um in die nächste Jugendhilfeeinrichtung zu gelangen. Ein totales No-Go. Was denkt sich der öffentliche Arbeitgeber bloß dabei? So kann Kinderschutz nicht funktionieren.

Was wir stattdessen in Neukölln angestoßen haben, ist eine Professionalisierung und eine Konzentration auf den Wesenskern des staatlichen Wächteramtes, die für den Kinderschutz in Neukölln von herausragender Bedeutung sind. Es hat darüber hinaus den Effekt, dass die für Bestandsfälle zuständigen Sachbearbeiterinnen im Jugendamt sich auf ihr Kerngeschäft konzentrieren können: beraten, unterstützen und vermitteln. Eine gute Beratung von hilfesuchenden Familien ist kaum möglich, wenn Gespräche mitten im Termin abgebrochen werden müssen, weil ein anderes Kind in Gefahr ist. Darum ist das eine Erfolgsgeschichte, auf die ich wirklich stolz bin. Auch verbunden mit großer Dankbarkeit für die Kolleginnen und Kollegen, die diese emotional harte Arbeit machen. Was die Männer und Frauen im Kinderschutzteam in ihrer Arbeit mit Neuköllner Familien sehen und leisten, geht weit über das hinaus, was man als Arbeitgeber einfach so erwarten kann. Doch das Kinderschutzteam hat sich bewährt und wird nach und nach in allen Berliner Bezirken Einzug halten. Davon bin ich überzeugt.

Darüber hinaus habe ich einen Katalog an Forderungen erarbeitet, die den Kinderschutz in ganz Deutschland strukturell stärken können. Einiges davon wurde mittlerweile umgesetzt, so manches wartet noch auf mutige Unterstützung. Beispielsweise die wirklich verpflichtenden Früherkennungsuntersuchungen, die als »U-Untersuchungen« allen Eltern bekannt sind. Sie haben deshalb eine so große Bedeutung, weil es im deutschen Gesundheitssystem ansonsten fast keine regelmäßigen Vorstellungen von Kindern bei Ärzten gibt. Nur die Einschulungsuntersuchungen der Gesundheitsämter – die tatsächlich verbindlich sind – erfüllen dieses Kriterium. Selbst die Kita-Reihenuntersuchung im Alter von dreieinhalb bis viereinhalb Jahren, die durch einen Kinderarzt und einen Zahnarzt durchgeführt wird, kann von den Eltern ohne Begründung oder Konsequenzen einfach abgelehnt werden. Das kann dazu führen, dass ein Kind lange Zeit vor und nach der Einschulung keinen Arzt zu Gesicht bekommt. In den allermeisten Fällen ist das kein Problem, weil fast alle Eltern bei konkreten Anlässen natürlich medizinische Hilfe suchen und auch die meisten die »U-Untersuchungen« ganz selbstverständlich wahrnehmen. Aber wer sein Kind vernachlässigt, hungern lässt, verprügelt oder sexuell missbraucht, geht nun mal nicht freiwillig zum Kinderarzt.

Wir müssen aber gar nicht an diese krassen Beispiele denken. Schon eine Entwicklungsverzögerung, die überhaupt nicht aufgrund bösen Willens der Eltern entsteht, könnte vermieden oder frühzeitig behoben werden, wenn die Kinder regelmäßig einem Arzt vorgestellt würden. Verpflichtend. Mit Sanktionsmöglichkeit in Form eines Bußgeldes.

Gibt es schon, denken Sie? Falsch gedacht. Das, was sich in Berlin »verbindliches Einladewesen« nennt und nach Verbindlichkeit klingt, beinhaltet keine Pflicht für die Eltern, das Kind auch tatsächlich vorzustellen. Es ist lediglich die Pflicht der Kommune, die Eltern dazu einzuladen. Wenn eine Vorsorgeuntersuchung versäumt wird, kommt ein Brief. Dann noch einer. Und dann muss das Gesundheitsamt einen Hausbesuch machen. Eine Pflicht der Eltern, in diesem Fall die Tür zu öffnen, besteht nicht. Bei ungefähr zehn Prozent aller Eltern, die wir schon mit unseren freiwilligen Hausbesuchen nach der Geburt nicht erreichen, kann das zum Problem werden: Wir sehen die Kinder erst, wenn es zu spät sein könnte. Wenn Entwicklungsprobleme manifestiert sind. Oder wenn das Kind verletzt und im schlimmsten Fall tot ist. Der Gesetzgeber stellt hier das Elternrecht kategorisch über das Grundrecht auf Leben und körperliche Unversehrtheit des Kindes. Man könnte diese Abwägung durchaus anders treffen, zumal der Eingriff in die Elternrechte durch einen verpflichtenden Arztbesuch minimal ist.

Zur Wahrheit gehört freilich auch: Die allerwenigsten versäumten Vorsorgeuntersuchungen haben den Grund, dass die Eltern etwas zu verbergen hätten. Meistens hat die Meldung über bereits durchgeführte Untersuchungen die zentrale Meldestelle nicht erreicht, oder ein Termin wurde verschoben. Alles überhaupt nicht dramatisch. Aber wir sprechen hier von Grenzfällen, in denen ein verpflichtender Besuch beim Kinderarzt Leben retten oder jedenfalls entscheidend verbessern könnte. Es braucht nur den politischen Willen, das im ganzen Land einheitlich und verbindlich zu regeln. In Hessen, Bayern und Baden-Württemberg ist das schon so. Ich habe bisher nicht davon gehört, dass Eltern das als übergriffig oder unangemessen empfinden.

Eine weitere meiner insgesamt vierzehn Forderungen – keine Sorge, verwaltungstechnisches Klein-Klein erspare ich Ihnen und berichte nur von den drei wichtigsten – ist eine gesetzliche Generalklausel, um Kinderschutz verlässlich den Vorrang vor dem Datenschutz zu geben. Das ist zwar im Einzelfall bereits möglich, erfordert aber immer eine ausführliche Abwägung der beiden oft widerstreitenden Rechte und eine penible Begründung. Ich meine, diese Abwägung können wir als Gesellschaft ohne Probleme allgemeingültig treffen. Der Kinderschutz muss stets Vorrang haben.

Und wir brauchen eine gesetzliche Fortbildungspflicht von Familienrichtern im Kinderschutz. Denn ob Sie es glauben oder nicht: Familienrichter kann jeder werden, der die Befähigung zum Richteramt hat. Mitte 2021 wurden zwar Mindestanforderungen für die Qualifikation zum Jugendrichter gesetzlich festgelegt. Die sind aber derart vage gehalten, dass kaum eine wesentliche Verbesserung zu erkennen ist. Von Weiterbildung während der richterlichen Tätigkeit ist weiterhin keine Rede. Es ist weder Schulung oder Zusatzausbildung noch nicht einmal ein halbstündiger Online-Crashkurs notwendig. Einer, der es wissen muss, beschreibt das Problem so:

> Junge Kolleginnen und Kollegen haben in der Regel keine theoretische und keine systematische praktische Vorerfahrung. Sie kommen als familienrechtliche Laien an die Familiengerichte.

Das Zitat stammt von Prof. Dr. Rüdiger Ernst, den ich in intensiver Zusammenarbeit sehr schätzen gelernt habe. Er ist Vorsitzender Richter am Berliner Kammergericht – so heißt das Oberlandesgericht in Berlin – und Mitglied der Kinderrechtekommission des Deutschen Familiengerichtstags.

Familienrecht, Umgangsrecht, Sozialpsychologie und Pädagogik kommen im Jurastudium demnach praktisch nicht vor. Sie haben dann also unter Umständen eine Richterin vor sich, die hervorragend über die vergleichende Strafgerichtsbarkeit bei Einbruchsdiebstählen in Paraguay und Angola referieren kann und mit Sicherheit eine hervorragende Juristin ist – denn in den meisten Bundesländern bekommen nur die besten Absolventen überhaupt die Möglichkeit, Richter zu werden –, aber von der Entwicklung eines Kindes, den Ressourcen von Eltern und den Gefahren einer situativen Überforderung überhaupt nichts weiß. Die nie gelernt hat, wie sie in einer Befragung mit teils hochtraumatisierten Kindern umgehen muss, welche informellen Interessen von Verfahrensbeteiligten bei der Entscheidung und Gewichtung von Vorträgen zu berücksichtigen sind oder wie medizinische, psychologische und psychiatrische Gutachten einzuordnen sind. Die Kinderrechte stehen nach geltendem Recht bei der erstinstanzlichen Zuständigkeit auf einer Stufe mit Geldbeträgen bis 5000 Euro, beim Zugang zum Bundesgerichtshof auf einer Stufe mit Geldbeträgen bis zu 20 000 Euro, stellte Prof. Dr. Ernst schon 2019 bei einer Anhörung im Deutschen Bundestag fest. Allein das sollte uns zu denken geben.

In der Regel nehmen Familienrichter ihre Verantwortung sehr ernst. Sie bilden sich freiwillig fort, wie wir alle es tun, wenn wir ein neues Aufgabengebiet übernehmen, mehr als nur unsere Pflicht tun und wirklich gut sein wollen in dem, was wir machen. Ein einheitliches Curriculum, vergleichbare Standards und damit auch vergleichbare Maßstäbe in der Rechtsprechung fehlen aber. Da kann es dann schon mal passieren, dass die rechtsmedizinische Gutachterin Dr. Saskia Etzold der Berliner Gewaltschutzambulanz auf zwanzig Seiten aufschreibt, dass die Mutter das Kind in mindestens sechzig Grad heißes Wasser gedrückt und damit schwerste Verbrühungen der gesamten unteren Extremitäten verursacht hat, und die Richterin lapidar erwidert: »Nein, so etwas tun Mütter nicht.«

Übrigens: *Deutschland misshandelt seine Kinder* von eben dieser Gutachterin und dem renommierten Gerichtsmediziner Prof. Michael Tsokos müsste Pflichtlektüre eines jeden Familienrichters sein. In meinem Jugendamt gibt es regelmäßig Fortbildungen gerade dazu, weil viele Berufsanfänger in ihrer Ausbildung nichts dazu gehört haben und oft das »Helfersyndrom« überwiegt, bevor beherzt eingegriffen wird. Also der stete Versuch, auch nach erkennbaren Fehlschlägen doch noch mit sozialpädagogischen Mitteln die Welt retten zu wollen. Dabei spielt eine kleine Portion fachliche Selbstüberschätzung eine Rolle, aber auch der dieser Berufsgruppe innewohnende Wunsch, es nicht zum schärfsten staatlichen Eingriff kommen zu lassen. Selbst dann, wenn eigentlich gar nichts anderes mehr vertretbar ist. Natürlich gilt das nicht für alle Sozialarbeiter, aber doch für (zu) viele. Dahinter steht auch ein Defizit im Lehrplan der einschlägigen Ausbildungsstätten. Dort muss gelehrt und gelernt werden, dass und wie man sich ein Scheitern eingesteht. Sonst wird es später gefährlich.

Auch wenn es stellenweise so klingen mag – ich bin mir dessen bewusst und ordne es daher ausdrücklich ein –, das ist keine Richterschelte, und ich breche auch nicht den Stab über die ganze Berufsgruppe der Sozialpädagogen, die unglaublich viel Gutes leisten. Es ist ein Vorschlag, um ihren schwierigen und arbeitsintensiven Dienst zu vereinfachen. Ein Anfang im richterlichen Bereich wäre die Freistellung von Anfängern im Familienrecht für einen Tag pro Woche mit verbindlichem dreimonatigem Curriculum über die Deutsche Richterakademie. Dafür gibt es gute Gründe, denen wir uns als Gesellschaft nicht versperren sollten.

Und schon gar nicht mit dem tatsächlich mir gegenüber vorgetragenen Argument, das wäre ein Eingriff in die richterliche Unabhängigkeit. Nein, ist es nicht. Und Standesdünkel hilft den betroffenen Familien nicht. Es ist ganz einfach ein Kinderrecht, bei Kindschaftssachen vor dem Familiengericht auch einen fundiert qualifizierten Richter vor sich zu haben.

Eine gute Maßnahme wäre auch, angehende Familienrichter im Kinderschutzteam hospitieren zu lassen. Da trifft dann die harte Realität auf das, was im Studium vollständig vernachlässigt wurde. Denn das können wir nicht dem Zufall überlassen.

Viele im Kinderschutz Engagierte sehen es anders. Ich gehe hier aber aus der praktischen Erfahrung gerne in den Widerspruch: Der Gesetzgeber könnte sich jede Verfassungsfolklore unter dem Motto »Kinderrechte ins Grundgesetz« sparen, wenn er nur diese drei konkreten Punkte final regeln würde. Damit wäre mehr gewonnen als durch noch so viel folgenlose Lyrik in der Verfassung, die keinen konkreten Mehrwert bringt, oder durch jedes noch so »Gute-Kinder-Gesetz«.

Nun aber zurück zum Maschinenraum der Jugendhilfe. Obwohl ich von der Professionalität meiner Fachkräfte im Jugendamt nach zehn Jahren als politisch verantwortlicher Abteilungsleiter vollkommen überzeugt bin, gibt es auch in Neukölln Fälle, bei denen ich ins Grübeln gerate. So wurde 2013 ein drei Monate alter unterernährter Säugling mit mehrfach gebrochenen Armen und Hirnblutungen in das Neuköllner Klinikum eingeliefert. Ich schreibe das noch mal, damit Sie da nicht einfach drüber hinweglesen: ein drei Monate alter Säugling mit Knochenbrüchen und Hirnblutungen.

Die umfangreiche Diagnostik ergab keinen Beweis für eine Misshandlung, aber das Verhalten der Mutter musste alarmieren. Sie brach im Klinikum vollkommen zusammen und musste in die stationäre Psychiatrie aufgenommen werden. Eine auch nur ansatzweise nachvollziehbare Erklärung für die schweren Verletzungen hatte sie nicht. Das Jugendamt kam zu der Entscheidung, keine Strafanzeige zu stellen, da dies die weitere Zusammenarbeit mit der Familie behindert hätte. Und das Kind sei ja aktuell nicht mehr gefährdet. Erinnern Sie sich noch an das »Helfersyndrom«? Hier war es wieder in voller Blüte.

Verstehen Sie mich nicht falsch: Ich bin nach vielen Jahren der intensiven Diskussion und einem mittlerweile gut ausgeprägten Verständnis für sozialpädagogische Möglichkeiten und Grenzen durchaus in der Lage, differenziert zu verstehen, wie die professionelle Annäherung an problematische Familien gelingen kann. Das Vertrauen in die Fachkräfte ist dabei zentral. Da gibt es kein Schwarz und Weiß, kein Richtig oder Falsch.

Ich halte es aber für einen Fehler, bei nachgewiesenen Knochenbrüchen, Einblutungen ins Gehirn und Mangelernährung, ohne jegliche auch nur ansatzweise plausible Erklärung der Ursachen, auf die Mitwirkung der Strafjustiz zu verzichten. Im besten Fall werden die Eltern umfangreich entlastet, was bei solchen Vorfällen in der Wirkung auf die Familie, aber auch auf das soziale Umfeld nicht zu unterschätzen ist. Wir kämen doch auch bei Erwachsenen niemals auf die Idee, solche fremdverursachten Verletzungen einfach hinzunehmen! Warum dann bei Kindern? Im Ergebnis wurde natürlich die Polizei eingeschaltet. Alles andere wäre mit mir nicht gelaufen.

Denn trotz allem, was wir tun: Die größte Gefahr für das Leben kleiner Kinder bleiben die eigenen Eltern. Aber sie sind auch ihre größte Chance. Ich kann dieses Kapitel daher nicht schließen, ohne die eindringlichen Worte von Prof. Dr. Michael Tsokos und Dr. Saskia Etzold aus ihrem wegweisenden Buch *Deutschland misshandelt seine Kinder* zu zitieren und dies mit einem Dank für die vielfältige Zusammenarbeit sowie die mehrfache Schulung meines Jugendamtes zu verbinden:

> Gewalt gegen Kinder ist kein Kavaliersdelikt und schon gar kein ›Elternrecht‹, sondern ein strafbares Vergehen – nicht anders als Gewalt gegen erwachsene Menschen. Wir bitten Sie herzlich, nicht wegzuschauen, sondern couragiert zum Wohl der Kinder einzugreifen. Für den Schutz und die Förderung der Kinder in diesem Land sind zuerst und zuletzt wir selbst verantwortlich – die bürgerliche Zivilgesellschaft.

Das Passwort zum Aufstieg

Bildung, Bildung, Bildung, heißt es immer, wenn Politiker bei Familien punkten und Auswege aus zementierten sozialen Problemlagen suggerieren wollen. Und es stimmt natürlich: Bildung ist der einzige zuverlässige Weg zu sozialem Aufstieg. Die Tragik zeigt sich darin, dass wir in Neukölln seit vielen Jahren in einem seltenen parteiübergreifenden Konsens einen Großteil der spärlichen bezirklichen Investitionsmittel in die Sanierung von Schulen stecken und dennoch nicht vom Fleck kommen.

Um einmal aufzuzeigen, wie groß der politische Handlungs-spielraum in Neukölln jedes Jahr ist: Der Haushalt des Bezirks umfasst knapp eine Milliarde Euro. Davon geht fast alles für Sozialleistungen[2] (730 Millionen Euro in 2021) sowie Personal- und Sachkosten (194 Millionen Euro) drauf. Diese Positionen zusammengenommen machen schon 93 Prozent des gesamten Haushaltes aus. Über knapp vier Millionen Euro konnten wir in den Jahren 2020 und 2021 mehr oder weniger frei verfügen und Schwerpunkte setzen – und das auch nur, weil wir zuvor Überschüsse erwirtschaftet haben. Nach der Pandemie wird der Betrag eher null lauten. Schulsanierung, Kita-Bau, Suchthilfe, Angebote für Familien, Schuldnerberatung fallen dann größten-teils einfach weg. Die Decke ist nicht zu kurz, sie ist ein löchriger Waschlappen. Aber es geht um mehr als nur um Geld.

Noch immer beendet jeder zehnte Neuköllner Schüler seine Schulkarriere ohne Abschluss, 2018 war es außerhalb von Gym-nasien sogar jeder fünfte. An manchen Schulen gehen noch immer vier von zehn Schülern ohne Abschluss nach Hause. Im gutbürgerlichen Bezirk Steglitz-Zehlendorf sind es lediglich 2,5 Prozent. Diesen denkbar schlechten Start ins Berufsleben werden die jungen Menschen meist auch mit größter Anstren-gung nicht mehr los. Die Jugendarbeitslosigkeit in Neukölln ist eine der höchsten in ganz Deutschland.

Der Bezirk reagierte seit Anfang der 2000er-Jahre mit Leuchtturmprojekten. Der Campus Rütli war die Antwort auf eskalierende Gewalt im Klassenzimmer. Eine Reaktion auf Leh-rer, die fluchtartig eine Schule verließen, die zuverlässig und am laufenden Band Bildungsversager produzierte. Es war das Pro-

---

2 Wer es genau wissen will: 30 Prozent des gesamten Haushalts entfallen auf den sogenannten Z-Teil, das sind gesetzlich vorgeschriebene Geldleistungen an einzelne Hilfebedürftige. Ein klassisches Beispiel dafür ist die Hilfe zum Lebensunterhalt. 43 Prozent werden im sogenannten T-Teil an Freie Träger, Verbände und Einrichtungen gezahlt. Beispielsweise im Rahmen der Hilfen zur Erziehung an Jugendhilfeträger.

jekt von Heinz Buschkowsky, das erst im Jahr 2020 endgültig eingeweiht wurde. Ein gutes Projekt, an dem sich alle Themen rund um Bildung, Familie und Soziales zusammenfinden. Das Problem: Dieser Leuchtturm bringt den anderen 29 000 Schülerinnen und Schülern in Neukölln gar nichts. Bildung muss aber in der Fläche wirken und nicht nur für eine willkürlich ausgewählte Elite, die das Glück hat, an einem bestimmten Ort zur Schule gehen zu dürfen.

Das Gleiche gilt auch für den Campus Efeuweg, der seit 2012 im Süden des Bezirks entsteht und dem ich allen Erfolg der Welt wünsche. Aber hier landen Millionen von Euro für Neubauten und modernste Ausstattung, während in der Schule gegenüber seit Jahren die Schultoiletten verstopft und verdreckt sind. Wer heute mit Krokodilstränen eine Zwei-Klassen-Bildung beklagt und morgen im schicken Blazer rote Bänder durchschneidet, Hochglanzvideos produzieren lässt und keck für die Kameras posiert, sollte sich diesen Widerspruch wenigstens bewusst machen.

Ich will hier gar nicht in Detailfragen der deutschen Bildungsmisere oder das Totalversagen jahrzehntelanger sozialdemokratischer Bildungspolitik in Berlin einsteigen. Das haben andere viel genauer und aus erster Hand beschrieben. In Neukölln kristallisiert sich aber noch ein anderes Problem unseres Bildungssystems heraus, das viel zu oft nicht gesehen wird – nicht gesehen werden soll.

Wenn Eltern schulpflichtiger Kinder bis mittags schlafen, keine Frühstücksbrote packen und weder intellektuell in der Lage noch ansatzweise willens sind, mit einem Viertklässler Hausaufgaben zu machen, muss sich niemand über den ausbleibenden Bildungserfolg wundern. Während der langen Zeit des Lockdowns der Berliner Schulen sind viele Kinder nur aufgestanden, um ihre jüngeren Geschwister in die Kita zu bringen. Die Eltern haben derweil weitergepennt oder waren einfach auf

Tour. Es braucht einen harten Kindeswillen und verdammt viel Glück, wenn die Kinder aus solchen Familien es zu mehr als einem Abgangszeugnis bringen sollen.

Hinzu kommt eine massive Gegenwehr gegen alles, was von außen auf diese abgeschotteten Familien einwirken könnte und was nicht zu ihrem archaischen Weltbild passt. Und das wird direkt an die Kinder weitergegeben. Ein engagierter Neuköllner Schulleiter beschrieb es einmal so: »Über achtzig Prozent der Schüler wachsen in muslimischen Familien auf, die aufgrund ihrer kulturellen Identität häufig nicht den offenen Umgang unter Jugendlichen unterstützen.« Sehr vornehm formuliert, aber zutreffend. Und das ist für alle Kinder ein Problem, die dadurch in ihren Bildungschancen massiv beschnitten werden. Für homosexuelle Jugendliche kann es eine tiefe Traumatisierung durch die erzwungene Verleugnung der eigenen Sexualität bedeuten.

Dennoch schafften 2021 fünfundsiebzig Schülerinnen und Schüler aus eben diesem Gymnasium das Abitur. Zyniker werden jetzt denken »Ja, ja. Berliner Abitur …« Und natürlich ist da etwas dran – die Anforderungen in Bayern oder Baden-Württemberg sind andere. Viele Jahrzehnte sozialdemokratisch verantworteter Bildungspolitik in Berlin, die auf das Ausbleiben von Erfolgen vor allem mit dem Absenken der Anforderungen reagierte, bleiben nun mal nicht folgenlos. Aber es zeigt doch, dass in diesen jungen Menschen Potenzial steckt. Wie viel mehr wäre möglich, wenn sie in sicheren und fürsorglichen Familien aufwachsen könnten?

Gerade bildungsferne Familien aus dem arabischen Raum stecken in einem Teufelskreis fest. Zwar gilt Bildung auch in konservativen muslimischen Milieus als hoher Wert – die Berufswünsche für den Nachwuchs sind in der Regel Arzt, Anwalt oder Pilot –, es bleibt dann aber in vielen Fällen bei dem vor sich hergetragenen Anspruch, der mit keinerlei echten Bemühungen oder gar erkennbarer Disziplin verfolgt wird. Eher werden archaische Rollenbilder manifestiert und dadurch gerade die Jungen in muslimischen Familien chancenlos in diese Gesellschaft entlassen. Muslimische Jungen machen seltener eine Ausbildung, studieren seltener, und der Migrationshintergrund ist selbst in der dritten Generation oft noch ein Risikofaktor für niedrigen sozialen Status. Die in der Schule im Schnitt erfolgreicheren Mädchen werden hingegen oft durch kulturelle und religiöse Unterdrückung frühestmöglich – das heißt von Kindesbeinen an – auf Haus- und Ehefrau getrimmt, haben dadurch keine Möglichkeit der höheren Bildung und fallen als Stütze des sozialen Aufstiegs ganzer Familien vollkommen aus.

2016 haben nur neunundzwanzig Prozent der jungen Menschen mit Migrationshintergrund und ohne deutschen Pass eine Ausbildung gemacht. Das ist eine unglaubliche Verschwendung von Potenzial, die sich keine Gesellschaft leisten kann. Unter dem Deckmantel der Freiheit, die in diesem Kontext ausschließlich die Freiheit der Unterdrücker meint, ist es in Deutschland aber zum guten Ton geworden, das einfach hinzunehmen. Wer widerspricht, muss sich gut überlegen, ob er den Shitstorm aushält.

Hinzu kommt oft ein vollkommenes Fehlverständnis des deutschen Bildungssystems. Dazu muss man wissen, dass der Lehrer im Libanon und anderen nahöstlichen Ländern in den Augen und der Erinnerung vieler Zuwanderer eine gänzlich andere Funktion hat als bei uns. Viele Eltern aus diesen Ländern erwarten, dass das Kind in der Schule nicht nur gebildet, sondern vor allem erzogen wird. Wenn dazu Schläge erforderlich sind, wird das hingenommen, wenn nicht gar als willkommene Disziplinierung begrüßt, die vielleicht auch bis an den häuslichen Küchentisch zurückwirkt. *Mā schā' Allāh.*

Dieses Bild hat sich in den Herkunftsländern mittlerweile weitgehend gewandelt, körperliche Gewalt ist jedenfalls selbst in manchen südöstlichen Regionen der Türkei und im Libanon nicht mehr kritiklos an der Tagesordnung. Aber diesen langsamen Prozess der Modernisierung im Bildungswesen kennen die Familien, die in den Siebziger- oder Achtzigerjahren nach Deutschland gekommen sind, schlicht nicht. Und wir haben lange Zeit versäumt, es ihnen mitzuteilen. Sie kennen die Schulen aus ihrer Kindheit, wo der Lehrer ihnen ein paar auf die Fresse gegeben hat, wenn ihm danach war. Wo die Eltern am Wochenende ultimativ gedroht haben:»Wenn du nicht aufhörst, sage ich es dem Lehrer.« Dann war Ruhe im Karton.

Denjenigen, die jetzt beim Lesen reflexhaft und mit zittrigen Fingerspitzen nach dem oft erprobten und viel zu häufig wirkungsvollen Rassismusvorwurf griffeln, rufe ich zu: Nur wer Probleme benennt, kann sie auch lösen. Man muss doch zur Kenntnis nehmen, dass solche Einstellungen bei Zuwanderern aus westlichen Industrienationen oder dem asiatischen Raum überhaupt nicht – jedenfalls nicht in dieser Breite – anzutreffen sind. Die Opferrolle, in der es sich manche sehr bequem machen, ändert nichts an der individuellen oder kollektiven Situation gesellschaftlich abgehängter Menschen. Gerade weil dieser Befund nicht monokausal erklärbar ist, muss alles auf den Tisch, was zur Problemlösung beiträgt.

Das ist soziale Abgeschlagenheit, die es mit weitgehend vergleichbaren Auswirkungen eben auch bei deutschstämmigen Familien gibt. Es ist aber auch ein tradiertes Rollen- und Ehrverständnis, das zu allem Überfluss auch noch in einem absurden Ausmaß an die Sexualmoral der muslimischen Frau geknüpft ist und in unserer modernen Gesellschaft keinerlei Anknüpfungspunkte findet. Ein Problem, das sich gerade dort potenziert, wo viele Menschen mit solchen Vorstellungen aufeinandertreffen. Es entsteht ein System der sozialen Kontrolle, dem sich kaum eine Familie entziehen kann.

Natürlich betrifft es nicht alle Familien aus arabischen und vergleichbaren Herkunftsländern. Ich meine nicht den türkischstämmigen Unternehmer mit Stadtvilla und luxuriösem Zweitwagen im dörflichen Rudow. Ihm sage ich »Chapeau!« für die Leistung, es hier echt zu etwas gebracht zu haben. Willkommen in dieser Gesellschaft, die dir alle Chancen geboten hat, und allergrößten Respekt davor, dass du sie ergriffen hast.

Es bringt jedoch niemandem etwas – und den unter Bildungsarmut und sozialer Ausgrenzung leidenden Familien am allerwenigsten –, vorhandene Probleme zu verschweigen, weil eine von oben bis unten vollkommen durchakademisierte und sich selbst als gesellschaftliche Elite verstehende Kaste linker Identitätspolitiker vollkommen den Kontakt zu den echten Problemen der Menschen verloren hat. Die ändern Straßennamen und denken, sie hätten etwas für soziale Gerechtigkeit getan. Vollkommen irre! Ich sage denen das Gleiche, was ich dem Personalrat meiner Dienststelle sage, wenn er alles, was mit sozialen Medien zu tun hat, per se verteufelt: »Das geht nicht weg, nur weil Sie die Augen zumachen.«

Was einigen hoffnungslos verlorenen Demagogen vom ultrarechten Rand in ihrer kreativen Beschränktheit nun als Erstes einfällt – »Grenzen dicht! Abschieben!« –, ist aber ebenso falsch. Die Antwort aus der kommunalen Praxis kann weder darin bestehen, die Augen zu verschließen, noch darin, leichte Opfer für die eigene Ideenarmut zu suchen. Die Antwort ist noch mehr Unterstützung für die Menschen, die nun mal hier sind. Ich rede nicht von mehr Hartz IV, lauen Worten der Anerkennung vermeintlicher gesellschaftlicher Ungerechtigkeiten oder gar Entschuldigungen für die ach so unsensible Mehrheitsgesellschaft. Ich rede von konkreter Hilfe zur Selbsthilfe, die klare Anforderungen formuliert und gleichzeitig Wege aufzeigt, sie zu erfüllen. Wir müssen uns nicht dafür entschuldigen, wenn wir Regeln für die Aufnahme in unsere Gesellschaft formulieren und dann endlich auch mal durchsetzen.

Eine Mindestanforderung, die in so gut wie jedem anderen Einwanderungsland dieser Welt ganz selbstverständlich ist:

Wer hier leben will, muss die deutsche Sprache lernen. Ja, verdammt, es ist wirklich so einfach. Nicht irgendwann, sondern innerhalb eines Jahres. Wäre das in allen Neuköllner Familien der Fall, hätten wir so unglaublich viele schulische Ressourcen zur freien Verfügung. Man könnte Kindern wirklich Bildung vermitteln, sie bestmöglich vorbereiten auf ein freies und selbstbestimmtes Leben in einem Land, dem sie nach langen Jahren des Lernens sogar etwas zurückgeben könnten. Mit guter Arbeit dank guter Bildung. Mit Ehrenamt für den gesellschaftlichen Zusammenhalt. Mit sozialer Wärme für die Schwächsten unter uns. All das verliert unsere Gesellschaft an jedem Kind, das perspektivlos in ein Leben mit Hartz IV, Shisha und Xbox startet. Es ist weder unzumutbar noch übergriffig oder gar diskriminierend, sondern zwingende Voraussetzung für die Zukunft unseres Landes, dass alle Mitglieder einer Gesellschaft prinzipiell in der Lage sein müssen, miteinander zu kommunizieren.

Wer die Kinder dieser Familien wirklich unterstützen will, muss die Grundhaltung der selbst gewählten Abschottung von der Mehrheitsgesellschaft und der Fortführung vollkommen überholter Lebensentwürfe aus den Herkunftsländern aufbrechen. Eltern müssen ihre Erziehungsverantwortung erkennen und wahrnehmen. Das ist nach unserem Grundgesetz nicht nur Elternrecht, sondern auch Elternpflicht. Was für eine zähe Aufgabe das ist, wissen Lehrerinnen und Lehrer in den Klassenräumen und Sozialpädagogen in den Schulstationen der Neuköllner Brennpunktschulen. Trotz aller Modernisierung am Campus Rütli, in der Schule an der Köllnischen Heide, der Hans-Fallada-, Eduard-Mörike- oder Regenbogenschule, um nur ein paar zu nennen. Vor der viel zu selten gesehenen und angemessen gewürdigten Arbeit der Kolleginnen und Kollegen vor Ort habe ich allerhöchsten Respekt, und ich frage mich manchmal, wie sie das aushalten. Auch hier zeigt sich: Wer in Neukölln mehr als nur eine Stippvisite macht, ist Überzeugungstäter.

Und es gibt noch eine Schattenseite des Systems. Wir nennen sie Systemsprenger, weil sie genau das tun: Sie sprengen das System. Sie bringen im Alleingang eine ganze Schule oder Jugendhilfeeinrichtung aus dem Gleichgewicht. Sie sind gewalttätig, kriminell, gefährlich, gleichzeitig aber auch verloren und hilflos. Oft steckt tiefe Traumatisierung oder eine generationsübergreifende familiäre Geschichte psychischer Störungen und Suchtmittelmissbrauchs dahinter. Beziehungsabbrüche, fundamentale Verletzungen und Gewalt. Der gleichnamige und mit Preisen überhäufte Film von Nora Fingscheidt bringt das Dilemma der Systemsprenger mit brutaler Realität auf den Punkt. Der ehrliche Blick zeigt: Nicht die Kinder sind schuld daran. Das System passt einfach nicht für sie. Auch hier sind Politiker gefragt, genau diese implizite Schuldzuweisung an die Kinder und ihre Familien aufzubrechen und endlich auch diesen Kindern ihr Recht auf Bildung zu verschaffen. Dazu braucht es Konzepte, die über Einheitsschule für alle hinausgehen. Mit der Abschaffung der Sonderschulen unter dem Vorwand der Inklusion wurde hier der vollkommen falsche Weg eingeschlagen. Was folgt, ist Frustration, Gewalt und Verzweiflung. Auf allen Seiten.

Gesundheitsamt mit Wumms

Die deutschen Gesundheitsämter stehen an einem Scheideweg. Ich will, dass sie mehr leisten, als sie es bisher tun. Mehr Einfluss nehmen, als sie es bisher können. Mehr werden, als sie bisher sind. Aus über zwölf Jahren kommunaler Praxis als Gesundheitsstadtrat in Neukölln und als langjähriges Mitglied im Gesundheitsausschuss des Deutschen Städtetages kann ich gut einschätzen, welche Potenziale Gesundheitsämter haben. Und wo diese Potenziale bisher brachliegen.

Vor der Pandemie wusste kaum jemand so wirklich, was die dreihundertsechsundachtzig Gesundheitsämter in diesem Land eigentlich genau tun. Selbst viele Landes- und Kommunalpolitiker, die es eigentlich wissen müssten, konnten nur vage etwas von »Schuluntersuchungen« und »Hygienekontrollen« erzählen. Mit Beginn der Pandemie wurden die Ämter nur noch als reine Meldebehörden für den Infektionsschutz wahrgenommen. Was wirklich dahintersteckt und welche Relevanz das für die gesamte Bevölkerung hat, wissen noch immer nur die wenigsten. Die wahre Leistung der Gesundheitsämter für unsere Gesellschaft bleibt für die Öffentlichkeit meist im Dunkeln.

Dabei sind die deutschen Gesundheitsämter neben der ambulanten und stationären Versorgung – in Gestalt der niedergelassenen Ärzte und Kliniken – die dritte Säule des Gesundheitssystems in diesem Land. Sie sind das passende Gegenstück zur individuellen Maximalversorgung im Krankheitsfall. Wo hochgerüstete Spitzenmedizin in Arztpraxen und OP-Sälen Großartiges für Einzelne leistet, hat der öffentliche Gesundheitsdienst das Wohl der gesamten Bevölkerung im Blick. Was heute »Public Health« oder Bevölkerungsmedizin genannt wird, hieß früher »Volksgesundheit« und meint weitgehend immer noch das Gleiche: Mehr Gesundheit für alle. Unabhängig von sozialem Status, von Herkunft und Anspruchshaltung. Dem Entstehen von Krankheiten auf Makroebene vorbeugen und Bedingungen für Gesundheit schaffen. Dabei kommen bei einzelnen Individuen oft nur geringe, oft nicht einmal verlässlich messbare Effekte an. Spürbar werden sie aber in der Breite einer Gesamtbevölkerung von 83 Millionen Menschen in Deutschland und fast 330 000 in Neukölln.

Dass das Übergewicht von Schulanfängern in Neukölln seit 2013 um über zwei Prozentpunkte gesunken ist, sieht man Marvin und Mia nicht an, es ist aber das Ergebnis jahrelanger Bemühungen, die sich auf die Gesundheit einer ganzen Generation auswirken werden. Greifbarer ist da schon der Rückgang der Zahl von Kindern mit Sprachdefiziten um fast elf Prozentpunkte und der unschätzbare Wert dieses Befundes für den weiteren Bildungsweg. Wir werden nie erfahren, ob der Hausbesuch meiner Sozialarbeiterinnen den Tod eines Säuglings verhindert hat. Fakt ist aber, dass der plötzliche Kindstod durch Aufklärung und Beratung über Risikofaktoren seit vielen Jahren abnimmt und dass heute neunzig Prozent weniger Fälle auftreten als noch vor zwanzig Jahren. Welch unvorstellbares Leid konnte damit verhindert werden! Hygienekontrollen in Krankenhäusern machen zwar niemanden unmittelbar gesund, können aber Tausende Tote pro Jahr durch nosokomiale Infektionen vermeiden. Und welche Auswirkungen belastetes Trinkwasser auf die Gesundheit und das Leben jedes einzelnen Menschen in diesem Land hat, muss ich wohl nicht im Detail ausführen.

Wem das alles nicht reicht, der schaue in seinen Geldbeutel, soweit er durch Steuern oder Beiträge die Krankenkassen in diesem Land mitfinanziert. Die WHO beziffert den Anteil der Gesundheitsausgaben aufgrund geringer Gesundheitskompetenz auf drei bis fünf Prozent der Gesamtausgaben. Das wären für Deutschland mindestens zehn, vielleicht sogar siebzehn Milliarden Euro pro Jahr. Prävention spart also unglaublich viel Geld! Darum wäre es gerade in sozialen Brennpunkten, wo Menschen unter widrigen Bedingungen leben und arbeiten, wo nur ein mangelhaftes Verständnis von Gesundheit vorherrscht und Sprachbarrieren den Zugang zur Ressource Gesundheit erschweren, so wichtig, diese tragende Säule nicht nur zu stärken, sondern neu zu denken. Passiert ist jahrzehntelang aber zu wenig.

Selbst ohne Pandemie waren die politische Wertschätzung und das Verständnis für die Rolle und die Potenziale der Gesundheitsämter also vollkommen ungenügend. Seitdem ich 2009 Gesundheitsstadtrat für Neukölln wurde – für sich genommen eine der zwanzig größten Städte des Landes, ungefähr so groß wie

Bonn –, warne ich den Berliner Senat regelmäßig davor, dass die bezirklichen Gesundheitsämter für eine Großschadenslage oder den Katastrophenfall nicht gerüstet sind. Weder personell noch technisch noch materiell noch organisatorisch. Und mit dieser Analyse hätte ich vermutlich in neun von zehn Gesundheitsämter in diesem Land gehen können, ohne wesentlich danebenzuliegen. Ich gebe gerne zu, dass ich dabei nicht an ein neuartiges Coronavirus dachte, das die ganze Welt heimsucht. Und im Nachhinein hätte ich dabei auch lieber Unrecht oder wenigstens eine Zehnerpotenz weniger Katastrophenlage gehabt.

Meine erneut düstere Prognose aus heutiger Sicht ist, dass nach Abklingen der Pandemie und ihrer schwersten Folgen – soweit uns das Virus nicht erneut überrascht, gegen Ende 2022 – die Gesundheitsämter wieder vergessen werden. Und ich lehne mich damit nicht einmal allzu weit aus dem Fenster. Langjährige Experten in den Städten und Gemeinden wissen, dass es so kommen wird. Ich will dieser Dystopie aber auch etwas entgegensetzen, wofür es sich zu arbeiten lohnt: eine Vision vom Gesundheitsamt der Zukunft.

Das Gesundheitsamt der Zukunft ist präsent. Es wird als Dienstleister in den Stadtteilen wahrgenommen und bietet sein gesamtes Leistungsspektrum aus einer Hand an. Prävention ist dann keine Frage des Geldbeutels oder des sozialen Status mehr, sondern immer nur einen Kinderwagenradius entfernt. Erste Ansätze in Form eines Gesundheitskiosks gibt es bereits. Solche Ideen müssen strukturell in die Fläche und in die Regelversorgung der Gesundheitsämter eingegliedert werden. Einsamkeit als größtes Gesundheitsrisiko aus bevölkerungsmedizinischer Sicht wird in Zukunft von den Kommunen genauso ernst genommen wie Gefahr durch den Klimawandel, Hitze und Pandemien. Das Ziel lautet: gesundheitliche Chancengleichheit. Es muss nicht für immer so sein, dass Neuköllner ein Jahr früher sterben als der Rest der Berliner.

Das Gesundheitsamt der Zukunft ist beweglich. Es ist mit Beratungsmobilen und Sprachmittlern nicht nur im Stadtteil unterwegs, sondern ist auch innerhalb der eigenen Organisation flexibel. Es hat einen qualifizierten Personalkörper, der im Ernstfall in kürzester Zeit zum Pandemiestab anwachsen und ihn auch ohne Reibungsverluste führen kann. Außerhalb konkreter Bedrohungen legt es durch Aufklärung, Beratung und Sensibilisierung das Fundament für ein besseres Gesundheitsverhalten aller Bevölkerungsgruppen. Ein eigener Fachbereich »Prävention« innerhalb jedes Gesundheitsamtes betreibt erstmals strukturell zielgerichtete Gesundheitskommunikation, erreicht Bevölkerungsgruppen analog und digital und bekommt dafür ein eigenes Budget wie jeder andere Fachdienst auch. Eine solche Investition wird sich schon nach kurzer Zeit lohnen. Die aufgrund der Infektionsschutzmaßnahmen praktisch ausgefallene Grippesaison 2020 mit 0,28 Prozent der laborbestätigten Influenzafälle des Vorjahres müsste uns genügend motivieren, Hygieneregeln und angepasstes Gesundheitsverhalten auch in Zukunft ernst zu nehmen und gezielt zu fördern.

Das Gesundheitsamt der Zukunft ist geachtet. Es wird als gleichberechtigte Säule neben ambulanter und stationärer Versorgung gesehen. Und zwar von Medizinern, Politikern und Bevölkerung. Es wird von den Krankenkassen strukturell und kooperativ mitgetragen, weil diese den gesundheitlichen und finanziellen Mehrwert starker öffentlicher Gesundheit erkannt haben. »Health in all policies« nennt sich das und meint: Gesundheit als höchstes Gut unserer Gesellschaft. Öffentliche Gesundheit wird als gesellschaftlicher Wert wahrgenommen und nicht allein auf die individuelle Ebene abgewälzt, wenn es nur noch zu reparieren gilt. Kommunen müssen sich in Zukunft nicht mehr aus dem Tarifvertrag stehlen oder fragwürdige Sonderzahlungen vereinbaren, um gutes medizinisches Personal aus den Kliniken und in die Ausbildung zum Facharzt für den öffentlichen Gesundheitsdienst zu locken, weil Bezahlung und

Karrierechancen vergleichbar sind und die medizinisch-wissenschaftliche Bedeutung ernst genommen wird. Das Gesundheitsamt der Zukunft hat Wumms. Es hat spürbare Auswirkungen auf unser aller Leben und Sterben und weist das mit Selbstbewusstsein nach. Mit einer Gesundheitsberichterstattung, die aus der Fülle ihrer Daten nicht nur sagt, was war, sondern auch, was sein kann. Es nimmt – wie in der Pandemie erlernt – als unabhängige Beratungsinstanz der Politik Einfluss auf kommunale Debatten und ist im besten Sinne Anwalt der Gesundheit aller Bürgerinnen und Bürger. Es zögert nicht, wenn es um ein öffentliches Gedenken an ordnungsbehördlich bestattete Menschen geht, sondern tut es. Einfach, weil es menschlich ist und einer ganzen Stadt ans Herz geht.

Das alles kostet Geld. Viel Geld, das Bund, Länder und Kommunen nach der Rekordverschuldung zur Bewältigung der Corona-Pandemie und ihrer Folgen nicht haben. Das Stolpern in die größte weltweite Krise seit dem Zweiten Weltkrieg hat jedoch eines gezeigt: Jeder in den Gesundheitsämtern gesparte Euro kostet uns langfristig ein Vielfaches mehr. Es wäre blanke politische Naivität, zu denken, SARS-CoV-2 wäre die letzte gefährliche bevölkerungsmedizinische Krise unserer Generation. Wir stehen über 1,5 Millionen verschiedenen tierischen Viren gegenüber, die potenziell auch Menschen infizieren können. Jedes Jahr kommen um die fünf neue Erkrankungen auf, die das Zeug zur Pandemie haben.

Und dabei denken wir noch nicht einmal an bakterielle Erreger und klimabedingte Gesundheitsgefahren. Immer stärkere und häufigere Hitzeperioden sind aber gerade für diejenigen, die wir in der Corona-Pandemie besonders zu schützen versucht haben, eine vergleichbar große Bedrohung: für die weiter steigende Zahl älterer und vorerkrankter Menschen. Übergewicht und die mit ihm einhergehenden Gesundheitsgefahren sind schon jetzt nicht nur bei Kindern ein deutliches, aber bisher in der Bevölkerung unterschätztes »Long-Covid-Syndrom der Gesundgebliebenen«, das uns alle betrifft, ganz unabhängig davon, ob wir Covid-19 hatten oder nicht. Und das Wissen um die lebensverkürzenden Gefahren von Einsamkeit im Alter – und mittlerweile auch in der von sozialer Kontaktarmut geprägten digitalen Generation – ist noch nicht annähernd dort angekommen, wo es hingehört: in die Mitte der gesellschaftlichen Debatte.

Das Gesundheitsamt der Zukunft braucht genauso eine nationale Kraftanstrengung wie Klimawende und gute Pflege. Aber es ist auch mindestens genauso attraktiv, genauso notwendig, genauso alternativlos. Ist das Gesundheitsamt so wie beschrieben aufgestellt, kann es in kurzer Zeit in den Krisenmodus gehen und von primärpräventiver Beratung zu Intervention, Containment und Protection wechseln. Und damit Menschenleben retten, aber auch ganze Wirtschaftszweige, Arbeitsplätze und Steuereinnahmen. Das Gesundheitsamt der Zukunft versetzt unsere gesamte Gesellschaft in die Lage, gestärkt aus Krisen hervorzugehen, anstatt sie nur zu überstehen.

Weil das Geld, Zeit und sehr viel Nerven kosten wird, braucht es eine echte Neuordnung der staatlichen Aufgaben und Verfahren, die immer lauter werdend unter dem Titel »Neustaat« gefordert wird. Der Kern staatlicher Aufgaben muss schnell, unbürokratisch und nutzerorientiert werden. Deutschlands Gesundheitsämter gehören zweifellos dazu. Das Gesundheitsamt der Zukunft wird das enorme Engagement, die überragende Fachlichkeit und die wärmende Empathie der vielen Männer und Frauen in den Kommunen aus der Verzwergung der vergangenen Jahrzehnte ins Licht holen. Wir müssen es nur wollen. Nicht morgen oder übermorgen. Sondern jetzt.

Die Realität in der öffentlichen Verwaltung sieht – abseits des teils grandiosen persönlichen Engagements der Menschen – erschreckend anders aus. Und das hat verheerende Auswirkungen auf die wichtige Arbeit der Gesundheitsämter. Ich bin nicht leicht auf die Palme zu bringen. Aber wenn ich Schlagwörter wie »verfahrensunabhängige IKT«, »Datenschutzfolgeabschätzung« und »IT-Dienstleistungszentrum« höre, fängt meine Halsschlagader an, ungesund wild zu pochen. Was sich Berlin in Sachen Digitalisierung seit Jahrzehnten leistet, ist eine Farce. Es ist ein fein choreographiertes Stück Verantwortungslosigkeit, das mit den Jahren eine Eleganz entwickelt hat, über die man nur staunen kann. Und sollte. Denn wer mehr tut, als mit offenem Mund danebenzustehen, läuft Gefahr, den Verstand zu verlieren.

So war es mitten in der Corona-Pandemie im Frühjahr 2020, als eine große Menge Smartphones an mein Jugendamt sowie an mein Gesundheitsamt geliefert wurde. Nach langem Hickhack, ewigen Versprechen zur Lieferung der Geräte, Verschiebungen, Nachfragen, unzähligen Mails und Telefonaten war die Freude groß, als wir tatsächlich die Geräte in den Händen hielten. Endlich konnten wir dienstlich kommunizieren, ohne mit jedem Tastendruck wegen Datenschutzverstößen durch die Nutzung privater »Endgeräte« eine Abmahnung und Bußgeld der lieben Kollegen vom Datenschutz zu riskieren.

Dachten wir. Diese tollen neuen Geräte hatten aber keine SIM-Karten und waren damit nutzlos. Die Beschaffung von SIM-Karten dauerte in dieser Situation mehrere Monate. Ich saß also mit dem für die IT-Stelle Verantwortlichen zusammen, und auf meine Frage, wie das sein könne, blickte ich in die toten Augen von London. Ich hätte mir vorher nicht träumen lassen, dass ich einmal über die Dutzenden Handyshops auf der heruntergekommenen einst größten Einkaufsstraße Berlins, der Karl-Marx-Straße, froh sein würde. So jedoch konnte ich am nächsten Tag meinen Finanzchef in mehrere dieser Läden schicken, um Dutzende SIM-Karten zu kaufen. Problem gelöst.

Die Berliner Verwaltung ist einfallsreich. Es tauchen immer wieder Probleme auf. Am liebsten da, wo man sie nicht vermutet.

Die Pandemie in Neukölln

Die naive und fast schon nostalgisch anmutende Trägheit der Berliner Verwaltung machte mich seit Jahren fassungslos. Mittlerweile macht sie mich zornig. Dass der Mangel bei der Digitalisierung aber auf einmal Leben gefährdete, schlug dem Fass den Boden aus. Das hätte ich niemals für möglich gehalten. Es war ärgerlich, wenn man sich als Leiter einer Abteilung mit mehreren Hundert hoch qualifizierten Menschen tagelang um zwei Monitore und wochenlang um einen funktionierenden Drucker bemühen musste. Es war kräftezehrend, dass man in einem Gremium mit fünf hoch bezahlten politischen Beamten um acht Smartphones für ein Team im Jugendamt ringen musste. Und es war beinahe schon lächerlich, wenn morgens mal wieder das Hausnetz zusammenbrach und in einer Kommunalverwaltung für 330 000 Menschen buchstäblich nichts mehr ging.

Ab März 2020 konnte ich über diese Erfahrungen nur noch gequält lächeln. Als das Virus SARS-CoV-2 in Neukölln ankam, bedeutete der wochenlang fehlende Drucker am eilig eingerichteten Corona-Abstrich-Zentrum (CAZ) Neukölln, dass meine leitende Ärztin mehrmals am Tag mit dem Fahrrad zwischen Gesundheitsamt und CAZ hin und her fahren musste, um ausgedruckte Listen abzuholen. Vier Kilometer hin. Vier Kilometer zurück. Ganz einfach, weil der Anschluss eines Druckers an einen über mobile Daten mit dem Hausnetz verbundenen Laptop die IT-Stelle des Bezirks in größte Befürchtungen bezüglich der Systemsicherheit stürzte. Man soll mich da bitte nicht falsch verstehen: Ich bin kein IT-Experte, und ich bin mir sicher, dass die Bedenken in einer gewissen Form berechtigt waren. Ich erwarte aber von allen Mitarbeitern meiner eigenen Abteilung, dass sie Probleme nicht nur benennen und dann treu blickend mit den Schultern zucken, sondern dass sie mir mindestens zwei Lösungen präsentieren. Hier gab es wochenlang keine, und das darf nicht passieren.

Diese kleine Episode ist nicht typisch für die Verwaltung meines Bezirks. Es gibt in dieser Kommunalverwaltung mit über 2200 Mitarbeitern unglaublich viele hoch engagierte und herausragend qualifizierte Menschen, die alles für diesen Bezirk geben. Viele von ihnen haben seit Beginn der Corona-Pandemie im März 2020 alle persönlichen Bedürfnisse hintangestellt und waren rund um die Uhr für die Neuköllnerinnen und Neuköllner da. Monatelang Überstunden bis spät in die Nacht, kaum mal ein Urlaubstag, pausenloser Stress und erhebliche persönliche Risiken. Ich habe es als sehr beeindruckend erlebt, wie so eine Verwaltung den noch immer existierenden Vorurteilen und nur halb spaßig gemeinten Anekdoten über die faulen Beamten mit schlichten Taten entgegengetreten ist. Wohl wissend, dass wir in dieser Zeit auch Fehler gemacht haben – vom Telefonisten in der Corona-Hotline bis hin zum Gesundheitsstadtrat –, bin ich unglaublich stolz auf das, was diese Menschen geleistet haben. Es ist nicht übertrieben, wenn ich sage: Wir haben in dieser Zeit unter größter Anspannung unzählige Leben gerettet.

Denn eine Atempause gab es in den Jahren 2020 und 2021 eigentlich nicht. Während nach der ersten Welle im Jahr 2020 fast überall die Infektionszahlen weit – teilweise bis auf null – zurückgingen, hielt sich in Neukölln ein gewisses Niveau, dessen Auswirkungen später, im beginnenden Herbst, wirklich zuschlugen. Und im Juni 2020, als die Pandemie in manchen Köpfen schon fast vergessen schien, kam es in Neukölln zu einem der deutschlandweit größten Ausbrüche in der Wohnbevölkerung. Wo andernorts in Deutschland riesige Fabrikanlagen mit schlecht bezahlten, schlecht gebildeten, schlecht behandelten und in schlimmsten Verhältnissen hausenden ausländischen Leiharbeitern betroffen waren, waren es in Neukölln mehr als ein Dutzend Häuserblocks mit Hunderten Familien, die wir unter Quarantäne stellen mussten.

Auslöser waren verschiedene kleine Ausbrüche an Schulen in der Umgebung eines Kiezes, der schon Jahre zuvor durch den geballten Zuzug südosteuropäischer Familien in der Presse war. An mehreren dieser Schulen wurden mal ein, mal zwei Kinder positiv getestet. Es ist meinem Gesundheitsamt unter dem erst wenige Wochen vor Pandemiebeginn ins Amt gekommenen Amtsarzt Dr. Nicolai Savaskan zu verdanken, dass der räumliche und soziale Zusammenhang dieser Kinder schnell aufgeklärt wurde. Überhaupt kann ich und der gesamte Bezirk Neukölln drei Kreuze machen, dass wir diesen Mann als Leiter des Gesundheitsamtes gewinnen konnten. Ohne ihn wären wir schon nach wenigen Wochen und spätestens in der zweiten Welle hoffnungslos abgesoffen. Der Fokus auf gute Datenanalyse hat uns während dieser Zeit geholfen, den Rhythmus der Pandemie vorauszusehen und zu planen. Diese Qualität konnte kein anderer Berliner Bezirk bieten.

Alle diese betroffenen Kinder stammten aus südosteuropäischen Familien, die zu einer fundamentalen freikirchlichen Pfingstgemeinde gehören. Enge Wohnverhältnisse, intensiver und enger Austausch verschiedener Familien in den betroffenen Wohnblocks und eine ausgeprägte Skepsis gegenüber jeglichen Staatsvertretern prägten das Bild. Manche Familien hatten bis zu zehn Kinder, die quasi den gesamten Nachmittag zusammen im Innenhof oder wild verteilt in den Wohnungen der übrigen Gemeindemitglieder im Block oder auf der Straße verbrachten. Ein infektiologischer Super-GAU, bei dem eine individuelle Kontaktnachverfolgung und Absonderung von Kontaktpersonen schlichtweg aussichtslos war. Die hohe Zahl an Kindern, die in Schulen und Kitas über mehrere Kieze hinweg verteilt waren, machte diesen Ausbruch so gefährlich und überhaupt nicht vergleichbar mit anderen Infektionen in anderen Familien und Kiezen.

Siebzehn Wohnhäuser. Sieben Blocks. Neun Gemeinschaftseinrichtungen. Das Schließen dieser Schulen und Kitas hätte zehntausend Haushalte betroffen; achtzehntausend Eltern aus dem ganzen Bezirk hätten von heute auf morgen ihre Kinder zu

Hause betreuen müssen. Wir haben anders gehandelt. Auch weil wir mit dem Schließen der Schulen das Kernproblem – die sieben Infektionscluster im Bezirk – ja nicht unter Kontrolle gebracht hätten, haben wir uns nach einer größeren Abstrichaktion am 5. und 9. Juni 2020 sowie dem Eintreffen aller Testergebnisse am 13. Juni für eine vierzehntägige Quarantäne der betreffenden Cluster entschieden. Schulen und Kitas blieben offen. Die sogenannte »sozialräumliche Eindämmung« war geboren.

Bis zum 1. Juli testeten wir 730 der insgesamt 1027 Personen, die sich in den sieben Clustern aufhielten. 109 von ihnen waren mit SARS-CoV-2 infiziert. Wir hatten es also mit einer Inzidenz von 14 931 pro 100 000 unter den getesteten Personen zu tun. Besonders bemerkenswert: Der Altersdurchschnitt der Bewohner der Häuser lag bei nur neunzehn Jahren. Nur dieser Umstand scheint letztlich dafür gesorgt zu haben, dass es lediglich einen Todesfall zu beklagen gab. Denn die damals noch vorherrschende Wildtypvariante des Virus war vor allem für ältere Menschen ab sechzig Jahren gefährlich. Junge Menschen erkrankten, wenn überhaupt, nur leicht, konnten das Virus aber unbemerkt verbreiten. Es war der Pfarrer der Pfingstgemeinde, der vermutlich – bestätigen ließ sich das nie abschließend – das Virus unwissentlich aus einem Gottesdienst in Sachsen-Anhalt mitbrachte und dann bei einem Gottesdienst in Neukölln unter seiner Gemeinde verteilte. Er starb als Einziger. Seinen Angehörigen galt und gilt mein Mitgefühl genauso wie allen anderen, die in der Pandemie ihre Liebsten begraben mussten.

Mein Gesundheitsamt und ich waren unmittelbar nach Bekanntwerden der Quarantänisierung heftigster Kritik ausgesetzt. Es sei rassistisch, wie wir die Ausbrüche eingedämmt hätten. Wir hätten einer Bevölkerungsgruppe die Schuld an der Verbreitung des Virus gegeben. Das Gegenteil war der Fall. Zumal die Information über die Zusammensetzung der betroffenen Gruppe von einem der Bewohner der Häuser selbst kam. Zu keiner Zeit hat mein Gesundheitsamt sensible Informationen über die Bewohner an die Presse gegeben. Dass es sich überwiegend um Angehörige der Volksgruppe der Roma handelte, wurde von Interessensverbänden als Beleg für vermeintliche Diskriminierung angeführt. Eine absurde Verdrehung der Tatsachen. Woher sie kamen, war meinem Gesundheitsamt nie wichtig. Entscheidend waren aber die Verhältnisse: enge Kontakte zwischen vielen großen Familien, geringer Bildungsstand, wenige Sprachkenntnisse, kaum Kooperationsbereitschaft mit den Behörden. Sehr viel schwieriger kann es für ein Gesundheitsamt kaum werden. Und darum war das Vorgehen richtig.

Ich habe mich dennoch über diese Vorwürfe geärgert, weil es unglaublich durchsichtige Manöver waren. Es passte einfach zu gut, dass der böse konservative Liecke von der CDU Roma-Familien diskriminiert. Verständnis oder wenigstens grundlegende Kenntnisse der Lage, in der wir uns befanden, waren bei den Kritikern zumeist weder vorhanden, noch gab es übermäßiges Interesse an den Details der Eindämmungsstrategie. Der von Linken, Grünen und gut alimentierten Vertretern von Lobbygruppen am meisten angegriffene Satz in der Presse, das Virus sei »vom Skiklub jetzt in der Mietskaserne angekommen«, stammte zwar nicht von mir, sondern vom politisch noch etwas unerfahrenen und mit der Verwaltung einer Großstadt dezent überforderten sozialdemokratischen Bezirksbürgermeister. Dessen öffentliche Äußerungen zur Lage musste ich stets mit einem kleinen Schmunzeln verfolgen, wenn er meine abendlichen Lageanalysen am nächsten Morgen ohne erkennbares Verständnis der Zusammenhänge wortwörtlich im Radio wiedergab. Aber das Mietskasernen-Zitat passte nun mal wunderbar zu dem mir angedichteten Image des kalten und rassistischen Law-and-Order-Typen. Wirklich handfeste, nachvollziehbare Kritik an meiner Amtsführung habe ich zu keiner Zeit vernommen.

Dass wir unter großen Anstrengungen des gesamten Bezirksamtes während der Quarantänisierung eine sehr umfassende Betreuung für die betroffenen Familien organisiert haben, dass Lebensmittelpakete gepackt wurden, Sozialarbeiter sich um die Kinder gekümmert und Stadtteilmütter im Dauereinsatz waren, wollte man nicht so recht sehen. Obwohl ganz normale Mittelstandsfamilien während ihrer Quarantäne von einer solchen Unterstützung nicht mal träumen konnten. Es war übrigens dennoch richtig und keine unangemessene Bevorzugung dieser Menschen, wie es am anderen Ende des politischen Spektrums mit ebenso wenig Interesse an den Tatsachen geraunt wurde. Denn diese Familien konnten sich in vielen Fällen schlicht nicht selbst helfen. Und nur so konnte überhaupt die Hoffnung bestehen, die Quarantäne aufrechtzuerhalten. Ich bin bis heute überzeugt: Von diesem Einsatz hat am Ende der ganze Bezirk profitiert.

Neben rein praktischen Erwägungen, also der bestmöglichen Einhaltung der Quarantäne, war es auch ein schlichter Imperativ des christlichen Menschenbildes, dort zu helfen. Gesehen wurde das kaum. Dass wir trotz teilweise erheblicher Ablehnung unserer Arbeit durch die Bewohner und teilweise gewalttätiger Angriffe auf meine Mitarbeiter die Wohnblocks weder abgesperrt noch Polizeikontrollen eingerichtet haben und es dennoch mit sanftem Kontrolldruck durch das Ordnungsamt geklappt hat – nun, das passte ebenfalls nicht in das Bild, das Lobbyverbände und politisch irrlichternde Lokalpolitikerinnen aufbauen wollten. Im Gegensatz zu ihnen habe ich es stets abgelehnt, solch einen Anlass zur Profilierung zu missbrauchen. Mit den Worten von Prof. Dr. Drosten aus eben jener Zeit: Ich hatte Besseres zu tun.

Die in meinem Gesundheitsamt entwickelte Strategie der »sozialräumlichen Eindämmung« hatte jedenfalls entgegen aller, oft sehr unsachlich vorgetragener, Kritik großen Erfolg. Still und nahezu geräuschlos konnten wir den Ausbruch eindämmen, die

Familien nach zwei bis drei Wochen aus der Quarantäne entlassen und mussten trotz etlicher Fälle von infizierten Schulkindern aus diesen Familien nicht eine einzige Schule schließen. Solide Arbeit ganz hervorragender Männer und Frauen in meinem Gesundheitsamt, auf die ich stolz bin. Und ein Vorgehen, das auch das Robert Koch-Institut in einer vom Berliner Senat in Auftrag gegebenen Untersuchung vollständig bestätigt hat. An dieser Stelle nur ein Zitat aus dem Abschlussbericht, das mir und meinen Kolleginnen und Kollegen im Gesundheitsamt in all seiner nüchternen Sachlichkeit noch heute wie Öl runtergeht:

> Das Quarantänemanagement fanden wir in vielen Bereichen der Situation angepasst und ggf. für zukünftige ähnlich gelagerte Ausbrüche richtungsweisend.

Wie schon angedeutet: Es gab keine Pause. Im Herbst 2020 blickte wieder alles auf Neukölln. Bundesweit war der Corona-Sommer von niedrigen Inzidenzen geprägt. Einstellige Werte und Landkreise ohne jede Neuinfektion bestimmten das Bild. Nicht so in Neukölln: Hier stiegen die Zahlen von einem während des ganzen Sommers ohnehin relativ hohen Niveau schnell und scheinbar unaufhaltsam an. Erst 100, dann 200 und letztlich weit über 300 Neuinfektionen innerhalb von sieben Tagen auf 100 000 Einwohner – also über 1000 Neuinfektionen pro Woche – machte uns tagelang zu *dem* Corona-Hotspot Deutschlands.

Kaum eine Redaktion im Land ließ sich diese vermeintliche Story entgehen. Zu gut passte es zum Image des »Problembezirks«. Jeder wollte wissen, woran es lag, und Antworten haben, die in ein Zwölf-Sekunden-Zitat passen. Dass es keine einfachen Antworten gibt, wollten nur die wenigsten hören, und kaum jemand wollte es verstehen. Als Ende Oktober die Zahlen bundesweit stiegen, dämmerte es langsam allen, dass Neukölln nicht besonders dämlich, unvorsichtig oder unfähig war. Die gesamte

Deutschlandkarte war plötzlich rot, und es wurde klar: Neukölln war allen anderen einfach nur mal wieder zwei Wochen voraus. Dennoch war die Frage nach den Gründen natürlich berechtigt. Für Kriminalität, Verwahrlosung und Extremismus gibt es ebenso keine Entschuldigung wie für den Verstoß gegen lebensrettenden Infektionsschutz. Deshalb müssen Fragen nach den Ursachen erlaubt sein. Sie sind sogar notwendig. Denn Neukölln ist geprägt von vielfältigen sozialen Problemen. Arbeitslosigkeit, fehlende Sprachkenntnisse, Obdachlosigkeit, Bildungsferne, beengte Wohnverhältnisse, Armut und soziale Isolation treffen hier aufeinander. Spätestens seit der Corona-Pandemie ahnen alle, was Neuköllner schon immer wussten: Diese sozialen Probleme gehen uns alle an. Und zwar selbst dann, wenn wir dreißig Kilometer weiter in der aus dem Boden gestampften Doppelhaussiedlung mit sorgfältig abgestecktem Gartenanteil im Speckgürtel der schmutzigen Metropole wohnen.

Viele dieser Probleme kumulieren bei Menschen mit Migrationshintergrund, die oftmals ohne irgendeine Ausbildung oder gar ohne jegliche Schulbildung in dieses Land kamen. Immer in der Hoffnung auf Aufstieg, auf Chancen und auf Glück. Vermutlich so, wie jeder von uns es in einer vergleichbaren Situation machen würde, wenn er nur den Mut dazu aufbrächte. Dass es Aufstieg, Chancen und Glück aber nicht voraussetzungslos gibt, mussten viele der Zuwanderer auf die harte Tour erfahren. Und dennoch ist für die allermeisten Menschen am sozialen Rand das schlimmste Leben in Deutschland immer noch dutzendfach besser als ein Leben in ihrem Herkunftsland.

Suchtkranke Menschen erhalten bei uns Hilfe; in Osteuropa werden sie oft geschlagen, verjagt und eingesperrt. Zugewanderten Roma wird in ihren Herkunftsländern regelmäßig – tatsächlich in den allermeisten Fällen – der Zugang zu Bildung, Gesundheitssystem, Eigentumserwerb und oftmals jeglichem staatlichen Schutz systematisch vorenthalten. Es muss daher jedem klar sein, der sich um die sozialen Fragen in Neukölln und anderen Städten Deutschlands bemüht: Jeder einzelne dieser Menschen hat einen verdammt guten Grund, hierherzukommen. Meistens haben sie einen ganzen Sack voll.

Genauso klar muss aber auch sein, was vielen Allesverstehern in der öffentlichen Debatte vollkommen egal zu sein scheint: dass die deutsche Rechtsordnung nicht jeden dieser individuellen Gründe als Bleibegrund anerkennt. Und dass dieses Land und seine Gesellschaft auch mit Zuwanderung durchaus eigene Ziele verfolgen dürfen, es sogar müssen. Dazu darf auch gehören, dass eine Zuwanderung in die Sozialsysteme vermieden wird. Das muss nicht jeder gut finden, diese legitime Position aber als nationalistisch oder rassistisch zu brandmarken, ist keine politische Debatte, sondern bockige Realitätsverweigerung. Wer so reagiert, bringt dieses Land nicht weiter, sondern beschädigt es auf Dauer. Vor allem dann, wenn solche Realitätsverweigerer einen Führungsanspruch erheben.

Das Spannungsfeld zwischen individuell nachvollziehbaren Wünschen und gesamtgesellschaftlichen Notwendigkeiten muss man aushalten, will man nicht in moralisch überhebliche Beliebigkeit abgleiten. Wir werden nur dann eine gesellschaftliche Akzeptanz für die Unterstützung der Schwachen erhalten und wieder neu schaffen können, wenn wir gleichzeitig die Bedingungen für diese Hilfe formulieren, einhalten und durchsetzen.

Bildungsferne, Armut und Sprachprobleme sind aber bei Weitem nicht nur dort zu finden, wo Frieden, Sicherheit und Sozialleistungen den Weg nach Deutschland als verlockend erscheinen ließen. Wer mit einfachsten Parolen Stimmung macht, verkennt daher die Ursachen für die Probleme und löst kein einziges davon. Das will ich aber. Probleme lösen. Schritt für Schritt, mit viel Arbeit und Schweiß. Aber auch mit Herzblut und ohne nach ein oder zwei Jährchen den Abflug zu machen. Neukölln ist kein Sprungbrett für höhere Weihen, sondern eine Aufgabe.

Schon lange weise ich auf die problematische Sozialstruktur im Bezirk hin. Fast jedes zweite Kind in Neukölln wächst in einem Hartz-IV-Haushalt auf. Der Anteil ist mit 42 Prozent in keinem Berliner Bezirk so groß wie hier. Berlinweit sind es 27 Prozent, was auch schon viel zu viel ist. Das durchschnittliche Einkommen eines Haushalts in Neukölln liegt bei 1825 Euro. Halb so viel wie das Durchschnittseinkommen in Deutschland. Die Menschen sind aber nicht nur materiell relativ arm, sondern vor allem bildungsarm, was sich am meisten auf die Zukunft der 85 000 Kinder, Jugendlichen und jungen Erwachsenen zwischen null und siebenundzwanzig Jahren niederschlägt. Viele Neuköllner leben in zu kleinen Wohnungen. Ein großer Teil von ihnen raucht, die meisten viel zu viel. Mehr als jedes dritte Kind wächst in einem Raucherhaushalt auf. Einwohner mit Migrationshintergrund haben oft keinen adäquaten Zugang zum öffentlichen Gesundheitssystem und ein Verständnis von Gesundheit, das gänzlich ohne das Konzept der Vorsorge auskommt. Sprachbarrieren erschweren die Kommunikation.

Und während ich immer wieder für mein Mantra »Sprache ist der Schlüssel zur Integration« gescholten werde, bekommen diese Menschen einfach nicht die Hilfe, die sie brauchen. Weil sie die Sprache des Landes, in dem sie leben, nicht sprechen oder verstehen. Nicht verpflichtende Sprachkurse oder vor der Einbürgerung tatsächlich Deutschkenntnisse zu verlangen, ist unmenschlich, sondern dieser Zustand. Es ist kein Zufall, dass der Neuköllner laut Statistik ein Jahr früher stirbt als der gutbürgerliche Steglitzer. Wer das unter dem Deckmantel der Toleranz hinnimmt, ist der wahre Zyniker.

Meine Einschätzung der vielfältigen Problemlagen wurde Anfang 2021 durch eine Studie bestätigt. Sie stammt von der sozialdemokratisch geführten Senatsverwaltung für Gesundheit, die als unverdächtig gelten sollte, mir nach dem Mund zu reden. Es ging um den Zusammenhang von sozialer Lage und Verbreitung des Coronavirus. Die Ergebnisse waren eindeutig: Je höher der Anteil der Arbeitslosen beziehungsweise Transferleistungsempfänger, desto höher ist die Inzidenz. Je höher der Anteil der Einwohner mit Migrationshintergrund, desto höher ist die Inzidenz. Je höher der Anteil der nicht EU-Ausländer, desto höher ist die Inzidenz. Darum ergibt es auch keinen Sinn, alle Zuwanderer als homogene Masse zu betrachten. Ausländer aus westlichen Industrienationen integrieren sich besser, haben wesentlich bessere Chancen auf dem Arbeitsmarkt, sind häufiger hoch qualifiziert und landen nur selten in Hartz IV. Sie tragen maßgeblich dazu bei, dass im Schnitt aller Zuwanderer mehr in die Sozialsysteme eingezahlt, als für sie ausgegeben wird.

Für Zuwanderer aus dem Nahen Osten, Afrika und Südosteuropa gilt das in der Masse aber nicht, auch wenn es natürlich auch in diesen Herkunftsgruppen viele Menschen gibt, die ihre Chancen nutzen und dieses Land auch wirtschaftlich voranbringen. Aufgabe von Politik ist es nicht, diese Diskrepanz zu verschweigen oder zu verharmlosen, sondern sie zur Kenntnis zu nehmen und Mittel und Wege zu finden, etwas dagegen zu tun. Durch Rassismus-Rufe ist niemandem geholfen. Erst recht nicht den Menschen, die ganz besonders unter dem mangelnden Zugang zu Gesundheit, Bildung und Integration leiden.

Das betrifft auch die ab dem Frühjahr 2021 immer deutlicher erkennbare Impfskepsis unter Migranten im Bezirk. Krasse Beispiele waren Gerüchte in einem Flüchtlingsheim, in dem aufgrund erhöhter Gefährdungen in Gemeinschaftsunterkünften ein gesondertes Impfangebot gemacht wurde. Schnell machte die Runde, dass nur »die Deutschen den guten Impfstoff« bekämen und für die Flüchtlinge nur »das schlechte« Johnson & Johnson übrigbleibe. Unfruchtbarkeit bei Frauen sei die Folge, was ja sicherlich auch von den Deutschen so gewollt sei.

Am Ende ließen sich nur fünf Prozent der Bewohnerinnen und Bewohner impfen. Dass der Impfstoff von Johnson&John-

son natürlich keine solchen Nebenwirkungen hat, dafür aber den unschlagbaren Vorteil, nur einmal verimpft werden zu müssen, war nicht mehr zu kommunizieren. Es war aussichtslos. Die für die Impfungen verantwortliche Senatsverwaltung ist da einfach zu blauäugig reingegangen. Mein Gesundheitsamt hätte eingebunden werden und vorher ganz gezielt aufklären und beraten müssen, um so etwas zu vermeiden. Eingefangen bekommen Sie so etwas nicht mehr, wenn es erst mal zu spät ist.

Doch auch abseits solch haarsträubender Falschinformationen ist die Impfskepsis bei Menschen in schlechter sozialer Lage – die eben auch sehr oft Migranten sind – in Neukölln groß. Zu sehen war das beispielsweise bei der ersten gezielten Schwerpunktimpfung, die der Senat im Mai 2021 in Neukölln durchführte. An einem Wochenende wurden über zweitausend Menschen in einem als sozialen Brennpunkt bekannten Kiez geimpft, der immer wieder mit hohen Inzidenzen auffiel. Mit toller Zusammenarbeit zwischen Bezirk und Senatsverwaltung, mit herausragender Unterstützung durch das Technische Hilfswerk, ohne das so vieles in der Pandemie nicht geklappt hätte, war die Organisation mal wieder beispielgebend für die ganze Stadt.

Das Problem war nur: Es kamen die Falschen. Studenten, Hipster, mehrsprachige Akademiker aus flotten Start-ups. In der teilweise über einen Kilometer langen Schlange war fast mehr Englisch als Deutsch oder Arabisch zu hören. Es waren junge Menschen, die beim Warten noch das neueste Projekt am MacBook Pro fertigstellten und die sich ohne Weiteres bei ihrem Hausarzt oder in Impfzentren ihre Dosis hätten verschaffen können. Sozial Benachteiligte oder Neuköllner mit relevantem Migrationshintergrund musste man länger suchen. Dieser Eindruck bestätigte sich später in anderen Bezirken und bei sogenannten »Pop-up-Impfungen«, die ohne Termin oder andere Einschränkungen zugänglich waren. Einen Teil der Bevölkerung erreichten wir so schlicht nicht.

Verstehen wir uns nicht falsch: Zu diesem Zeitpunkt war jede Impfung eine gute Impfung, denn sie brachte uns dem Ende der dritten Welle und dem Einstieg in eine neue Normalität ein kleines Stück näher. Der Anspruch aber, den ich als Gesundheitsstadtrat seit Monaten gegenüber der Landesregierung angemeldet hatte – gezielt sozial Schwache zu impfen –, verpuffte dabei. Die Impfskepsis dieser Menschen spielt dabei sicherlich eine Rolle. Aber auch der generell schlechtere Zugang zu Gesundheit, schlichte Unwissenheit und Sprachbarrieren. Neukölln ist noch dazu der Berliner Bezirk mit der zweitniedrigsten Ärztedichte, wie eine unter anderem von mir in Auftrag gegebene Studie schon 2017 zeigte. Am Kurfürstendamm oder in Steglitz verdient man als Arzt einfach mehr, mit deutlich weniger problematischem Klientel.

Die ersten Schwerpunktimpfungen in sozial schwachen Kiezen waren also nicht falsch, aber man hätte sie zielgenauer und besser machen können. Für diese Haltung habe ich auch Kritik einstecken müssen. Dass »jedem Assi die Impfung hinterhergetragen wird und wer morgens aufsteht und Steuern zahlt« keine Chance hätte, war noch der mildeste Vorwurf. Dabei ging es gar nicht um individuelle Wohltaten für sozial Schwache, sondern um bevölkerungsmedizinische Sekundärprävention. Denn diese Gruppen infizieren sich häufiger und tragen das Virus weiter. Sie mit einer Impfung zu schützen ist daher für die gesamte Bevölkerung, für die Entwicklung der Inzidenzen und die Rücknahme der damals noch bestehenden Einschränkungen absolut sinnvoll gewesen. Und natürlich mache ich als Neuköllner alles, um zusätzlichen Impfstoff in den Bezirk zu bekommen. Und das ging eben in dem Fall nur so, da die Senatsverwaltung den Bezirken lange Zeit keinen eigenen Impfstoff zur Verfügung stellte.

Man muss die Impfstrategie vom Ende her denken, um zu verstehen, warum die gezielte Impfung sozial Benachteiligter so wichtig gewesen wäre. Zu Beginn der Impfungen waren Impfdosen absolute Mangelware. Impfbereitschaft war überhaupt kein Problem. Mir war aber klar, dass mit zunehmender Verfügbarkeit der Impfstoffe wir auch diejenigen zur Impfung bringen müssten, die nicht sofort euphorisch den Ärmel hochkrempeln. Das geht nur mit Überzeugung, mit Aufklärung und Beratung. Und das kostet Zeit. Wir konnten daher nicht warten, bis wir die impfwilligen 60 bis 70 Prozent durchgeimpft hatten, und dann mit der Spritze in der Hand vor leeren Impfzentren stehen. Und wir konnten auch nicht mit gezückter Spritze um die Häuser schleichen und ungefragt Menschen piksen. Wir mussten vorher überzeugen. Wir mussten die Impfungen in die Fläche bringen und in die Regelstrukturen, die ohnehin im Kontakt mit den Menschen sind, um kontinuierlich diese schwierig zu erreichende Klientel – und letztlich auch jeden anderen, der den Weg zu uns findet – zu immunisieren.

Eine Mutter aus der High-Deck-Siedlung sagte, sie wolle keine »Supermarkt-Impfung«, wie sie die im Ergebnis wenig erfolgreiche Schwerpunktimpfungen nannte, sondern ein ruhiges Gespräch mit einem Arzt. Dann könne sie sich auch eine Immunisierung vorstellen. Die Gesundheitsämter mit ihrer sozialkompensatorischen Beratung wären dafür ungemein wichtig gewesen, kamen aber in der Impfstrategie des Senats zunächst nicht vor. Die verantwortliche Senatorin meinte, die Gesundheitsämter sollten erst einmal ihre Arbeit der Kontaktnachverfolgung ordentlich machen. Als ob sie das nicht täten! Als ob der öffentliche Gesundheitsdienst nicht auch sonst ganz selbstverständlich impft – gegen Masern, Diphterie, Mumps und so ziemlich alles, was es gibt. Nur für Corona-Impfungen war er nicht gut genug. Ein Faustschlag in die Magengrube meiner Ärztinnen und Ärzte, den viele nur schwer verdaut haben.

Spätestens ab Juli 2021 wurde auch der Berliner Landesregierung klar, dass die Impfkampagne auf einen toten Punkt zusteuert. Auf einmal wurde hektisch auf noch mehr mobile Impfungen in sozial belasteten Kiezen gesetzt. Als wären die Erfahrungen der ersten Schwerpunktimpfungen in den Bezirken nie in den Senatorenbüros angekommen. Als hätten sie einfach nicht hingesehen, als in manchen Bezirken die für wenige Straßenzüge in Brennpunkten gedachten Impfungen schon nach wenigen Stunden für ganze Stadtteile geöffnet werden mussten, weil keiner kam. Damit zeigten die damals Verantwortlichen nur, dass sie das Problem noch immer nicht erfasst hatten.

Natürlich wurden bei solchen Gelegenheiten von den mobilen Impfteams viele Menschen geimpft. Und jede Impfung ist eine gute Impfung. Darum habe ich auch alles möglich gemacht, was irgendwie Impfstoff nach Neukölln gebracht hat. Aber im Zweifel bekamen eben diejenigen einen Piks, die ohnehin bald einen Termin hatten oder ihn noch von sich aus vereinbart hätten. Zur gleichen Zeit hatte eine Studie der Hans-Böckler-Stiftung ergeben, dass fast drei Viertel aller Gutverdiener bereits die erste Impfung hatten. Dagegen hatte nur jeder zweite Geringverdiener die erste Impfung erhalten. Einen Teil der Bevölkerung konnten wir mit solchen Angeboten also einfach nicht erreichen. Wer ein geringes Einkommen, geringe Bildung und vielleicht auch noch wenig Sprachkenntnisse hat, lässt sich nicht an der Supermarktkasse impfen. Diese Menschen wollen keine Impflotterie, wie es teilweise vorgeschlagen wurde. Sie müssen überzeugt werden, dass die Impfung gut für sie und ihre Liebsten ist. Der Hauptpreis ist die Gesundheit. Sie ist mehr wert als ein Fahrrad oder die Chance auf hunderttausend Euro. Wer bis zu diesem Zeitpunkt nicht für eine Impfung gewonnen werden konnte, musste ausführlich beraten, informiert und überzeugt werden.

Genau das, die sogenannte sozialkompensatorische Versorgung, ist gesetzlicher Auftrag der Gesundheitsämter. Dort gibt es Warteräume, Behandlungszimmer, Verwaltungspersonal, Ärztinnen und Arzthelfer. Sogar ein eigenes Corona-Abstrich-Zentrum, das wir in kürzester Zeit zum Corona-Impf-Zentrum umrüsten konnten, war schon lange eingerichtet. Alles da! Nur der Impfstoff fehlte. Es war vollkommen absurd, die Gesundheitsämter in der Impfstrategie nicht von Anfang an mitzudenken. Als die Landesregierung endlich einlenkte, war viel wichtige Zeit verloren. Nach dem tollen Impferfolg der ersten Monate drohten wir nun, von einem Plateau in ein tiefes Tal zu kommen und der vierten Welle Futter zu geben. Einfach, weil wir nicht rechtzeitig an die Menschen herangetreten sind, die aufwendiger zu erreichen sind. Der einfache Teil der Impfkampagne war zu diesem Zeitpunkt schon vorbei. Jetzt ging der schwierige Teil los. Und wir hatten den fliegenden Start einfach verschlafen.

So mussten wir uns zunächst gezwungenermaßen auf andere Beiträge zur Pandemiebekämpfung konzentrieren und mit einigen Bauchschmerzen zusehen, was die ministerielle Ebene in all ihrer Weisheit für gut befände.

Bemerkenswert war auch das Verhalten der sozialdemokratischen Gesundheitssenatorin Dilek Kalayci und der damaligen Kandidatin für das Amt des Regierenden Bürgermeisters Franziska Giffey nach einer anfänglich umstrittenen Entscheidung aller Amtsärzte Berlins im August 2021. Einstimmig hatten sich die Leiter der zwölf Gesundheitsämter in Berlin dafür ausgesprochen, keine pauschale Quarantäne in Schulen und Kitas mehr zu verhängen, sondern nur noch tatsächlich positive Kinder und Lehrer sowie ihre Haushaltsangehörigen zu isolieren. Direkte Kontaktpersonen im Umfeld sollten im Einzelfall geprüft werden. Eine Entscheidung, die Tausenden Familien die unnötige und bevölkerungsmedizinisch nahezu wirkungslose Quarantäne ihrer Kinder ersparte und damit die Folgen – soziale Isolation, verpasste Bildungschancen und die Folgen möglicher psychischer Belastungen – vermeiden half. Kalayci ging zunächst massiv dagegen vor. Stellte die Behauptung des Rechtsbruches durch die Amtsärzte in den Raum und ging mich persönlich scharf an, da ich den Vorstoß der Mediziner unterstützte. Sie hätte ihre eigenen Fachleute fragen sollen, die diesem Strategiewechsel wenige Stunden zuvor begeistert zugestimmt hatten.

Um diesen Vorgang zu verstehen, müssen Sie sich die damalige Situation klarmachen. Vier Wochen vor der Wahl wollte die nervöse Berliner Sozialdemokratie kein Thema mehr auf dem Tisch haben, das möglicherweise zu emotionalen Reaktionen bei Eltern führen könnte. Man hatte sich ohnehin nicht mit Ruhm bekleckert in dieser Pandemie. Der Plan war also, die Sache einfach still und leise laufen zu lassen.

Diesen Plan habe ich offenbar unwissentlich durchkreuzt. Für mich war klar, dass Eltern, Schulen und Kitas, dass die Öffentlichkeit ein Recht hat, die Änderung der Strategie transparent zu erfahren. Mit einer umfangreichen Pressemitteilung habe ich das auch umgesetzt und mich gleichzeitig vor die Amtsärzte gestellt.

Wer in Quarantäne geht, entscheiden nicht Politiker. Das entscheiden Ärzte. Und das ist auch gut so. Dennoch bekam ich den Groll ab. Die in Fragen der Pandemie und des Bevölkerungsschutzes schon vor ihrem Rücktritt als Bundesfamilienministerin sehr unsichere Giffey stellte sich prompt gegen das geballte Fachwissen aller Berliner Amtsärzte und namhafter Virologen, meinte aber wohl eher mich. Der Kurswechsel der Gesundheitssenatorin folgte auch erst nach meiner Ankündigung, den Plan der Amtsärzte zu unterstützen. Es wird gemutmaßt, dass Giffey ihre Parteigenossin Kalayci in die Spur schickte, um für ihre abwegige Position irgendwie Rückhalt zu generieren und die Frage im Wahlkampf zu nutzen. Eine gezielte und maximale Eskalation im Umgang mit den Gesundheitsämtern, die ich mit großem Unverständnis zur Kenntnis nehmen musste.

Einen Tag später mussten beide zurückrudern. Zu offensichtlich waren die medizinischen Fakten aufseiten der Amtsärzte, die sich nicht für politische Spielchen einspannen ließen. Eine Rechtsverordnung des Senats regelte letztlich ein von dem Beschluss der Amtsärzte leicht abweichendes Quarantänemanagement, das als gesichtswahrender Kompromiss verstanden werden sollte, aber keinerlei fachliche Anknüpfungspunkte hatte. Noch ein Beispiel für schlechtes Regieren, das in Berlin endlich ein Ende haben muss. Zurück blieb Unsicherheit bei vielen Eltern und Amtsärzten, deren Vertrauen in die Politik nachhaltig erschüttert sein muss.

Wie in diesem Fall haben wir aus der kommunalen Praxis die Richtung in Berlin vorgegeben. Aus Neukölln kam auch die Strategieänderung, die ein knappes Jahr vorher die Gesundheitsämter vor dem Kollaps rettete und die nach und nach überall zur Regel wurde. Vom sogenannten »Containment« (Eindämmung) gingen wir abhängig von den aktuellen Neuinfektionen fließend zur »Protection« (Schutz der vulnerablen Gruppen) über. Quarantäneanordnungen des Gesundheitsamtes wurden nicht mehr persönlich überbracht, sondern konnten von Schul- und Kitaleitungen, Privatpersonen oder dem Chef mitgeteilt werden. Anstatt einen Tag auf die Kontaktdaten zu warten und einen weiteren Tag den Kontaktpersonen hinterherzutelefonieren, wurden sie sofort von denen informiert, mit denen sie sowieso jeden Tag sprechen.

Die Entscheidung über die Quarantäne blieb selbstverständlich bei meinem Gesundheitsamt. Aber die Kommunikation wurde gestrafft, und wir konnten uns mit dem frei werdenden Personal um die Menschen kümmern, die keinen milden Verlauf einer Erkrankung erwarten durften. Wir haben die geschützt, die unsere Hilfe wirklich brauchten. Vor allem in den Pflegeheimen, in denen wir einige Zeit mehrmals die Woche getestet haben und die nach Beginn der ersten Impfung innerhalb weniger Wochen zweimal durchgeimpft waren. Übrigens während einer sehr langen Zeit mit großer Unterstützung der Bundeswehr, die in diesen Monaten mal wieder ihren Wert für unser Land unter Beweis gestellt hat. An dieser Stelle ein einfaches, aber aufrichtiges »Danke!« an die Soldatinnen und Soldaten. Ihr seid Deutschland!

Hinzu kam eine Kommunikation, die von einem jungen und unglaublich motivierten kleinen Team immer wieder neu gedacht, probiert, verworfen und – ohne übertreiben zu wollen – revolutioniert wurde. Flaggschiff war ein Podcast, der teilweise mehrmals pro Woche erschien und mit verschiedenen Gästen aus allen Teilen der Gesellschaft – von der Kita-Erzieherin über Kulturschaffende und Bundestagsabgeordnete bis hin zum Bundesgesundheitsminister (danke, Jens!) – die für uns alle einmalige Situation humorvoll und aktuell besprochen hat. Anfangs wurde einfach in ein Smartphone gesprochen, nach und nach haben wir uns auch da professionalisiert und waren mit diesem Angebot zeitweise die Nummer eins der Politik- und Behördenpodcasts in diesem Land.

Andere Ideen waren Aufrufe zur Impfung mit lokalen Ärzten, mehrsprachige Videos, Spaziergänge mit Jugendlichen und ärztlicher Begleitung mitten im Lockdown, um auch bei jungen Menschen für die Hygieneregeln zu werben. Da war viel Versuch und Irrtum dabei, aber auch unglaublich viel Gutes. Der auch mangels anständiger politischer Unterstützung in den vielen Jahren vor der Pandemie etwas eingeschlafene Öffentliche Gesundheitsdienst brauchte diesen neuen Schwung in der öffentlichen Kommunikation, von dem ich möglichst viel mit in die Zeit nach Corona nehmen will. Das Gesundheitsamt der Zukunft hat hier erste Knospen getragen. Auch ganz handfest: Noch während die Bundesrepublik im Juni 2021 aufgeregt über falsche Abrechnungen von Corona-Schnelltests debattierte, hat mein Amtsarzt mehrere Teststellen wegen erheblicher hygienischer Mängel einfach dichtgemacht. Wir haben innerhalb weniger Tage alle Teststationen in Neukölln kontrolliert. Auch ordnungsrechtlich war da richtig Wumms drin.

Neukölln war in dieser Zeit der Taktgeber für Berlin. Vielleicht auch darüber hinaus. Was wir hier vorgearbeitet haben, wurde später anderswo übernommen. Weil es einfach gut war, was wir hier auf die Beine gestellt haben, trotz aller Schwierigkeiten und trotz aller Unkenrufe von den billigen Plätzen. Vielleicht macht es auch deswegen so süchtig, in diesem Bezirk Politik zu gestalten.

Der Hass wächst nicht nur im Netz

Ich bin seit zwölf Jahren Bezirksstadtrat und seit über fünfundzwanzig Jahren Kommunalpolitiker. Der offene Hass gegen mich und meine Positionen ist aber erst in den letzten drei Jahren wirklich offen zutage getreten. Ich ziehe daraus die Schlussfolgerung, dass die Hemmungen fallen. Es ist schlimmer geworden, es ist krasser geworden. Und es steht zu befürchten, dass sich die verbale in körperliche Gewalt wandelt – wie es in den Vereinigten Staaten beinahe an der Tagesordnung zu sein scheint. Wie es auch bei uns schon immer häufiger aufblitzt. Glücklicherweise entlädt sich dieser Hass noch in den seltensten Fällen in der analogen Realität. Trotzdem: Ich will auf keinen Fall der nächste Walter Lübcke werden, der für seine Überzeugungen mit dem Leben bezahlen muss. Schon einmal kam die Gewalt bis vor die Haustür meiner Familie. Diese Nacht werde ich niemals vergessen.

Als ich in der Nacht zum 1. Februar 2020 kurz wach wurde, wunderte ich mich noch, warum es draußen so hell war. Es war doch erst vier Uhr. Und warum hat es gerade so laut geknallt? Sind das die Bauarbeiten um die Ecke? Jetzt schon? Rückblickend kann ich es mir nur mit dem Nebel des Halbschlafes erklären, warum ich nicht wenigstens nachgesehen habe, was sich nur wenige Meter von mir entfernt vor meiner Haustür abspielte. Eine Nachbarin hat das letztlich für mich erledigt, die Feuerwehr gerufen und mich aus dem Bett geklingelt, nachdem ich seelenruhig und in Erwartung eines weiteren aufregenden Tages in meinem Neukölln wieder eingeschlafen war. Etwas weniger Aufregung wäre mir dann doch lieber gewesen.

Zu diesem Zeitpunkt brannte das Auto meiner Frau direkt vor unserem Haus bereits lichterloh. Um 5.45 Uhr war es zwar von der schnell anrückenden Feuerwehr gelöscht, aber vollkommen ausgebrannt. Zurück blieben blankes Metall, verschmortes Hartplastik, eine knöchelhohe Suppe aus Löschschaum und ein widerlicher Gestank in der gesamten Nachbarschaft. Es klingt klischeehaft, aber wir standen minutenlang nur da und konnten keinen klaren Gedanken fassen. Auch zwei Jahre später kommt die Erinnerung an diesen Morgen immer mal wieder hoch. Und auch wenn ich meine politische Arbeit davon nicht beeinflussen lasse, ging mir und meiner Familie dieser Anschlag nahe. Bei allen Vorsichtsmaßnahmen, die wir auch in Abstimmung mit dem Landeskriminalamt getroffen hatten – dort wurde eine abstrakte Gefährdung für mich, meine Familie und meine engsten Mitarbeiter durchaus gesehen –, gibt es eben nie hundertprozentige Sicherheit. Das zu wissen und es konkret zu erleben sind zwei verschiedene Paar Schuhe. Und es macht nachdenklich, weil man merkt, dass man nicht unangreifbar und schon gar nicht unverwundbar ist. Wer nach solch einem Angriff auf sein engstes Umfeld nicht ins Grübeln kommt, muss schon ein richtig harter Hund sein.

Mein eigenes Auto stand in dieser Nacht zufällig eine Straße weiter. Musste deshalb das Auto meiner Frau herhalten? Wer die Täter sind, ob der Anschlag mir galt oder tatsächlich meiner Frau, die sich als Polizistin in den härtesten Kiezen Neuköllns durchaus Feinde gemacht hat, oder ob es sich einfach um einen dummen Zufall handelte, wird vermutlich niemals geklärt werden. Gegen die Theorie vom Zufall spricht, dass es weder vorher noch nachher ähnliche Fälle in meiner Nachbarschaft gegeben hat. Zwar war meine Familie nur eine von vielen in der Stadt, die Opfer solch feiger Anschläge wurden: Siebenhundertfünf Fahrzeuge wurden allein 2020 durch Brandanschläge in Berlin beschädigt – Familienautos und Firmenwagen, an denen Existenzen hängen.

Aber es standen Dutzende Autos in unserer Straße, und Ärger mit Nachbarn hatten wir auch nicht. Seit Jahren gab es Brandserien in der Berliner Innenstadt und mutmaßlich rechtsextremistisch motivierte Anschläge in den Neuköllner Ortsteilen Britz und Rudow. Linksextremistische Brandanschläge auf Kabeltrassen der Bahn, Fahrzeuge von internationalen Unternehmen, vermeintliche Luxusautos und Familienkutschen von »Gentrifizierern« oder ähnliche Symbole für das »kapitalistische Schweinesystem« waren schon seit längerer Zeit an der Tagesordnung. Innerhalb einer Woche kurz vor der Tat waren es fast ein Dutzend Anschläge auf Firmenwagen eines großen Stahlkonzerns, auf das Auto eines Anwalts, auf Parteibüros von AfD und CDU sowie auf ein Bezirksamt. Hinzu kam die Störung einer Sitzung des Berliner Abgeordnetenhauses durch Linke. Aber hier, am Stadtrand? Sehr viel wahrscheinlicher ist, dass es ein gezielter Anschlag war. Ein Signal oder wenigstens ein Versuch der Einschüchterung.

Nur wenige Wochen zuvor habe ich auf einer Versammlung von regimekritischen Exil-Iranern gegen ein Gedenken für den von einer US-Drohne getöteten General Qassem Soleimani gesprochen. In der in unmittelbarer Nähe meines Rathauses gelegenen Imam-Riza-Moschee, die schon damals als Treffpunkt von Anhängern der Terrororganisation *Hisbollah* galt, sollte seiner als Märtyrer gedacht werden. Ich weiß, dass regimetreue Iraner bei dieser Gelegenheit Filmaufnahmen und Fotos von der Versammlung gemacht haben. Nicht heimlich, sondern demonstrativ, offen und gezielt einschüchternd – auch gegenüber der zahlreich anwesenden Presse. Ich kann auch deshalb einen Zusammenhang mit dem Anschlag auf das Auto meiner Frau nicht ausschließen, weil ich zusammen mit jüdischen Demonstranten und Exil-Iranern tatsächlich als einziger Bezirkspolitiker gegen diese Verherrlichung eines Staatsterroristen in Neukölln Position bezogen habe. Dass ich dort allein auf weiter Flur war, beschämt mich noch immer zutiefst.

Aber auch andere Zusammenhänge kommen infrage. Meine schon damals öffentlich bekannten Pläne, das Kindeswohl auch in Clanfamilien durchzusetzen. Oder meine klare Haltung gegen Extremismus aus allen Richtungen. Am selben Abend fand eine gewalttätige Versammlung von Linksextremisten in Berlin statt, und es gab schon die Tage zuvor mehrere politisch motivierte Anschläge in der Stadt. Es ist wohl kaum nachzuweisen, aber dass sich ein paar versprengte Linksextremisten nach stundenlanger Gewalt gegen Polizisten noch ein leichteres Ziel suchten, ist nicht vollkommen unplausibel. Müsste ich darauf wetten, würde ich sagen: Es war ein gezielter Anschlag gegen meine Familie. Das konnte auch der polizeiliche Staatsschutz nicht ausschließen, der die sicher aussichtslosen Ermittlungen übernommen hat.

Wer in Neukölln Politik machen will, muss trotzdem Klartext sprechen und darf sich nicht einschüchtern lassen. Sonst hört niemand zu. Neuköllnerinnen und Neuköllner haben ein Gespür für wohlfeile Beschwichtigungen, für leere Phrasen und Politikerinnen auf dem großen Sprung, die diesen Bezirk und seine Menschen nur als einen Durchlauferhitzer für die eigene Karriere begreifen. Als profilschärfende Station im politischen Lebenslauf, auf die man anbiedernd verweisen kann, um Problemlösungskompetenz zu suggerieren. Wer aber wirklich Probleme anpacken will, macht das nicht in zwei oder drei Jahren, sondern muss kommen, um zu bleiben.

Wer Klartext spricht und für seine Überzeugungen einsteht, macht sich aber auch Feinde. Der Hass auf Politiker zeigt sich in seiner hässlichsten Fratze vor allem in den sogenannten sozialen Netzwerken, die jeden Raum für dunkelste Gedanken, enthemmte Gewaltfantasien und bis ins Absurde getriebene Lügengebilde bieten.

Während der letzten Jahre bin ich aus so gut wie jeder Richtung angefeindet worden. Von Linken. Von Rechtsextremisten. Von kriminellen Clans. Von durch Ghettoromantik angefixten Jugendlichen, deren einzige Perspektive im Leben die Anerkennung der Straße zu sein scheint. Von selbst ernannten Kinderschützern, die nahe der psychischen Instabilität den größten Shitstorm gegen mich gestartet haben, den ich bisher erleben musste. Offene Morddrohungen inklusive. Von Verschwörungsideologen, die den mutmaßlichen Steuerhinterzieher und ehemaligen Präsidenten der Vereinigten Staaten Donald John Trump als Erlöser sehen und an eine Weltverschwörung mit Operationsbasis in einer Pizzeria in Washington D.C. glauben. Von Corona-Leugnern. Von psychisch kranken Menschen. Von Islamisten und denen, die dem politischen Islam in Deutschland die Tür aufhalten. Online, aber auch in der realen Welt. Zum Beispiel, als ich eines Tages nichtsahnend mit meinem Auto um die Ecke der Donaustraße bog und mir an der Wand des Neuköllner Stadtbades ein »Liecke du Hund« in roter Schrift entgegenschielte. Vergleichsweise harmlos, und immerhin war mein Name auffallend richtig geschrieben. Die Clans schieden als Täter also aus.

Online ist ungleich mehr los. Selbst im eher seichten und nach außen hin auf Harmlosigkeit bedachten Instagram, in dem aufwendig erstellte Bilder nackter Haut und in die Jahre gekommene Influencer mit wenig tiefsinnigen Kalendersprüchen vor der Kulisse teurer Strände in Dubai dominieren. Am Beispiel eines vergleichsweise leichten Falles lässt sich die gezielt eingesetzte Dynamik gut nacherleben. Der Empörungszirkus kam zu einem kleinen Gastspiel nach Neukölln, und ich war eingeladen. Die mir zugedachte Rolle, die jeder gute Shitstorm der unterbeschäftigten Generation Greta braucht: der Rassist.

Im Februar 2021 jährte sich der schreckliche Massenmord in Hanau, bei dem ein psychisch kranker Mensch aus rassistischen Motiven neun Menschen sowie anschließend seine Mutter und sich selbst tötete. Eine ungeheuerliche Tat, die auch im Rückblick noch fassungslos, wütend und verzweifelt macht. Das Leid der Angehörigen ist grenzenlos. Wie viele andere Menschen auch erinnerte ich in den sozialen Netzwerken an diese Tat und an ihre politischen Implikationen, die für uns alle handlungsleitend sein müssen. Gleichzeitig wies ich darauf hin, dass es auch an diesem Tag keine Rangfolge, keine Ungleichwertigkeit unter den Opfern von Gewaltverbrechen gibt. Die Opfer von Hanau sind nicht mehr oder weniger wert als andere Mordopfer, weil sie aus rassistischen Gründen getötet wurden. Das Leid der Angehörigen ist nicht höher oder geringer einzuschätzen. Und ich teilte meine Gedanken, die in den Tagen zuvor auch immer um die gefallenen und an Leib und Seele verletzten Soldaten des Karfreitagsgefechts in Afghanistan kreisten. Auch sie waren Opfer einer totalitären Ideologie, der wir keinen Platz in unserer Gesellschaft geben dürfen. Ich schloss mit den Worten:»Es gibt aus Hanau nur eine richtige Schlussfolgerung: dass wir Extremismus und Hass keinen Raum geben und sie bekämpfen, wo immer wir sie sehen.«

Ein Satz, bei dem ich in aller mir innewohnenden Naivität noch immer davon ausgehe, dass ihn jeder nur halbwegs aufrechte Demokrat in diesem Land bedingungslos teilen kann. Extremismus darf keinen Platz in unserer Gesellschaft haben. Es könnte so einfach sein. Rückblickend bin ich überzeugt, dass genau dieser Satz den digitalen Mob auf den Plan gerufen hat, der sich innerhalb weniger Stunden mit Wonne über meinen Instagram-Account hermachte. Er bildete gleichsam den Nährboden, auf dem alles Folgende wachsen konnte.

Erst einmal ging es, jedenfalls vordergründig, aber gar nicht um diesen Satz. Mir wurde zunächst von einer Kommentatorin vorgeworfen, ich würde durch die bloße Nennung der Soldaten das Andenken der Opfer von Hanau entwerten. Das sei rassistisch. Ich solle unverzüglich den Beitrag löschen. Nennen Sie mich starrköpfig, aber das habe ich nicht getan. Ich habe stattdessen geduldig darauf hingewiesen, dass es eben sehr wohl bei manchen Menschen den Eindruck gibt, dass eine gewisse Ungleichwertigkeit zwischen Opfern von Gewaltverbrechen besteht und dass ich diesem Eindruck aktiv entgegenwirken will.

Denn es ist Gift für solch ein Gedenken, wenn – und sei es auch nur fälschlicherweise – der Eindruck entsteht, dass mancher Opfer eher und umfassender gedacht wird als anderer. Aus diesem Grund habe ich ganz ausdrücklich gezeigt, dass das wichtige und auch in seinem Ausmaß richtige Gedenken an die Toten von Hanau die Erinnerung an andere Verluste nicht ausschließt. Ich habe ganz bewusst auf den zwar richtigen, aber nur zu einladend Angriffsfläche bietenden Hinweis verzichtet, dass jeder auf seine Art trauern und gedenken solle, ohne andere zu belehren oder belehrt zu werden. Auf diesen Versuch, den Diskurs zu deeskalieren, hätte ich ebenso gut verzichten, stattdessen meine spitzeste Feder zücken und mich dann mit einem schönen Hefeweizen im Gartenstuhl zurücklehnen können. Es hätte keinen Unterschied gemacht.

Was folgte, war ein durch eine vegane Food-Bloggerin und einige unbekannte »Online-Journalisten« mit mittelmäßiger Reichweite organisierter Shitstorm, der innerhalb kurzer Zeit einige Hundert teils bedrohliche und oft beleidigende Kommentare auf meine Seite spülte. Es ist Teil der Marketingstrategie solcher Leute, Shitstorms zu produzieren. Man muss aufpassen, dem nicht allzu viel Bedeutung beizumessen. Aber selbst die lokale sozialdemokratische Funktionärsriege witterte Morgenluft gegen den reaktionären Liecke und meinte wohl, endlich einen Ansatzpunkt für die anstehende schmutzige Phase des Kom-

munalwahlkampfs gefunden zu haben. Als nach sechsunddrei-
ßig Stunden eigentlich schon alles vorbei war, hatte auch der
sozialistische Parteinachwuchs der lokalen SPD mit einem wenig einfallsreichen und handwerklich missglückten Posting auf
Instagram nachgelegt. Bis dahin musste ich zahlreiche Nutzer
sperren, zusammenhanglose Kommentare unter verschiedenen
anderen meiner Beiträge löschen und die Kommentarfunktion
mancher Beiträge zeitweise komplett deaktivieren. Zwei Kommentare zeigen das ganze Ausmaß der linken Empörungswelle
und ihrer menschlichen Niedertracht:

> [...] lebt euer kurzes Leben weiter. Es wird ja bald vorbei sein
> und mit dem Tod, kommt Gerechtigkeit!

> Falls Sie Kinder haben wünsche ich Ihnen, dass diese aufgrund
> ihres Aussehens nicht [sic] erschossen werden, damit ein Poli-
> tiker mit armen Geisteszustand diese Tat relativiert und einen
> zusammenhangslosen Vergleich zieht.

Das »nicht« im zweiten Zitat erkläre ich mir als vorsorglich
eingebauten Ausweg, um in einem möglichen Strafverfahren
davonzukommen. Die Botschaft war aber natürlich unmissver-
ständlich. Das, liebe Leserinnen und Leser, ist linke Debatten-
kultur im einundzwanzigsten Jahrhundert: zutiefst beschä-
mend. Wenn selbst die einfache Feststellung, dass es keine gute
Gewalt gibt, auf heftige Vorwürfe trifft, dann läuft etwas schief
in der Filterblase einer wohlstandsverwahrlosten digitalen Bohème. Einige Kommentatoren nutzten übrigens gleich einmal
die Gelegenheit, die gefallenen Bundeswehrsoldaten zu beleidigen, sie mit Mördern und Terroristen auf eine Stufe zu stellen.
Immerhin, sie zeigten offen ihr wahres Gesicht. Und sahen dabei
ziemlich hässlich aus.

Ich tat, was man in solchen Fällen tut: so gut wie nichts. Ich löschte zu krasse Beleidigungen, ließ ein paar stehen, in denen sich der Verfasser selbst am meisten beschmutzte, und ging auf die wenigen sachlichen Kommentare kurz und ebenso sachlich ein. Nur der Deeskalation wegen verkniff ich mir den öffentlichen Hinweis, dass gerade diejenigen, die in aller zur Schau gestellten Trauer der Opfer von Hanau gedachten und penibel darauf achteten, dass andere bitte schön exakt genauso trauern, wie sie selbst es vorgeben zu tun, das zehnte Opfer des Massenmörders schlicht ignorierten. Die Mutter des Täters wird schon irgendwie selbst an ihrem gewaltsamen Tod schuld sein, schien mir der stille Gedanke zu sein, den ein paar Tage später jemand in der Tat öffentlich formulierte. Noch nie waren doppelte Standards so deutlich. Noch nie war Scheinheiligkeit so bitter. Ich muss dabei gestehen, dass ich in meinem ursprünglichen Gedenkbeitrag die Mutter ebenfalls nicht erwähnt hatte. Kurz nach Erscheinen des Beitrages mit einem sehr sachlichen Hinweis darauf korrigierte ich das allerdings dankend.

Am anderen Ende des politischen Spektrums hatte ich mit genau dem gleichen Bild zu kämpfen. Die Flut von Bedrohungen und Beleidigungen, die rechtsextreme Corona-Leugner im Herbst 2020 auf meiner Facebook-Seite ausschütteten, war weniger intellektuell formuliert, hatte etwas mehr Biss und kam nicht im selbst erteilten Auftrag der Weltrettung daher. Der Hass, die Menschenfeindlichkeit und Demokratieverachtung waren jedoch dieselben.

Anlass war ein Flyer der sogenannten *Ärzte für Aufklärung*, die im Schatten der Corona-Pandemie wohl bundesweit und auch in eher bürgerlichen Ortsteilen meines Bezirks irreführende Hetzschriften verteilten. Demnach sei die Pandemie eine Erfindung von Politik und Industrie. Eine »Fake-Pandemie«, mit der Politik und Medien die Gesellschaft angeblich irreführen und spalten wollten. Bei der niemand einen Betroffenen wirklich kennen würde und es gar keine erhöhte Sterblichkeit gäbe. Mit diesem tausendfach verteilten Flugblatt kamen die digitalen »Fake-News« aus dem Netz in das reale Leben und in die Briefkästen der Menschen. Die pure Einseitigkeit der vor Hass und Staatsverachtung nur so triefenden Propaganda machte diese Zettel so gefährlich. Eine neue Qualität, die mit viel Aufwand, überteuerten Merchandise-Artikeln und noch mehr »Spendengeldern«, die in Wirklichkeit Schenkungen an eine Privatperson waren, ermöglicht wurde. Geld, das eine chronisch klamme Kommunalverwaltung nicht hat, mit der Folge, dass sie keine ausgewogenen und verlässlichen Informationen im gleichen Ausmaß dagegensetzen kann. Ich hatte schlicht nicht die Mittel, Zigtausende Handzettel in die Briefkästen der bürgerlichen Einfamilienhaussiedlungen im dörflich geprägten Süden des Bezirks werfen zu lassen. Als Gesundheitsstadtrat musste ich dem dennoch etwas entgegensetzen. Meine Stellungnahme wurde vom Fernsehsender RTL aufgegriffen und bundesweit verbreitet. Die Reaktionen von Corona-Leugnern und Verschwörungsideologen auf meiner Facebook-Seite reichten von schlichten Beleidigungen über aufgebrachte Erklärungen, warum Corona nur eine Grippe sei, bis hin zu offenen Morddrohungen. Solche Typen erkennen Sie schnell an dem Kürzel *WWG1WGA*[3] im Facebook-Profil, an Heckscheiben oder Flaggenmästen in Kleingartenkolonien. Wer das verbreitet, ist mit Sicherheit rechtsextremer Verschwörungsideologe und keine Debatte wert. Auch hier war das Blocken solcher Profile das Mittel der Wahl. Nach zwei Tagen war die Horde weitergezogen. Weder der linke noch der rechte Hetzmob haben wirklich Ausdauer.

---

3 »Where we go one, we go all«. Der Slogan der Anhänger des QAnon-Verschwörungsmythos, mit dem der Zusammenhalt ihrer Gemeinschaft beschworen wird.

Was muss sich ändern, damit es besser wird? Linke müssen damit leben können, dass nicht jeder ihr Weltbild teilt. Und es muss verdammt noch mal möglich sein, unterschiedliche Meinungen zu vertreten, ohne den anderen als Rassisten oder Nazi zu brandmarken. Und gleichzeitig darf, wer sich selbst als politisch rechts begreift, aber nicht als rechtsextrem verstanden werden möchte, keine auch nur klammheimliche Freude über rassistische Straftaten oder Diskriminierung empfinden. Denn diese Freude ist kein Wesensmerkmal eines guten Konservatismus, sondern schlicht undemokratisch und menschenfeindlich.

Die Verachtung, die insbesondere Kommunalpolitiker oft stellvertretend für eine diffuse Unzufriedenheit mit »der Politik« aus allen politischen Lagern trifft, schadet unserer Demokratie mit jedem Tag mehr. Denn auch wenn »die da oben« gemeint sind, trifft es die Menschen vor Ort. Die in den allermeisten Fällen ehrenamtlich arbeitenden Kommunalpolitiker, die neben Beruf, Familie, Sportverein und Kitafest noch ein bisschen was für ihre Nachbarschaft tun. Meist ohne einen Dank, oft ohne die Anerkennung, die ihnen dafür zustünde. Wenn jetzt auch noch immer öfter blanker Hass, Bedrohung und zerstochene oder angezündete Autoreifen dazukommen, reicht ihr Herzblut für die Arbeit im Maschinenraum unserer Demokratie vielleicht bald nicht mehr aus. Das muss aufhören.

Aus meiner Sicht reicht es zur Legitimation dieser Art digitaler Gewalt schon aus, wenn die politisch gemäßigten Kräfte einem Shitstorm gegen den politischen Gegner nur zusehen. Wenn die extrem weit links einzuordnende Funktionärskaste der Neuköllner Sozialdemokraten den mit Mordwünschen gegen meine Kinder garnierten Shitstorm dann sogar nicht nur toleriert, sondern genüsslich anfeuert – wie sollen sich diese Leute jemals wieder glaubhaft zum rechtsextremistischen Terror gegen unsere Nachbarn in Neukölln positionieren? Wie soll so eine gemeinsame Haltung einer breiten gesellschaftlichen Mehrheit gegen Extremismus in all seinen Formen gelingen?

TEIL 2

DIE CLANS UND NEUKÖLLN

Raubzüge, Morde und Staatsverachtung

Im Morgengrauen geht es los. Drei Einsatzwagen der Berliner Polizei, zwei Dutzend Beamte und zwei Maler, die ihr Gesicht hinter Atemmasken verstecken, entfernen gegen sechs Uhr des 21. September 2018 das Wandbild des ersten Berliner Intensivtäters Nidal Rabih, der bundesweit als »Mahmoud« (nicht zu verwechseln mit Mahmoud Al-Zein) große Aufmerksamkeit erregt hat. Mit erst zehn Jahren wurde er das erste Mal auffällig, mit fünfzehn Jahren wurde er wegen gefährlicher Körperverletzung zu dreiundzwanzig Monaten Haft verurteilt. Raub, Gewalt und Haft prägen sein Leben. 2003 wurde nicht zuletzt seinetwegen die Intensivtäterabteilung der Berliner Staatsanwaltschaft gegründet.

Gemeinsam mit dem Leiter des örtlichen Polizeiabschnitts beobachte ich jetzt mit einiger Zufriedenheit, wie schnell das Konterfei des Mannes entfernt wird. Es dauert nur Minuten, und aus dem bundesweit bekannt gewordenen Sinnbild für die Glorifizierung eines Intensivtäters wird eine weiße Wand. Am Ende war der Polizeischutz unnötig. Aber es hätte auch anders ausgehen können, wie mir vom langgedienten und erfahrenen Abschnittsleiter zur Verabschiedung zugeraunt wird.

Zwölf Tage zuvor wurde Nidal Rabih vor den Augen seiner Kinder und seiner Frau in aller Öffentlichkeit mit acht Kugeln förmlich hingerichtet.

Dieser 9. September 2018 war einer solcher Tage, die man als Berliner nur draußen verbringen kann. Einer der schönsten Spätsommertage dieses Jahres mit 26 Grad, Sonnenschein und leichtem Luftzug über das weite und gut besuchte Tempelhofer Feld bis hinüber in die Neuköllner Oderstraße, die direkt an den Anita-Berber-Park grenzt. Hier war Nidal Rabih gerade auf dem Weg zum Eiswagen, um für seine beiden Kinder noch ein Eis zu kaufen.

Aus einer Seitenstraße kam plötzlich ein Mann auf ihn zugerannt. Als er nur noch zehn Meter von dem berüchtigten Intensivtäter Nidal Rabih entfernt war, eröffnete er das Feuer. Drei Schüsse trafen Nidal Rabih in den Rücken, andere in Fuß und Wade. Der Attentäter lief um ihn herum und feuerte weiter. Projektile schlugen in den Eiswagen ein, an dem wie durch ein Wunder gerade keine Kinder warteten. An diesem Tag war bisher Hochbetrieb gewesen. Nidal Rabih blieb noch zwei oder drei Sekunden stehen, dann brach er zusammen. Der Täter flüchtete in einem an der Oderstraße wartenden Golf VI, in dem mindestens zwei Komplizen warteten. Augenzeugen zufolge sollen weitere Beteiligte der Tat in einem in der Leinestraße wartenden Renault vom Tatort geflüchtet sein. Nidal Rabih starb kurze Zeit später in einem Berliner Krankenhaus.

Die Hintergründe der Tat sind noch immer weitgehend unbekannt. Es gibt Gerüchte über Kränkungen im engsten Familienkreis der Clans. Über Prügeleien auf Hochzeiten, unliebsame Geschäftsbeziehungen und Seitenwechsel zwischen den Fronten verfeindeter Familien. Einer Geschichte zufolge könnte der Mord an Nidal Rabih auf ein Ereignis zwei Tage vor der Tat zurückzuführen sein. Am 7. September soll Nidal Rabih auf der Hochzeit einer Neuköllner Großfamilie Vedat S. getroffen haben. Der Berliner mit türkischen Wurzeln ist in der Szene wohlbekannt und wurde bereits mehrfach verurteilt, unter anderem wegen des Überfalls auf das Pokerturnier im Berliner Hyatt-Hotel im März 2010 mit einer Beute von 244 000 Euro. Im Prozess um den Pokerraub hatte Vedat als Kronzeuge ausgesagt und damit seine Komplizen, insbesondere den Kopf des Überfalls, Mohammed »Momo« Abou-Chaker, schwer belastet. Zudem soll er im Juni 2018 fünfzehn Schüsse auf ein Restaurant von Arafat Abou-Chaker abgefeuert haben. Nidal Rabih, der sich seit Kurzem als enger Freund des Abou-Chaker-Clans und besonders des Clanbosses Arafat sah, muss das als Chance zur Profilierung im verstrickten Beziehungsgeflecht der Familien gesehen haben.

Dazu muss man wissen, dass Nidal Rabih aus einer kleinen Familie stammt, die im Machtkampf der Clans nur wenig zu sagen hat. Seine einzige Chance auf das große Geld, auf Anerkennung und einen kleinen Teil der Macht bestand darin, seine Dienste den großen Familien anzubieten. Er wollte Helfershelfer der Großen sein, nachdem seine Alleingänge ihm bisher nur lange Jahre im Knast eingebracht hatten. Bedingungslos zur Schau gestellte und bis hin zur Absurdität gesteigerte Loyalität war dazu sein Mittel der Wahl.

Auf der Hochzeit eskalierte die Situation. Man kann nur spekulieren, unter welchen Drogen Nidal Rabih zu diesem Zeitpunkt stand, Tilidin war fast sicher dabei. Er schlug vor den Augen der Familie auf Vedat ein, demütigte und beschimpfte ihn als Verräter. Auch Schusswaffen sollen erhoben, aber nicht genutzt worden sein. Selbst die Schlichtungsversuche angesehener Clanbosse wurden wüst ausgeschlagen. In den Augen der Clans war dieser Abend eine Kränkung der Familienehre, die nicht hingenommen werden konnte. Nidal Rabih könnte damit sein Schicksal besiegelt haben, das sich zwei Tage später erfüllte, wenn die Geschichte denn stimmt.

Ob die Begegnung auf der Hochzeit wirklich der Auslöser des Mordauftrags war, darf aber genauso gut bezweifelt werden. Denn bereits einige Tage zuvor wurden Schüsse auf ein Wettbüro in Britz abgegeben, in dem sich Rabih regelmäßig aufhielt. Es gab Verletzte, Rabih war nicht darunter. Auch aus einem Café an der Sonnenallee musste er fliehen, als ein Trupp von dreißig Personen den Laden zerlegte. Nachdem er in filmreifen Szenen vor den Verfolgern floh, fuhr er seinen Porsche zu Schrott und entkam zu Fuß. Im Clan-Milieu hieß es bereits: »Wenn er so weitermacht, ist er bald tot.«

Zurück zum Tempelhofer Feld. Das Graffito, das kurz nach der Tat als heroisierendes Andenken von Unbekannten am Tatort angebracht wurde und tagelang zu sehen war, wurde weithin als

Provokation empfunden. Als Machtdemonstration und als Verherrlichung eines kriminellen Lebensstils. Auch deshalb habe ich mich als Jugendstadtrat darum gekümmert, das Wandbild in unmittelbarer Nähe zu zwei meiner Jugendklubs entfernen zu lassen. Vorbilder wie Nidal Rabih sind das Letzte, was die Jugendlichen in Neukölln brauchen. Für mich war das auch ein sehr wichtiges Signal an die Neuköllnerinnen und Neuköllner, dass der Staat solche Wallfahrtsorte nicht unwidersprochen hinnimmt und klare Kante zeigt. Mit zehn Tagen hat mir das alles aber viel zu lange gedauert. Die Berliner Verwaltung kommt an ihre Grenzen, wenn ein illegales Graffito an der Rückwand eines an einen Imbissbetreiber verpachteten Gebäudes steht, dessen Grundfläche zum von der landeseigenen Gesellschaft Grün Berlin bewirtschafteten Tempelhofer Feld gehört, die Rückseite aber auf öffentliches Straßenland zeigt und die Fachaufsicht führende Senatsverwaltung für Wirtschaft kein überragendes Interesse an einer Beseitigung des Bildes zu erkennen vermag. Angesichts dieser grotesken Situation war ich kurz davor, selbst einen Eimer Farbe zu besorgen und das Ding zu entfernen. Auf Anraten des mir vertrauten Polizeiführers habe ich davon abgesehen und noch ein wenig gewartet. Das Graffito wurde letztlich entfernt, nur darauf kommt es an.

Anders als der im Prolog geschilderte Vorfall am Campus Rütli im August 2020 vermuten lässt, sind es nicht die Al-Zeins, die in Neukölln den Ton angeben. Es sind nicht die Miris, die mit aufsehenerregenden Raubzügen, Morden und Schießereien auf offener Straße auf sich aufmerksam machen. Es sind auch nicht die Abou-Chakers oder Chahrours, die einen offenen Herrschaftsanspruch auf ganze Straßenzüge – mehr als nur *4 Blocks* – geltend machen. Die kriminellen Teile dieser Familien sind clever genug, ihre dreckigen Geschäfte meist unter dem Radar der Öffentlichkeit zu halten. Arafat, das Oberhaupt des Abou-Chaker-Clans, stand lediglich wegen Differenzen mit seinem ehemaligen Geschäftspartner und wegen Steuervergehen vor Gericht. Anders zahlreiche Angehörige des Remmo-Clans, die wegen Mordes, brutalen Raubs oder einer geklauten Goldmünze vor Gericht standen.

Natürlich bin ich vorsichtig. Auch weil die Clans schnell mit teuren Anwälten zur Stelle sind, denen es eine einfache Übung geworden ist, leichtfertige Schreiber zum Schweigen zu bringen. Ich schreibe daher nicht alles, was ich weiß. Ich wäge ab, was für das Verständnis der Bedrohung durch große Teile dieser Familien unbedingt notwendig ist und was ich noch verantworten kann. Wo ich konkretes Wissen nicht aus öffentlichen Quellen nachweisen kann und mich daher angreifbar machen würde, verfälsche ich personenbezogene Daten und bestimmte wiedererkennbare Umstände. Nie jedoch den Kern der Geschichte, nie die Aspekte, die für die Schlussfolgerungen entscheidend sind.

Heißt Noah im Kapitel zum Kinderschutz in Clans wirklich Noah? Natürlich nicht. Der Name ist aber auch nicht wichtig. Wichtig ist, dass etliche Jungen wie er unter ihren kriminellen Familien leiden und nie eine echte Chance bekommen, es besser zu machen als ihre Versagerbrüder. Die Geschichte ist auch ohne den echten Namen wahr, und sie reicht aus, um sich ein Bild zu machen.

Öffentlich tritt in Neukölln vor allem eine Familie auf, deren Machtzentrum im beschaulichen Buckow, weit südlich der pulsierenden Innenstadt Neuköllns liegt. In eher dörflichem Charakter hält sich dort immer mal wieder, gegenüber der über siebenhundert Jahre alten Dorfkirche, Issa Remmo auf, das Oberhaupt des Clans. Der Erwerb der dort gelegenen Residenz, einer eher schlecht gepflegten Stadtvilla, ist eng mit dem ersten öffentlich bekannt gewordenen Mord im Neuköllner Clanmilieu verknüpft. Denn schon sechzehn Monate vor den Schüssen auf

Nidal Rabih wurde ein Mann auf offener Straße in Neukölln regelrecht hingerichtet.

Der 17. Mai 2017 ist ein sehr warmer und sonniger Frühlingstag, der den nahenden Sommer ankündigt. Es ist kurz vor acht Uhr. Der dreiundvierzigjährige Ali Omeirat hat gerade zwei seiner drei Kinder zur Schule gebracht. Der stämmige Mann ist nun auf dem Weg zurück in die Wohnung seiner Lebensgefährtin im Neuköllner Ortsteil Britz. Die Siedlung an der Straße Neumarkplan ist etwas abgelegen, dennoch sind zu diesem Zeitpunkt bereits einige Passanten und Anwohner unterwegs. Was sie in den nächsten Minuten miterleben müssen, werden sie ihr Leben lang nicht vergessen. Und ich werde nicht vergessen, immer wieder an die Brutalität zu erinnern, mit der ein vermutlich ebenfalls in die Geschäfte der Clans verstrickter Familienvater geradezu geschlachtet wurde. Der Rechtsmediziner wird später aussagen, dass er in seiner langjährigen Arbeit noch nie einen so schlimm zugerichteten Menschen gesehen hat.

Vor dem Mehrfamilienhaus inmitten einer gepflegten Grünanlage warten zwei oder drei dunkel gekleidete Männer. Die Zeugenaussagen werden später kein klares Bild über die genaue Anzahl ergeben. Sie werden auch nicht zweifelsfrei klären können, ob Ali Omeirat gerade auf dem Weg in die Wohnung war oder sie gerade verlassen hatte. Übereinstimmend wird aber berichtet, dass die maskierten Männer sofort bei Sichtkontakt auf Ali Omeirat zustürmen, ihn mit brutaler Gewalt zu Boden werfen und immer wieder mit einem Baseballschläger auf seinen Kopf einschlagen. Die genaue Anzahl der Schläge konnte nicht rekonstruiert werden. Das allein sagt schon viel über das grausame Bild, das sich den Ersthelfern und Zeugen geboten haben muss. Die Täter vergewissern sich, dass sich Ali Omeirat nicht mehr bewegt, bevor sie vom Tatort fliehen. Einer durchwühlt noch kurz die Taschen des Opfers und verschwindet dann ebenfalls unerkannt. Ali Omeirat liegt regungslos und blutüberströmt auf dem Gehweg. Der von den entsetzten Zeugen alarmierte Notarzt kämpft fast eine Stunde lang vergeblich um sein Leben. Auf der Suche nach den Tätern fragen Ermittler der Polizei zu Beginn immer nach einem möglichen Motiv. Bei dem Mord in Britz wurde ihnen das gleich mit der geschundenen Leiche mitgeliefert: In einer der Hosentaschen des Opfers fanden sie noch am Tatort einen Schuldschein über 128 000 Euro. Es wird vermutet, dass sich der stadtbekannte Patriarch des Remmo-Clans, Issa Remmo, diese Summe im Jahr 2012 für den Kauf der Villa in Buckow von Ali Omeirat geliehen hatte. Natürlich hat er sie nicht selber gekauft. Gekauft wurde das Haus 2013 von Jusuf Remmo, der es für insgesamt 200 000 Euro von einer bis dahin als Eigentümerin eingetragenen städtischen Wohnungsbaugesellschaft erwarb. Er war bis zu diesem Zeitpunkt weder durch regelmäßige Arbeit noch durch irgendeine Art legalen Einkommens aufgefallen – abgesehen von Hartz IV, versteht sich. Es ist mir bis heute unerklärlich, wie eine landeseigene Wohnungsbaugesellschaft so einer Person ein Haus verkaufen kann. Hier haben zu viele Menschen einmal zu oft weggesehen.

Jedenfalls wird von den Ermittlern angenommen, dass Ali Omeirat sein Geld nun zurückhaben wollte. Anlass für den Mord könnten aber auch abfällige Äußerungen von ihm über die Familie Remmo gewesen sein. Sicher ist, dass bei einer Razzia in einem Haus des Clans, zu dem auch das SEK eingesetzt wurde, später mehrere Handys, mögliche Tatkleidung und verschiedene Unterlagen beschlagnahmt werden. Dass der Mord in direkter Verbindung zur Familie Remmo stand, gilt seitdem bei Experten als sicher.

Fünf Monate nach der Bluttat kommen die Ermittler auch einem der mutmaßlichen Täter auf die Spur. Nach dem Hinweis eines Informanten gleichen sie die am Tatort gefundene DNA mit der DNA eines der Söhne von Issa Remmo ab. Ob der Neunzehnjährige selbst zugeschlagen oder aber durch seine Hilfe die Tat nur ermöglicht hat, kann später durch die Staatsanwaltschaft nicht zweifelsfrei geklärt werden. Sie ist jedoch überzeugt, dass die Tat von seinem Willen getragen wurde und ohne ihn nicht hätte durchgeführt werden können. Zudem wurde seine DNA in einer der beiden Hosentaschen des Mordopfers gefunden. Er soll nach Überzeugung der Staatsanwälte derjenige gewesen sein, der nach Zeugenaussagen die Hosentasche durchwühlt hat.

Als das Landgericht nach vierzehn Monaten Hauptverhandlung und der Befragung von achtzig Zeugen sein Urteil verkündet, ist das Entsetzen bei Ermittlern und Kennern der Clanszene in Berlin groß: Freispruch. Das Landgericht sah sich nicht in der Lage, einen zweifelsfreien Tatnachweis zu führen. *In dubio pro reo* – im Zweifel für den Angeklagten. Die Zweifel liegen in den nur spärlich vorhandenen DNA-Spuren, die ansonsten ein ganz hervorragender Nachweis der Tatbeteiligung gewesen wären. In diesem Fall handelte es sich aber um sogenannte Mischspuren in nur geringer Menge. Hätte der mutmaßliche Täter die Hosentasche des Opfers mit bloßer Hand durchsucht, dann hätten nach Angaben von Sachverständigen wesentlich mehr DNA-Spuren gefunden werden müssen.

Das heißt aber nicht, dass eine Tatbeteiligung gänzlich ausgeschlossen werden konnte. Denn wenn der Angeklagte bei der Tat Handschuhe getragen hat, könnte eine entsprechende Menge DNA in die Hosentasche des Opfers gelangt sein. Aber auch andere, für den Angeklagten wesentlich günstigere Konstellationen kamen infrage. So könnte er einem der tatsächlichen Mörder vor der Tat die Hand gegeben haben oder unwissentlich dessen Kleidung berührt haben. Eine solche »Sekundärübertragung« wäre möglich und ist damit zugunsten des Angeklagten anzunehmen. Da es zudem zwar mehrere Zeugen gab, keiner von ihnen aber den gesamten Tathergang beobachtete, konnte auch auf diesem Weg kein Nachweis der Tatbeteiligung geführt werden.

Diese sehr weitgehende Vermutung der Unschuld des damals Angeklagten halte ich im Ergebnis für falsch. Und so sah es auch die Staatsanwaltschaft, die gegen das erstinstanzliche Urteil vorgegangen ist. Doch auch die Revision wurde verworfen. Nicht, weil das Gericht von der Unschuld überzeugt wäre, sondern einfach nur, weil die Beweise nicht ausreichten. Ein Freispruch zweiter Klasse, aber ein Freispruch. Der Angeklagte aus der Familie Remmo ist daher als unschuldig zu betrachten. Daher verzichte ich auch darauf, hier seinen Namen zu nennen. Die einzige Möglichkeit, ihn doch noch erneut vor Gericht zu stellen, ist eine erst im Juni 2021 auf Antrag der CDU/CSU und SPD im Bundestag beschlossene Gesetzesänderung. Demnach kann ein rechtskräftig abgeschlossenes Verfahren zuungunsten des Angeklagten wieder aufgenommen werden, wenn es neue Beweise geben sollte, die dringende Gründe für eine Verurteilung wegen Mordes nahelegen. Eine in Zukunft verbesserte Auswertung von DNA-Spuren oder auch Zeugen und Mittäter könnten also für einen neuen Prozess sorgen. Darauf sollte sich die Polizei aber nicht verlassen. Mord verjährt nicht. Und der Mörder von Ali Omeirat ist noch auf freiem Fuß.

Der Freispruch für den mutmaßlichen Mörder hat viele Beobachter überrascht. Zutiefst empört war jedoch vor allem sein Vater, der Clanchef Issa Remmo. Noch im Gerichtssaal ging er wütend auf den zuständigen Oberstaatsanwalt los und konnte nur durch Justizbeamte zurückgehalten werden. Die juristisch nicht verfolgbare, aber dennoch eindeutige Drohung von Issa Remmo in Richtung des Staatsanwaltes lautete: »Herr Staatsanwalt, ich kenne Sie – und alle, die mit euch arbeiten! Ich weiß genau, wer das war!«

Der freigesprochene Remmo erhielt für die einundzwanzig Monate Untersuchungshaft 15 000 Euro Haftentschädigung. Der Mord an Ali Omeirat ist noch immer nicht aufgeklärt.

Schon damals hätte mehr passieren müssen. Stattdessen war erst der öffentliche Mord an Nidal Rabih, der bereits als Zehnjähriger seine kriminelle Karriere begann, im Jahr 2018 ein Wendepunkt in der bis dahin nur punktuell öffentlich geführten Debatte um Clankriminalität in Deutschland. Es wurde bundesweit berichtet. Zur Beerdigung von Nidal Rabih kamen neben zweitausend Gästen viele Größen der Organisierten Kriminalität aus ganz Deutschland – praktisch ein »Who's Who« der Großfamilien.

Zwar hatte die Berliner Staatsanwaltschaft bereits zwei Monate vorher in einer spektakulären Aktion siebenundsiebzig Immobilien des berüchtigten Remmo-Clans beschlagnahmt. Die Brutalität und Skrupellosigkeit der kriminellen Subkultur arabischstämmiger Familienclans wurde aber erst durch den Mord an Nidal Rabih einer breiten Öffentlichkeit bewusst. Seitdem ist das Thema medial und politisch allgegenwärtig. Neukölln war mal wieder der Nabel der Medienwelt, und ich frage mich bis heute: Musste dazu erst ein Mensch beim Eisholen für seine Kinder erschossen werden? Gab es einen vernünftigen Grund, nicht schon vorher auf die Menschen zu hören, die an der Basis seit Jahren um Hilfe riefen und übrigens weiterhin rufen?

Berlins Innensenator kündigte nach einigem Zögern mit großer Pressebegleitung einen schon zu diesem Zeitpunkt als denkbar mager kritisierten »Fünf-Punkte-Plan« an. Der Bundesparteitag der CDU beschloss bereits im Dezember 2018 ein umfassendes und sehr weitgehendes Clankonzept, das aus meiner Feder stammt und fortlaufend weiterentwickelt wird. Bundesinnenminister Seehofer sagte den Clans den Kampf an, und ein Dreivierteljahr nach der Tat einigte sich die Innenministerkonferenz auf ein gemeinsames Handeln. Damit wurde die »Bund-Länder-Initiative zur Bekämpfung der Clankriminalität« (BLICK) geboren, die ein länderübergreifendes Vorgehen gegen Clans versprach.

Am 15. März 2021 veröffentlichte Berlin, viele Jahre nachdem ich es erstmalig gefordert hatte, ein Lagebild über die Clankriminalität in der Stadt. Es war nur ein kleiner Ausschnitt, der es aber schon in sich hatte. Von dreihundertachtundachtzig Clanangehörigen wurden allein im Jahr 2020 tausenddreizehn Straftaten begangen. Verkehrsstraftaten, Betäubungsmittel, Diebstahl und Betrug oder Rohheitsdelikte, also blanke Gewalt, führen die Statistik an. Mehr als die Hälfte aller Taten entfallen auf diese Deliktstypen. Aber auch fünf Morde sind dabei. Widerstand gegen Polizisten in neun Fällen, Verstöße gegen das Waffengesetz ganze dreißig Mal, Beleidigungen vierzig und Stalking neunmal. Nur in zehn Fällen konnte Geldwäsche nachgewiesen werden. Zu den eher untypischen Straftaten gehören Stromklau, Bankrott – ja, das ist eine Straftat –, Sexualdelikte und Beförderungserschleichung. Es lässt sich durchaus fragen, inwiefern diese Taten noch zur Organisierten Kriminalität gehören oder ob es eher allgemeine Nebenerscheinungen der vollkommenen rechtsstaatlichen Verwahrlosung von Teilen dieser Familien sind. So oder so ist es gut, diesen Einblick zu erhalten.

Jedoch braucht es keine Glaskugel und auch keine besondere Kenntnis der Szene, um sofort zu sehen, dass es sich hier nur um die schneebedeckte Spitze des Eisberges handelt. Vermutlich mussten die Clans bei der Lektüre selbst noch mal nachsehen, ob es sich hier um eine Jahres- oder Monatsübersicht ihres Terminkalenders handelt. Aber ich will nicht alles schlechtreden. Berlin lernte schrittweise dazu.

Die meisten der Täter haben die deutsche Staatsangehörigkeit. Nicht aus besonderer Verbundenheit mit diesem Land, sondern aus allerlei rein praktischen Gründen. Sozialleistungen werden mit deutschem Pass faktisch zum bedingungslosen Grundeinkommen für diese Familien. Der Stress mit der Ausländerbehörde hat ein Ende, und es gibt keine Sorge mehr wegen drohender Ausweisung und Abschiebung. Sie haben das geschafft, weil ihre

Eltern nach jahrelangem fragilem Aufenthalt irgendwann doch den Fuß in die Tür bekommen haben. Aus heutiger Sicht ein Politikversagen, das nicht schönzureden ist. Wie es dazu kommen konnte, dazu später mehr. Für heute und für unsere Zukunft bedeutet es, dass der schlicht gestrickte Ruf »Abschieben!« nicht die Lösung unserer Probleme ist. Die Clans sind zu einem deutschen Problem geworden, das wir in unserem Land mit unseren Mitteln lösen müssen. Wer diese schwierige Frage beinahe kindlich mit Ein- oder Zwei-Wort-Sätzen zu beantworten versucht, hat die Dimension nicht verstanden und wird auch nie in der Lage sein, irgendetwas zu ändern.

Das schließt natürlich nicht aus, dass diejenigen Täter, die keine deutsche Staatsangehörigkeit haben, neben dem Strafrecht auch die oftmals sehr viel einschneidendere Klinge des Aufenthaltsrechts spüren müssen. Jeder vierte Clankriminelle in Berlin hat nur die libanesische oder nur die türkische Staatsangehörigkeit. Das bedeutet noch nicht, dass sie einfach ausgeflogen werden können. Natürlich müssen rechtsstaatliche Voraussetzungen vorliegen, und wenn sie deutsche Kinder haben, wird es schwer. Aber es muss der ernsthafte Versuch unternommen werden, sie außer Landes zu schaffen. Wenn das gelingt, sind es wichtige Erfolge. So auch bei der Abschiebung des selbst ernannten »Paten von Berlin« Mahmoud Al-Zein, der nach über dreißig Jahren Aufenthalt in Deutschland als angeblich staatenloser Flüchtling Anfang 2021 in die Türkei zurückgeführt wurde.

Diese Mühe sind wir auch allen Zugewanderten in diesem Land schuldig, die hier redlich arbeiten, den gemeinsamen Wohlstand mehren, unsere Rechtsordnung und Werte respektieren und ganz einfach gute Nachbarn, Kollegen und Freunde sind. Sie leiden unter den Taten der Clans und einer immer wieder um sich greifenden Pauschalisierung von Vorwürfen.

Der Remmo-Clan ist eine mit über fünfhundert Mitgliedern eher kleine arabische Großfamilie, die aber aufgrund ihres oft an

Dämlichkeit grenzenden medialen Auftretens zu den bekanntesten Clans in Deutschland gehört. Da dieser Clan in Neukölln seinen Lebensmittelpunkt hat, sind wir allzu oft das Zentrum der öffentlichen Debatte über Clankriminalität, ihre Verbindung zur Musikszene, zu Prostitution, Drogenhandel und brutalen Raubüberfällen. Das hat auch damit zu tun, dass in Neukölln das Thema nicht neu ist. Hier befassen wir uns schon lange mit der vollständigen Missachtung staatlicher Gewalt durch kriminelle Mitglieder der Clanfamilien.

Regelmäßige, teilweise wöchentliche Verbundeinsätze von Polizei, Ordnungsamt, Zoll, Staatsanwaltschaft und Finanzamt sind hier schon längere Zeit Normalität. Sie sind öffentlicher Nachweis einer langfristig angelegten Strategie, die auf andere Schwerpunkte setzt als die klassische Strafverfolgung. Denn langwierige Verfahren zu spektakulären Verbrechen wie dem Mord an Ali Omeirat, dem Diebstahl der »Maple Leaf«-Münze aus dem Bode-Museum oder lang angelegten Diebstahlserien in Möbelhäusern schrecken die weitverzweigten Großfamilien nicht ab. Zu oft ist die Beweislage dünn, zu selten gelingen relevante Verurteilungen, und die verhängten Gefängnisstrafen werden in Clankreisen eher als Ritterschlag denn als spürbare Sanktion empfunden. Strafverfolgung ist und bleibt wichtig zur Verfolgung individueller Schuld. Das System der Organisierten Clankriminalität wird damit aber kaum gestört. Getreu dem Motto »Knast macht Männer« ist in vielen Fällen auch mit mehrjährigen vollstreckbaren Freiheitsstrafen kein Eindruck zu schinden.

Die Neuköllner Strategie der Nadelstiche setzt hingegen dort an, wo es den Clans richtig wehtut: beim Geld und ihren Geschäften. Durch ständige Kontrollen einschlägiger Spielhallen, Shishabars, Wettbüros und Lokalen sowie konsequente Verfolgung auch kleiner Vergehen wird auf allen Ebenen Druck auf die Clans aufgebaut. Während unversteuerter Tabak, Verstöße gegen Hygienevorschriften oder defekte Abluftanlagen für die

Clans keine relevanten Sanktionen nach sich ziehen, ist der Effekt einer dreistündigen Kontrolle jeder Kleinigkeit im Lieblingslokal der Clanprominenz nicht zu unterschätzen. Die Razzien in den Shishabars sind also absolut richtig. Wir finden dabei immer wieder Drogen, Waffen oder Diebesgut. Hin und wieder wird auch mal ein offener Haftbefehl vollstreckt.

Beispielhaft soll ein Verbundeinsatz von Polizei, Finanzamt, Zoll und Ordnungsamt am 3. Juli 2020 stehen. In neunzehn Ladengeschäften wie Cafés, Wettbüros, Barbershops und Shishabars wurden zwanzig Straftaten und vierundsiebzig Ordnungswidrigkeiten festgestellt. Neben Waffen wurde außerdem Bargeld in Höhe von 37000 Euro sichergestellt, die auf einmal niemandem mehr gehören wollten. Ich bin überzeugt: So etwas könnte man in Neukölln und andernorts jeden Tag mit gleichem Erfolg durchziehen. Im ganzen Jahr 2020 hat die Polizei Berlin mit den Verbundeinsätzen fünfhundertfünfundzwanzig Läden kontrolliert, darunter hundertzwei Shishabars und hundertneunundfünfzig Bars und andere gastronomische Betriebe. Fünfundachtzig davon wurden behördlich geschlossen. Siebenundsechzig Personen wurden festgenommen und einundneunzig Waffen sowie Hunderte Schuss scharfer Munition sichergestellt.

Wenn gleichzeitig konsequent und schnell gegen provokant falsch geparkte Luxuskarossen in der Sonnenallee und Hermannstraße vorgegangen wird und robust auf die erzürnt aus dem »Kulturcafé« oder der Shishabar stürmenden Muskelprotze reagiert wird, zeigt der deutsche Staat endlich wieder Stärke.

Es ist die Stärke, die jahrelang aus falsch verstandener Toleranz oder aus Angst vor Diskriminierungsvorwürfen zurückgehalten wurde. Doch es werden immer noch Erzählungen vom unschuldigen arabischstämmigen Lokalbesitzer bemüht, der plötzlich von der willkürlich einfallenden und bis an die Zähne bewaffneten Staatsmacht aufgrund seiner Herkunft oder seines Namens drangsaliert wird. Und das geschieht, um den endlich entschiedener geführten Kampf gegen Clankriminalität zu diskreditieren. Es sind die Geschichten von ausbleibender Kundschaft, weil Gerüchte über Verbindungen zur Clankriminalität die Runde machen. Was bei der auch in linken politischen Kreisen immer wieder anzutreffenden Verharmlosung und Relativierung der Clankriminalität regelmäßig ausgeblendet wird, sind die beinahe routinemäßigen Drogen- und Waffenfunde sowie die Vollstreckung mehrerer Haftbefehle während der Schwerpunkteinsätze in einschlägigen Lokalen. Wer selbstbewusst und erfolgreich gegen die Clankriminalität in unserem Land vorgehen möchte, darf sich davon und auch von mühevoll organisierten »Spontanversammlungen« mit zwei Dutzend Clanbefürwortern im Zentrum Neuköllns nicht einschüchtern lassen.

Mit der Entscheidung, das Ordnungsamt nach den Kommunalwahlen 2021 in die politische Verantwortung der Linkspartei zu geben, beendete die rot-grüne Mehrheit in Neukölln den bis dahin parteiübergreifend entschlossen geführten Kampf gegen die Organisierte Kriminalität sehenden Auges. Aus rein machtpolitischem Kalkül wurde das als Bindeglied zwischen Strafverfolgungsbehörden und Kommunalverwaltung so wichtige Ordnungsamt in die Hände einer Partei gelegt, die jede Bekämpfung der Organisierten Kriminalität schlichtweg als »rassistisch« ablehnt. Das ist grob fahrlässig und wird Neukölln um Jahre zurückwerfen.

Mit der Stadträtin der Linken wird es keine Schwerpunkteinsätze geben, keine verstärkten Kontrollen einschlägiger Lokale, keine Unterstützung der Sicherheitsbehörden im Kampf gegen die Organisierte Kriminalität. Der 4. November 2021 war ein schwarzer Tag für Neukölln. Kriminelle Clans konnten mal wieder richtig aufatmen.

Wir haben es hier mit Schwerverbrechern zu tun und nicht mit armen, fehlgeleiteten Migranten, um die wir Deutschen uns früher hätten kümmern müssen. Wer nicht selbst kriminell ist, profitiert vom illegal erworbenen Familieneinkommen, leistet stille Beihilfe oder schaut aktiv weg. Darum denke ich, wann immer ich den Begriff »Nadelstiche« höre: »Ja, Nadelstiche sind gut. Aber wir brauchen auch mal den Hammer.«

Wie auch immer: Das gemeinsame Vorgehen aller staatlichen Organe in Neukölln wirkt. Es steht aber noch am Anfang. Mehrere Clans sind unter dem ständigen Druck bereits in andere Berliner Stadtteile ausgewichen und sorgen dort vermehrt für Aufmerksamkeit. Auch, weil dort die Bereitschaft, sich der Organisierten Kriminalität auf allen Ebenen entgegenzustellen, bisher kaum ausgeprägt ist. Oder die Clans verlassen Berlin gleich ganz, wenn auch sehr viel kürzer, als es mir eigentlich lieb wäre. Irgendjemand muss ihnen gesteckt haben, dass Dresden eine Reise wert ist.

Ich konnte den Gedanken »Schon wieder diese Familie« nur schwer unterdrücken, als ich am 25. November 2019 vom nächtlichen Einbruch in das Grüne Gewölbe der sächsischen Landeshauptstadt erfuhr. Der Gedanke durchfuhr mich beim Blick auf die Bilder des Diebstahls wie ein Blitz: Das kann nur die Familie Remmo gewesen sein. Es passte einfach zu sehr ins Bild, als dass es ein Zufall sein konnte. Die Dreistigkeit der Tat, die absolute Respektlosigkeit vor allergrößten Kunstschätzen, die etwas tölpelhaft wirkende, aber gezielte Gewalt und die kompromisslose Tatbegehung erinnerten sofort an andere Taten wie die Überfälle auf Geldtransporter oder den Diebstahl der Goldmünze »Maple Leaf« aus dem Berliner Bode-Museum, der nur achtzehn Monate zurücklag.

Und es deuteten noch weitere Indizien sofort auf die Neuköllner Clanfamilie. In Berlin wurde es langsam unangenehm für sie. Immer öfter waren sie Ziel polizeilicher Maßnahmen. Immer öfter wurden sie beobachtet. Immer öfter schmerzten die Nadelstiche tatsächlich. Bis nach Dresden sind es nicht mal zweihundert Kilometer; wenn einer der Remmos in der »geliehenen« Luxuskarosse fährt, ist er in weniger als neunzig Minuten dort und genauso schnell wieder weg. Und in Dresden wurde ein elektrischer Spreizer verwendet, von denen zuvor mehrere bei der Berliner Feuerwehr gestohlen worden waren, einer bei der Freiwilligen Feuerwehr im Neuköllner Ortsteil Rudow, nur wenige Kilometer Luftlinie vom Stammsitz der Familie in Buckow entfernt. Ende August 2021 wurde bei der Berliner Feuerwehr erneut solches Spezialwerkzeug samt Zusatzakku gestohlen. Beobachter werteten das als Hinweis darauf, dass die Remmos den nächsten Coup planen.

Ich war nicht der Einzige mit dieser Vermutung. Fast ein Jahr nach der Tat, am 17. November 2020 war es dann so weit. Mehr als sechzehnhundert Beamte aus verschiedenen Bundesländern stürmten gleich mehrere Wohnungen des Clans in Berlin, beschlagnahmten etliche Beweismittel wie Werkzeug, Kleidung, Laptops, Smartphones und Unterlagen und nahmen drei Verdächtige fest. Zwei weitere konnten zunächst fliehen und wurden per Haftbefehl der Staatsanwaltschaft Dresden europaweit gesucht. Zu den meistgesuchten Verbrechern Europas haben sie es damit gebracht.

Wissam Remmo stand zum Zeitpunkt der Tat in Dresden im November 2019 für den Diebstahl der »Maple Leaf« vor dem Berliner Landgericht. In Untersuchungshaft war er jedoch nicht und nutzte diese Gelegenheit offenbar gleich für den nächsten Ausflug in den Kunsthandel. Es ist dieses unfassbar dreiste und fast schon dämliche Verhalten, mit dem der deutsche Rechtsstaat offenbar überfordert ist. Mit so etwas rechnet er nicht. Doch wer das begreift, ist auf dem besten Wege, sich für die Zukunft besser zu wappnen.

Und da gibt es viel zu tun, denn etliche Handlungsfelder sind bisher vernachlässigt, viele relevante Partner nicht aktiviert. Es beginnt beim Sozialleistungsbetrug, wenn junge stämmige

Clanmänner breit grinsend mit dem AMG S63 beim Jobcenter vorfahren, Hartz IV kassieren und der Staat schulterzuckend danebensteht. Ein systematischer und automatisierter Abgleich von Kfz-Daten und Sozialdaten ist überfällig.

Es geht weiter bei der Frage, ob die deutsche Gesellschaft es sich leisten kann, sehenden Auges die nächste Generation von Intensivtätern und Clankriminellen heranwachsen zu lassen. Oder ob die strukturelle Kriminalität in diesen Familien auch eine Kindeswohlgefährdung sein kann, die eine staatliche Intervention erforderlich macht.

Und es endet nicht bei der Frage, ob die Politik in Bund und Ländern bereit ist, über Schlagzeilen hinaus echte Konzepte und langfristig verlässliche Rückendeckung für den Kampf gegen die Clankriminalität bereitzustellen.

Woher sie kommen

Die Ursachen für die Eruption der Gewalt durch kriminelle Clans liegen lange zurück und werfen ein Schlaglicht auf die verkümmerte Integrationspolitik der Siebziger- bis Neunzigerjahre. Die Probleme sind in einer Zeit entstanden, als die Bundesrepublik noch immer nicht genau wusste, wie sie mit Zuwanderern umgehen sollte, was auch von meiner Partei viel zu spät angegangen wurde. Ja, wir sind ein Einwanderungsland. Das muss einem nicht gefallen, aber man muss diesen Fakt anerkennen, um Lösungen anbieten zu können. Deutschland wusste lange nicht – und zweifelt noch heute –, wie es mit Flüchtlingen beispielsweise während des Bürgerkriegs im Libanon umgehen sollte. Mit Menschen, ganzen Familien, die schon im Libanon nur Ausgrenzung erlebt hatten. Mit jungen Männern, die ihren Heimatstaat in erster Linie als weitere Bedrohung in ihrem von Armut, Überlebenskampf und Gewalt geprägten Alltag erlebt hatten. Mit Menschen, die darum zu keinem Zeitpunkt ein wirkliches Interesse an echter Integration hatten, weil sie sie als Bedrohung ihrer durch blanke Existenzangst geformten und über Generationen tradierten Lebensweise empfanden. Und es teilweise heute noch tun.

Für das Verständnis der Probleme von heute ist das Wissen um die Ausgangssituation dieser Menschen entscheidend. So viel sei aber vorweg gesagt: Die Geschichte der Familien kann keine Rechtfertigung für die kriminellen Karrieren von heute sein. Oft genug hat unsere Mehrheitsgesellschaft die Hand gereicht. Zu oft wurde sie ausgeschlagen. Um dem Opfermythos entgegenzutreten, der noch immer von vielen Familien und ihren heimlichen Sympathisanten gestrickt wird, braucht es Klarheit und Offenheit über deren Versagen. Und über unseres.

Zur redlichen Arbeit gehören Transparenz und die korrekte Angabe der verwendeten Quellen. Wir Neuköllner wissen das – auch wenn es sich hier nicht um eine Promotion handelt. Die Geschichte, die Herkunft und das Selbstverständnis der Mhallami-Kurden, zu denen die allermeisten der Clan-Familien gehören, hat niemand besser aufgeschrieben als Dr. Ralph Ghadban. Neben seinem erst 2018 erschienenen Buch *Arabische Clans: Die unterschätzte Gefahr* sind auch seine übrigen Arbeiten für eine Vertiefung in die Welt der Clans dringend zu empfehlen. Der kurze Überblick über die Herkunft der Clans, den ich hier wiedergebe, baut im Kern insbesondere auf der deutschen Ausgabe seines Werks *Die Libanon-Flüchtlinge in Berlin* aus dem Jahr 2008 auf. Die Schlussfolgerungen und Wertungen stammen von mir.

Gehören die Mhallami zu den Kurden, oder sind sie Araber? Die Meinungen darüber gehen auseinander. Während die Volksgruppe der Mhallami (ausgesprochen Malamijè) von türkischen Kurden aufgrund ihrer arabischen Sprache nicht als Kurden anerkannt werden, werden sie in Beirut dennoch Kurden genannt und in Syrien wiederum als Araber eingeordnet. So unklar ihre Volkszugehörigkeit ist, so klar ist hingegen ihre Herkunft: Sie kommen ganz überwiegend aus bis zu fünfzig Dörfern, die sich im Dreieck um Savur, Midyat und Ömerli in der türkischen Provinz Mardin an der Grenze zu Syrien erstrecken. Dieses Gebiet ist mit circa dreihundert Quadratkilometern ungefähr dreimal so groß wie die Insel Sylt.

Die historische Herkunft der Familien ist ebenfalls nicht eindeutig überliefert und selbst innerhalb der Volksgruppe umstritten. Verschiedenste Versionen handeln von einem wahlweise christlichen oder muslimischen Ursprung. Klarheit darüber ist heute wohl nicht mehr herzustellen. Unter Mhallami in Berlin ist das Selbstverständnis verbreitet, dass ihre Vorfahren als Teil einer christlichen Glaubensgemeinschaft im frühen vierzehnten Jahrhundert zum Islam konvertierten. Die Mhallami vertreten heute den sunnitischen Islam, dem bis zu neunzig Prozent aller Muslime angehören. Durch die von ihnen betriebene Viehzucht waren die Mhallami Halbnomaden, die auf der Suche nach Futterquellen für ihre Herden weite Wege zurücklegten.

Mangels echter Gemeinsamkeiten, die über den Dialekt und die räumliche Verbreitung hinausgehen, gab es jedoch anders als bei echten Nomadenstämme keine enge Verbindung innerhalb ihrer Volksgruppe. Sehr viel wichtiger als der große Stamm war die nächstkleinere organisatorische Einheit: der familiär geprägte Clan. Er ist Garant für Kindererziehung, Krankenfürsorge, Alterspflege und materielle Absicherung. Dass solche auf eher kleine familiäre Einheiten ausgerichtete soziale Strukturen fast zwangsläufig zu einer Häufung erblicher Erkrankungen führen, haben wir schon im zweiten Kapitel ausführlich besprochen. Eine Clanangehörige meinte einmal zu einem meiner Sozialarbeiter: »Ja, wir müssen aufhören, Cousins und Cousinen zu verheiraten. Zu viele werden krank.«

Seit den 1920er-Jahren sind im Laufe der Zeit mehrere Tausend Mhallami über Syrien in den Libanon migriert. Es handelte sich dabei anfangs um Fluchtbewegungen vor Aufständen und Gewalt sowie ab den 1940er-Jahren um Armuts- und Arbeitsmigration. Der Libanon blühte zu dieser Zeit auf und wurde zu einem weithin attraktiven Ziel für Zuwanderung aus den bitterarmen Nachbarregionen. Durch die Aufrechterhaltung von Kontakten in ihre Heimatdörfer sowie in die Provinz Mardin entwickelte sich ein regelmäßiger und anhaltender Austausch, der auch in den 1960er-Jahren noch Wanderarbeiter in den Libanon führte. Bis zum Beginn des libanesischen Bürgerkrieges im Jahr 1975 waren so zwischen 70 000 und 100 000 Mhallami im Libanon sesshaft geworden. 1984 waren es wohl nur noch um die 45 000. Trotz großer Unsicherheit dieser Zahlen muss also davon ausgegangen werden, dass während des libanesischen Bürgerkrieges zwischen 25 000 und 55 000 Mhallami ausgewandert sind. Ihre Zielländer waren vornehmlich Deutschland, Niederlande, Dänemark und Schweden. Dort wurden sie als »Staatenlose« beziehungsweise als »ungeklärte Staatsangehörige« erfasst. In Deutschland wird ihre Zahl heute grob auf 200 000 geschätzt.

Willkommen waren die Mhallami schon im Libanon zu keinem Zeitpunkt. So wurden ihre Aufenthaltsdokumente im Libanon ab den 1960er-Jahren statt mit »ungeklärte Staatsangehörigkeit« mit dem Zusatz »in Bearbeitung« (à l'étude) versehen. Das hatte zur Folge, dass ihre Kinder nicht automatisch eingebürgert wurden, was die ansonsten geltende Rechtslage hergegeben hätte. Hintergrund war dabei weniger eine grundsätzliche Ablehnung der Mhallami als vielmehr ein Konflikt im multiethnischen und multikonfessionellen Libanon, in dem keine Volksgruppe der anderen mehr Gewicht zubilligen wollte. Die massenhafte Einbürgerung der Mhallami hätte das ohnehin fragile Gleichgewicht zwischen den verschiedenen Volksgruppen vollkommen durcheinanderbringen können, so die Befürchtung.

Die libanesische Staatsangehörigkeit war für sie daher trotz gradueller Verbesserungen im Laufe der Zeit bis in die 1990er-Jahre in der Regel unerreichbar. Und damit hatten die ohnehin niedrig gebildeten und von rückständigen Stammesriten geprägten Mhallami auch keinen Zugang zu höherer Berufsbildung, dem öffentlichen Dienst beziehungsweise freien Berufen wie Arzt, Ingenieur oder Unternehmer. Sie hatten auch keinen Zugang zu Sozial- und Krankenversicherung oder Renten und Pensionen. Kurzum: Sie waren an den Rand der libanesischen Gesellschaft gedrängt und überlebten als Lastenträger oder im Gemüsehandel mehr schlecht als recht. Gesellschaftlicher Aufstieg war weitgehend aussichtslos.

Abgesehen von der individuellen Perspektivlosigkeit förderte diese Behandlung auch ein ethnisches Bewusstsein der Zusammengehörigkeit, das sich neben der gemeinsamen Herkunft vor allem über die Abgrenzung zu allen anderen und insbesondere zum Staat definiert. In dieser historisch und kulturell bis heute überlieferten Rolle des geschundenen Opfervolkes, das sich auf niemanden außer sich selbst verlassen kann und keine Hilfe zu erwarten hat, scheint mir der Schlüssel für die Ablehnung unserer auf Kooperation und Verständigung ausgelegten Mehrheitsgesellschaft zu liegen. Dieser recht bequeme Opfermythos wurde letztlich auch von Familien übernommen, die aus gänzlich anderen Gebieten und aus anderen Gründen nach Deutschland gekommen sind. Palästinensern, Kurden und anderen spielte das bei dem Vorhaben, hierbleiben zu können, oft in die Hände.

Die genaue Zahl der schließlich in Deutschland angekommenen Mhallami ist unklar. 1986 lebten nach Angaben der Bundesinnenministeriums aber 6209 sogenannte »De-facto-Flüchtlinge« aus dem Libanon in Berlin. Deren Asylverfahren waren zwar bereits negativ abgeschlossen, sie konnten aber dennoch aus tatsächlichen oder rechtlichen Gründen nicht abgeschoben werden. Zu ihnen gehörten auch die Mhallami. Dabei scheiterte die Abschiebung nicht am fehlenden politischen Willen, sondern in der Regel am Fehlen von Reisedokumenten oder mangels festgestellter Staatsangehörigkeit am Fehlen eines Abschiebeziels.

Um diesen Abschiebehindernissen entgegenzuwirken, wurde in Berlin wesentlich später, im Jahr 2000, die »Gemeinsame Ermittlungsgruppe Identität« (GE Ident) aus Polizei und Ausländerbehörde gegründet. Sie hatte den Auftrag, besonders gefährliche Straftäter unter den »libanesischen Kurden«, neben der strikten Strafverfolgung, gezielt aufenthaltsbeendenden Maßnahmen zuzuführen. Zwischen 2000 und 2008 überprüfte sie etwa tausend Personen, es wurden insgesamt 644 Ermittlungsverfahren eingeleitet. Insgesamt konnten dreiundvierzig Abschiebungen durchgesetzt werden, zudem reisten fünfundvierzig weitere Personen freiwillig aus der Bundesrepublik aus. Jeder Einzelne von ihnen war Mhallami und im Clanmilieu verwurzelt. Sechzehn von ihnen waren Mehrfach- oder Intensivtäter. Und jede einzelne gelungene Abschiebung, jede freiwillige Ausreise war ein großer Gewinn für unsere Gesellschaft. Die Männer und Frauen, die damals diese kleinteilige und aufreibende Arbeit geleistet haben, haben sich geräuschlos und ohne Erwartung eines besonderen Lohnes oder Anerkennung um dieses Land verdient gemacht. Ich empfinde große Dankbarkeit dafür.

Nicht so der zu dieser Zeit regierende rot-rote Senat, der die GE Ident 2008 auflöste. Offizieller Grund waren die sinkenden Fallzahlen, die durch eine nunmehr mangelnde Mitwirkung der türkischen Regierung sowie durch »den langjährigen Aufenthalt der Betroffenen und die Verwurzelung ihrer Kinder in der Bundesrepublik« begründet wurden. Anstatt also weiterhin alles daranzusetzen, kriminelle Strukturen mit allen Mitteln aus Deutschland herauszuschaffen, wurde das Aufgeben befohlen. Schon damals wurde das von den in der Ermittlungsgruppe eingesetzten Beamten als historischer Fehler bewertet. Noch heute sieht man in der Ausländerbehörde, die in Berlin mittlerweile nicht mehr so heißen darf, sondern sich nun auf Anweisung von Rot-Rot-Grün »Willkommensbehörde« nennt, enttäuschtes bis wütendes, aber zunehmend auch resigniertes Kopfschütteln, wenn man Kenner der Szene darauf anspricht.

Zurück in das Berlin der Achtzigerjahre. Der seit 1975 anhaltende Bürgerkrieg im Libanon machte die Flüchtlinge zu Langzeitgeduldeten. Da sie keiner individuellen staatlichen Verfolgung ausgesetzt waren, erhielten sie kein Asyl. Wegen dennoch bestehender Gefahr für Leib und Leben im vom Krieg geprägten Herkunftsland konnten sie auch nicht abgeschoben werden, waren aber rechtlich gesehen weiterhin ausreisepflichtig. Das galt faktisch mangels Gegenbeweis auch für diejenigen, die nur vorgaben, aus dem Libanon zu kommen: ein für alle Seiten unerträglicher Schwebezustand. Materiell waren sie über Sozialleistungen abgesichert – vermutlich besser als jemals zuvor in ihrer Geschichte. Aber sie waren kulturell und gesellschaftlich vollkommen isoliert. Und erneut fehlte jede Aufstiegsperspektive. Der Clan war aus ihrer Sicht wieder die einzige verlässliche Konstante. Die Mehrheitsgesellschaft, die ihnen Zuflucht bot, wurde als Feind wahrgenommen.

Spätestens 1982 wurden die durch den ungeregelten Aufenthalt der geduldeten De-facto-Flüchtlinge entstandenen sozialen Probleme in Berlin so spürbar, dass unter dem erst 2018 verstorbenen CDU-Innensenator Heinrich Lummer, dem Urgestein bürgerlich-konservativer Innenpolitik in Berlin, ein Abschiebestopp verhängt wurde. Aus der damaligen Perspektive war das vielleicht eine richtige Entscheidung. Sie führte dazu, dass neue Flüchtlinge keinen von vornherein aussichtslosen Asylantrag stellen mussten und mit einer Duldung, also der »Bescheinigung über die Aussetzung der Abschiebung« direkt in Berlin verblieben. Zusammen mit dem von der DDR-Führung gebilligten Reiseweg der Bürgerkriegsflüchtlinge über Ost-Berlin führte es aber auch zu einer hohen Konzentration der Flüchtlinge im Westen der geteilten Stadt.

Der Abschiebestopp wurde ab 1984 durch die die erste sogenannte »Altfallregelung« ergänzt, die einer kleinen Zahl bereits in Deutschland befindlicher Bürgerkriegsflüchtlinge die Möglichkeit einer Aufenthaltserlaubnis eröffnete. Bis zu dreihundert

Personen konnten davon profitieren. Es folgte 1987 eine weitere Altfallregelung, die für 4169 Personen, darunter fast zweitausend Kinder und Jugendliche unter sechzehn Jahren, ein Aufenthaltsrecht brachte. Diese zweite Altfallregelung war hauptsächlich für De-facto-Flüchtlinge aus dem Libanon gedacht. Ungefähr 3640 von ihnen konnten damit ihren Aufenthalt festigen, erhielten Zugang zum Arbeits- und Wohnungsmarkt, zur Regelschule, Ausbildung und Studium. Weitere zweitausend Flüchtlinge erhielten mit der nächsten Altfallregelung 1989 ihr Aufenthaltsrecht. Eine soziale Geste mit enormen Folgen. Viele Flüchtlinge konnten positiv davon profitieren, sich einleben, geachteter Teil unserer Gesellschaft werden. Andere interpretierten die ausgestreckte Hand als Schwäche. Und schickten sich an, den ganzen Arm zu nehmen.

Spätestens seit Anfang der Achtzigerjahre hat die deutsche Mehrheitsgesellschaft also umgesteuert. Statt langzeitgeduldete De-facto-Flüchtlinge zu ignorieren, wurden ihnen Chancen geboten und Integrationsperspektiven eröffnet. Zu keinem Zeitpunkt in ihrer Geschichte ist ein Gastland so sehr auf die Volksgruppe der Mhallami zugegangen, wie es die deutsche Gesellschaft seitdem getan hat. Es ärgert mich massiv, wenn das nicht anerkannt wird und stattdessen geschichtsvergessen und mit beinahe masochistischen Zügen eine deutsche Schuld konstruiert wird. Der auch heute noch verbreitete Mythos, es bliebe manchen Menschen keine andere Wahl als die Kriminalität in ethnisch abgeschotteten Familienstrukturen, ist schlicht und einfach falsch. Zwar reichten die Integrationsbemühungen in den Achtzigerjahren nicht an die heute zum allgemeinen Mindeststandard gewordenen Sprach- und Integrationskurse heran. Einen zwangsläufigen Weg in die Organisierte Kriminalität gab es jedoch zu keinem Zeitpunkt. Etliche Positivbeispiele belegen das. Spätestens seitdem die Mehrzahl der Kinder der Mhallami die deutsche Staatsangehörigkeit besitzen und ihnen alle Möglichkeiten unseres Landes offenstehen, gibt es nur noch einen Grund für die selbst auferlegte Segregation von Teilen der Mhallami in unserem Land: Sie lehnen Integration ab. Sie wollen nicht.

Ein Experte für diese Volksgruppe schilderte mir einmal, dass nach über vierzig Jahren des Aufenthalts in diesem Land und trotz der Einbürgerung von bis zu sechzig Prozent ihrer Angehörigen neun von zehn Mhallami dauerhaft arbeitslos sind. Und das ohne Scham, schlechtes Gewissen oder den Wunsch, daran etwas zu ändern. Aufstieg durch Bildung ist trotz aller ihnen zur Verfügung stehenden Möglichkeiten für die allermeisten keine Option. Bildungswege werden schon im Kindesalter durch ein vollkommenes Ignorieren von kindlichen Bedürfnissen zunichtegemacht. Was bleibt, ist die Kriminalität, die schnell viel Geld verspricht. Es gibt bei einem Großteil der Clans auch heute noch kein Bewusstsein dafür, dass sie Teil einer Gesellschaft sind, die auf Regeln basiert. Alles außerhalb des Clans ist potenzielle Beute. Sie engagieren sich nicht in der Nachbarschaft oder Vereinen. Sie haben kein Interesse an Kultur oder einem lebenswerten öffentlichen Raum. Was zählt, ist der Clan und nur der Clan. Es gibt auch keine moralischen Einschränkungen in Bezug auf das Eigentum oder die Rechte anderer Menschen, des Staates oder der Gesellschaft. Der Verteidiger eines wegen des Diebstahls eines Kunstwerkes aus Gold – ein Nest aus Goldfäden, reiner Materialwert 30 000 Euro – Verurteilten meinte im Prozess, sein Mandant aus einer einschlägig bekannten Großfamilie habe als Erster und Einziger in seiner Familie eine Ausbildung abgeschlossen und legale Arbeit. Das sei ein Alleinstellungsmerkmal. So viel Ehrlichkeit hört man selten von Strafverteidigern der Clans.

Die gemeinschaftsfeindliche Einstellung lässt sich auch außerhalb des harten Kerns krimineller Großfamilien finden, wenn etwa beim Unterhaltsvorschuss betrogen wird, indem der einzig infrage kommende Kindesvater nicht genannt und damit eine Kostenheranziehung für den Unterhalt unmöglich gemacht wird. Als alleinerziehend geltende Mütter erhalten zudem mehr Geld vom Jobcenter oder Wohngeld und können so den einen oder anderen Euro an den – offiziell unbekannten – Kindesvater abdrücken. Wenn dann auch noch der Cousin als Eigentümer der Wohnung die Miete vom Jobcenter kassiert, holen sie wirklich alles aus dem Sozialstaat raus. Diese Harems-Masche aufzudecken und rechtssicher zu belegen, ist für die Ämter ein Akt der Unmöglichkeit. Aber es ist ein offenes Geheimnis, dass sich mit einer Kombination aus Unterhaltsvorschuss, Kindergeld und Arbeitslosengeld II religiöse Mehrfachehen ganz angenehm finanzieren lassen.

Das Ganze läuft weitgehend unter dem Radar, der Aufklärungswille staatlicherseits ist recht gering. Dabei muss allen Verantwortlichen klar sein: Ein Staat, der diese Entwicklungen schulterzuckend hinnimmt, es gar als kulturelle Folklore oder Bereicherung ansieht, wenn archaische Gesellschaftsbilder unsere hart erkämpften Errungenschaften wie Gleichberechtigung und Toleranz konterkarieren, braucht sich nicht zu wundern, wenn diese Art von Toleranz immer weiter ausgenutzt wird. Ich sehe mit Schrecken, dass mittlerweile mehrere Generationen von Menschen herangewachsen sind, die unsere Werte und Grundüberzeugungen absolut nicht teilen.

Denn es ist leider so: Die einzige Regulierung, die die kriminellen Teile der Clans anerkennen, ist Härte und Gewalt. Dinge, mit denen sich der deutsche Rechtsstaat zunehmend schwertut. Das hat mit der öffentlichen Skandalisierung robuster Polizeieinsätze zu tun, aber auch mit der grundguten Tatsache, dass die freiheitlich-demokratische Rechtsordnung ein vollkommen anderes Menschenbild hat. Das Grundgesetz geht von mündigen Bürgern aus, denen im Grundsatz etwas am Gemeinwohl liegt. Die im Laufe ihres Lebens einen mehr oder weniger ausgeprägten moralischen Kompass entwickeln und im Grundsatz um Dialog und Ausgleich bemüht sind. Die dem Rechtsstaat zur Verfügung stehenden Sanktionen für Fehlverhalten sind ebenfalls im Kern auf diesen Menschentypus ausgelegt. Bei den Clans versagen sie jedoch am laufenden Band. Im Gegenteil: Am Grundsatz der Verhältnismäßigkeit orientierte staatliche Strafen werden als Schwäche wahrgenommen, verachtet und erzielen keinerlei Wirkung. Dass es auch innerhalb dieser Volksgruppe anders geht, zeigen einige Mhallami, die ganz normaler Bestandteil unserer Gesellschaft geworden sind. Wie immer lohnt der differenzierte Blick, er darf aber nicht über die grundlegenden Probleme hinwegtäuschen.

Die Namen

Das Café im Nord-Neuköllner Szenekiez sieht genauso aus, wie sich Jens Spahn ein solches Café nicht ganz zu Unrecht vorgestellt haben könnte, als er 2017 »elitäre Hipster« kritisierte, die nur noch Englisch sprechen. Es gibt Caramel Macchiato mit fair gehandelter Mandelmilch, Vanilla Sirup con Panna, gluten-, laktose- und sulfitfreie Cookies. Der erste Blick der Frühstücksgäste gegen 13 Uhr geht vom Smartphone zum WLAN-Passwort. Die Aussicht vom Tresen durch das große Schaufenster auf die zu dieser Zeit noch verschlafen wirkende längste Partystraße Neuköllns wird durch aufgeklappte Laptops erschwert. Ohne das neue MacBook scheint mobiles Arbeiten unmöglich oder jedenfalls unschicklich zu sein.

Ungeübten Beobachtern des Milieus muss das Geschäftsmodell des Lokals als unlösbares Rätsel erscheinen, werden die zwar wohnzimmergleich arrangierten, aber doch offenkundig nicht immer wirtschaftlich sinnvoll angeordneten Sitzgelegenheiten, die vom Barhocker über barocke Stühle bis zur Couchgarnitur reichen, doch weithin von Gästen in Anspruch genommen, die über mehrere Stunden hinweg an einem (!) Vanilla Cream Frappuccino oder einer anderen »Kaffeespezialität« nippen. Die kostet zwar gute neun Euro, aber die Nord-Neuköllner Gewerbemiete will ja auch bezahlt werden. Sei's drum. In diesem Café kann man sich treffen, und niemanden interessiert's. Weil ohnehin alle nur auf ihren Bildschirm schauen. Auch darum war ich dort im Sommer 2018 mit zwei Investigativjournalisten verabredet zu etwas, was man in Politiker- und Journalistenkreisen »Hintergrundgespräch« nennt; eine informelle Möglichkeit des Austauschs. Aus diesen Gesprächen darf in der Regel nicht zitiert werden, und falls doch, muss das noch einmal extra autorisiert werden. Sie werden – im Fachjargon – »unter drei« geführt. Gemeint sind damit nicht drei Personen. Der Ausdruck bezieht sich auf die Satzung der Bundespressekonferenz, die in § 16 regelt:

> Die Mitteilungen auf den Pressekonferenzen erfolgen: unter
> 1. zu beliebiger Verwendung oder unter 2. zur Verwertung ohne
> Quelle und ohne Nennung des Auskunftgebenden oder unter
> 3. vertraulich.

Zum Verständnis: »unter 1.« würde die Berichterstattung lauten: »Falko Liecke will härter gegen kriminelle Clans vorgehen.« »Unter 2.« könnte sie lauten: »In den Berliner Bezirken wird ein härteres Vorgehen gegen kriminelle Clans angestrebt.« »Unter 3.« sollte *nichts* an die Öffentlichkeit gelangen. Die Information, dass Falko Liecke härter gegen kriminelle Clans vorgehen will, wäre dann nur der Auftakt zu weiterer Recherche und mündet vielleicht in die Anfrage eines O-Tons »unter 1.« zum offiziellen Zitieren.

Es hat sich unter allen seriösen Journalisten eingebürgert, bei Gesprächen grundsätzlich so zu verfahren, wobei zunächst einmal alles »unter 1.« zu behandeln ist, wenn es nicht ausdrücklich anders vereinbart wurde. Hintergrundgespräche sind also

»unter 3.«: vertraulich. Für beide Seiten eine gute Gelegenheit, Informationen auszutauschen und auch mal ins Unreine zu denken, ohne dass es am nächsten Tag in der Zeitung steht. Daran ist nichts Anrüchiges oder Verwerfliches. Diese professionelle Vertraulichkeit ist im Gegenteil eine Grundvoraussetzung für gute Recherche und eine Gelegenheit, Themen umfassender zu erklären. Dass ich dieses Treffen in groben Zügen hier schildern darf, habe ich mir natürlich von den Teilnehmern genehmigen lassen. Einer von ihnen war der *Spiegel*-Journalist und Buchautor Thomas Heise, der in seinem Bestseller *Die Macht der Clans* näher an den Tätern dran war als sonst irgendjemand. Ohne Schönfärberei und Relativierung und mit dem Mut zur schonungslosen Wahrheit. Das ist investigativer Journalismus, wie er nur noch selten zu finden ist. Wer hier sein Interesse an der erschreckenden Welt krimineller arabischer Großfamilien entdeckt, kann dort richtig tief einsteigen.

An diesem Vormittag ging es mir und den zwei Investigativjournalisten um ein gemeinsames Anliegen, das mir schon seit langer Zeit auf der Seele brennt: Die Namen der Clans zu ordnen, zu strukturieren und einen Überblick über ihr weit verzweigtes Familiennetzwerk zu bekommen. Das klingt zunächst banal, wir kennen sie schließlich alle aus der Presse. Aber je mehr man sich in das Thema vertieft, desto klarer wird, wie wichtig ein substantiierter Einblick in das enge Beziehungsgeflecht innerhalb der Familien sowie zwischen den Familien ist. Ein Einblick, der – wenn überhaupt – derzeit nur wenigen absoluten Kennern möglich ist und der selbst Sicherheitsbehörden vor Herausforderungen stellt.

Nicht etwa, weil die Behörden zu dämlich sind. Sondern weil die Beziehungen der Clans untereinander hoch dynamische Prozesse sind. Weil es im Gegensatz zu anderen Formen der Organisierten Kriminalität schlechterdings unmöglich ist, Informanten in den Familien zu platzieren – die schon einmal erwähnte TV-Serie *4 Blocks* weckt hier Erwartungen, die die Realität nicht erfüllen kann. Und weil es im Gegensatz zu der auch in der Berichterstattung vorherrschenden romantisierenden Vorstellung von einer streng hierarchisch geführten Organisation nicht den einen »Paten« gibt, der alle Fäden in der Hand hält und den man so einfach um den Finger wickeln kann wie Toni Hamady.

Schon die vielen nur mit blanker Dämlichkeit und Hormonüberschuss erklärbaren Kleinsttaten des Remmo-Clans sind dafür ein deutlicher Beleg: Benzinklau für 30 Euro, 180 km/h auf der Stadtautobahn, Instagram-Storys aus der Hölle und Profilierungstaten wie kleinere Körperverletzungen, Beleidigungen und Drogenexzesse. Keine systematisch geführte Organisation würde so etwas zulassen, denn es schadet dem Geschäft. Doch auch von diesem diffusen Bild darf man sich nicht täuschen lassen: Die großen Dinger werden durchaus aufwendig geplant und mit größter Brutalität durchgezogen.

Für Neukölln ergibt sich aus der Vielzahl krimineller Clanfamilien ein klareres Bild. Im Bereich der Kinder- und Jugendkriminalität gibt es nur eine einzige Familie, die immer wieder in Erscheinung tritt: Familie Remmo[4] beziehungsweise Osman, wie ein kleinerer Zweig des Clans heißt. Aus Sicherheitskreisen höre ich, dass es praktisch kaum Nachwuchs aus dieser engeren Großfamilie gibt, der nicht irgendwie mit Straftaten auffällt. Manchmal nur kleine Delikte, nicht der Rede wert. Aber vom Klau eines Schminkpinsels über Diebstahlserien, Raub, Betrug und gefährliche Körperverletzung bis hin zum Mordverdacht ist alles dabei. Neun minderjährige Angehörige des Clans werden nach Presseberichten als Intensivtäter geführt. Hier nur ein kleiner Auszug der öffentlich dem Remmo-Clan zugeschriebenen Taten von nur

---

4 Es gibt unterschiedliche Schreibweisen des Namens, die teils auf schlichten Übertragungsfehlern, teils auf lange zurückliegenden Falschangaben zur Verschleierung der Identität beruhen.

vierzehn ihrer Mitglieder. Die Namen sind mir bekannt. Und die Liste ließe sich beliebig fortsetzen.

1. Einbruch in das Grüne Gewölbe in Dresden und Diebstahl von Schmuck im Wert von mindestens 113 Millionen Euro. Zwei der mutmaßlichen Täter waren bis zu ihrer Ergreifung unter den »Europe's most wanted Fugitives« bei Europol.

2. Diebstahl der »Maple Leaf«-Goldmünze aus dem Berliner Bode-Museum mit reinem Materialwert von 3,3 Millionen Euro. Die beiden Brüder wurden deswegen rechtskräftig zu jeweils viereinhalb Jahren Haft verurteilt. Sie sollen zudem den Materialwert ersetzen, was vermutlich nie passieren wird.

3. Tötung eines unbeteiligten Passanten bei einem Autorennen 2008. Der Täter starb kurze Zeit später nach einem Einbruch gemeinsam mit seinem Bruder bei der halsbrecherischen Flucht vor der Polizei.

4. Ein Clanmitglied wurde schon in jungen Jahren wegen einer Einbruchsserie in Lagerhallen verurteilt. Die Beute wurde in gestohlenen Lieferwagen gelagert und direkt aus dem rollenden Lagerraum auf offener Straße verkauft.

5. Ein anderer soll im großen Stil teure Jacken, Milch und Champignons geklaut haben.

6. Gegen ein Clanmitglied wird wegen des Verdachts des Handels mit Drogen und Kriegswaffen ermittelt. Er soll eine Marihuana-Plantage betrieben und den Verkauf illegaler Drogen aus sogenannten »Koks-Taxis« organisiert haben. Er war auch beteiligt am Bandenkrieg mit verfeindeten Tschetschenen und wurde in diesem Zusammenhang 2021 wegen gefährlicher Körperverletzung zu drei Jahren und neun Monaten Haft verurteilt. Er wurde im Zuge der weltweiten »EncroChat«-Razzien später erneut festgenommen. Allein dieses Familienmitglied war von seinen vierundvierzig Lebensjahren fünfzehn im Gefängnis.

7. Nach einem fehlgeschlagenen Überfall auf einen Geldtransporter wurde gegen ein Clanmitglied unter anderem wegen versuchten Mordes ermittelt, da aus dem Fluchtwagen mit einem Sturmgewehr auf verfolgende Polizeiwagen gefeuert wurde.

8. Nach einem Fluchtversuch in die Türkei wurde ein enger Verwandter von Issa Remmo 2015 zu acht Jahren Haft wegen eines spektakulären Bankraubs im Berliner Ortsteil Mariendorf verurteilt, bei dem der Täter sich durch eine versehentlich herbeigeführte Explosion verletzte und durch DNA-Spuren zweifelsfrei überführt werden konnte.

9. Erst im September 2021 gestand ein weiteres Clanmitglied den Raubüberfall auf einen Geldtransporter auf dem Berliner Kurfürstendamm mit Beute in Höhe von fast 650 000 Euro. Er war zuvor bereits wegen verschiedener Verkehrsdelikte zu einer Haftstrafe verurteilt worden.

10. 2019 wurde einer der Söhne von Issa Remmo in Bayern wegen des Diebstahls von Hydraulikspreizern der gleichen Bauart, wie sie später für andere Straftaten verwendet wurden, zu zwei Jahren und sechs Monaten Haft verurteilt. Der bayerische Richter nennt ihn im Urteil einen »notorischen Klauer« und kritisiert die Berliner Justiz, sie sei jahrelang zu weich mit ihm umgegangen.

11. Dutzende weitere Gewalt-, Drogen- und Verkehrsdelikte. Etliche Clanmitglieder gelten als Intensiv- und Mehrfachtäter.

In den letzten Jahren musste sich die Justiz mit mindestens zweihundertfünfzig Taten durch dreiundzwanzig Tatverdächtige aus dieser Familie befassen. Und dabei reden wir nur von Jugendlichen und jungen Erwachsenen, bei denen die Familie einen ganz klaren Schwerpunkt in Neukölln bildet. Es ist nicht auszuschließen, dass sich im Landeskriminalamt und bei der Staatsanwaltschaft ein anderes Bild ergibt. Aus guten Gründen kommen die dort gesammelten Informationen nicht oder nur gezielt an die

Öffentlichkeit. Insbesondere mit Blick auf Schadenshöhen, Drogenumschlag und sonstige Kriminalität und mit dem Augenmerk allein auf die erwachsenen Straftäter könnten zunehmend Familien in den Fokus rücken, die clever und diszipliniert genug sind, sich nicht so öffentlich zu präsentieren wie Issa Remmo und seine Jungs. Aber gerade die öffentliche Gewalt, die zur Schau gestellte Verachtung aller staatlichen Institutionen und das geradezu ritualisierte Ignorieren jeglicher gesellschaftlicher Konventionen sind Ursache der besonderen subjektiven Bedrohung, die ich in vielen Gesprächen mit Neuköllnerinnen und Neuköllnern wahrnehme. Darum ist es richtig, genau dort anzusetzen.

Bei aller Konsequenz ist es aber auch wichtig, genau hinzusehen. Zu differenzieren. Allein der Familienname macht niemanden kriminell. Nur weil Arafat Abou-Chaker schon als Jugendlicher in einer Neuköllner Straßengang Scheiße gebaut hat und immer wieder wegen des Verdachts der Zugehörigkeit zur Organisierten Kriminalität im Fokus der Medien steht, ist nicht jeder mit diesem Namen ein Schwerkrimineller. Im Gegenteil kann die Zugehörigkeit zu einer als Clan bekannten Familie, die teilweise so weit verzweigt ist, dass zwischen einzelnen Angehörigen noch nie irgendein bewusster Kontakt stattgefunden hat, stigmatisieren und für handfeste Diskriminierung sorgen. Ohne dass dies in irgendeiner Weise gerechtfertigt wäre. So habe ich es im Gespräch mit Malayka erlebt, das der *stern* dokumentiert hat.

Ich las von ihrer Geschichte im *stern*-Ableger *NEON,* wenige Monate bevor neben der Printausgabe auch die Online-Redaktion eingestellt wurde. An der Geschichte von Malayka lag das sicherlich nicht, denn sie war bewegend, relevant und nach meinem persönlichen Eindruck sehr authentisch. Malayka – sie heißt natürlich anders, und ich weiß nicht, zu welcher Großfamilie sie dem Namen nach gehört – schildert dort, wie es ihr als Trägerin eines szenebekannten Familiennamens erging. Nach eigenen Angaben erhielt sie wegen ihres Namens bei einer

Bank kein Konto und wurde bei der Wohnungssuche übergangen. Das zu beweisen fällt naturgemäß schwer, was die Vorwürfe aber nicht weniger schwerwiegend macht. Malaykas Trauma sitzt aber sogar noch tiefer. Als kurz vor ihrem vierzehnten Geburtstag eine Reportage über die Clans im Fernsehen lief, durfte anschließend niemand ihrer Freunde zu ihrer Feier kommen: »Am Ende bestand meine Geburtstagsparty aus mir, meinen Geschwistern und meinen Eltern«, berichtete sie NEON. Nachprüfbar ist das alles nicht. Es könnte aber so passiert sein. Und wenn es nur am Familiennamen lag, ist es nicht hinnehmbar in einem Land, das allein die individuelle Schuld an staatliche und gesellschaftliche Sanktionen knüpft.

Ich kann verstehen, dass solche Erfahrungen verletzend sind und auf Jahre hinaus traumatisieren können. Dass Malayka sich durch eine Reportage des ZDF-Magazins Frontal 21 an solche Erlebnisse erinnert fühlte, ist daher durchaus plausibel. Gemeinsam mit den Journalisten des ZDF fuhr ich in einer Szene zu einem stadtbekannten Clanhaus, das unter anderem vermutlich für die sehr gewinnbringende, aber oft auch betrügerische Unterbringung von Flüchtlingen genutzt wurde. Auch dieses Betätigungsfeld der Clans hat 4 Blocks sehr realitätsnah aufgegriffen. Auf dem Briefkasten stand groß und breit der Name des Clans. Meine Einschätzung, dass mit diesem Haus Vermögen aus Straftaten legalisiert wird, war zugespitzt und verkürzt. Aber sie war offenbar vollkommen korrekt und übrigens schon damals alles andere als ein Geheimnis. Das Haus wurde, soweit ich aus Sicherheitskreisen erfahren konnte, zusammen mit sechsundsiebzig weiteren Immobilien im Frühjahr 2020 rechtsverbindlich vom Staat eingezogen.

Malayka schloss im stern aber nun aus dieser nur wenige Sekunden dauernden Szene, dass ich alle Mitglieder einer Familie allein aufgrund des Namens für kriminell halte. Zusammen mit meiner Forderung, Kinderschutz auch in Clanfamilien ernst zu nehmen, hat sich bei ihr ein in der Tat beängstigendes Kopfkino aufgebaut:»Wie weit soll das führen? Wird mir irgendwann im Kreißsaal das Kind weggenommen, weil ich diesen Nachnamen habe?« Und auch bei ihr herrschte ein diffuses Bild davon, dass die kriminellen Teile der Familien ja gar nicht anders könnten. Es gäbe keine Versuche,»diese Leute zu integrieren und ihnen eine echte Chance für eine Zukunft zu geben, damit sie etwas aus ihrem Leben machen können. Über Bildung, Arbeitserlaubnisse oder Ähnliches. Es heißt immer nur: Wie bestrafen wir sie?«. Der Opfermythos hatte bei ihr komplett verfangen.

Bei aller Härte gegen die kriminellen Teile solcher Großfamilien: Wir als Gesellschaft müssen verhindern, dass Unschuldige darunter leiden. Auch dann, wenn sie die Tragweite der Kriminalität in den Clanfamilien schlicht nicht sehen oder sehen wollen. Knapp zwei Jahre später ist Malayka unter anderem Namen aber mit den gleichen Geschichten in einem Podcast des öffentlich-rechtlichen Rundfunks aufgetreten, bei dem die Kriminalität der Clans komplett ausgeblendet und stattdessen viele Stunden lang über Diskriminierungserfahrungen der übrigen Clanmitglieder gesprochen wurde.»Mit den Clans reden, statt über sie«, war der Anspruch. Dass man dabei jene Clanangehörigen ausblendet, die von ihren eigenen Familien sagen, dass bis zu 80 Prozent kriminell sind, wunderte mich kaum. Auch wenn ich mir diese Zahl nicht zu eigen machen will.

In diesem bewusst mit Scheuklappen versehenen Format erfuhren Kenner der Materie daher wenig Neues. Die zentrale Botschaft war: Nicht alle Clanmitglieder sind Schwerkriminelle, auch wenn sie Abou-Chaker, Miri, Chahrour, Fakhro, Al-Zein oder Remmo heißen. Ein Satz, den ich jederzeit unterschreiben würde, der aber am Problem derart vorsätzlich vorbeizielt, dass kaum eine relevante Schlussfolgerung in der Sache möglich war. Ein Feuerwerk an Rechtfertigungen, das die echten Probleme Organisierter Kriminalität überdecken soll und erneut systematisch den Opfermythos reproduziert. Öffentliche Sicherheit und

Ordnung? Recht und Gesetz? Nicht so wichtig, wenn sich jemand diskriminiert fühlen könnte. Ein Narrativ, das den dringend notwendigen Kampf gegen die Clankriminalität delegitimiert und erschwert. Ich habe die zwölf Teile – ja, wirklich alle zwölf – dennoch mit Interesse angehört, da man sich natürlich auch dieser Seite der Debatte öffnen muss, wenn man glaubwürdig Politik machen will. Aber auch, weil ich selbst Bestandteil dieses Podcasts sein sollte. Die Macher hatten mir eine ganz bestimmte Rolle zugedacht.

Ich erhielt im Sommer 2019 eine Interviewanfrage von einem bis dahin zu diesem Thema vollkommen unbekannten Journalisten. Als ehemaliger Musikproduzent ist er eher im weiteren Sinne Journalist und kam ohne jede Vorkenntnisse zur Berichterstattung über die Organisierte Kriminalität. Er wollte mir also im Auftrag des *rbb* einige Fragen zur Clankriminalität stellen. Ein paar Tage später saßen wir in meinem Büro, das Aufnahmegerät lief. Ich hatte mein Konzept gegen kriminelle arabische Clans vor mir liegen und erwartete die üblichen kritischen Fragen. Routine in dieser Zeit, in der das Thema, das mich seit Jahren beschäftigte, auf einmal sehr in Mode kam. Der Journalist fängt mit einer Frage an, stockt kurz und fragt unvermittelt, ob er noch einen Gast dazuholen darf. Er hätte nämlich den Herrn Chahrour mitgebracht, der gerne auch teilnehmen möchte. Das wäre doch bestimmt okay, oder hätte ich denn etwa ein Problem mit seinem Namen?

Das klingt schon mal wie ein Überrumpelungsversuch, der mit gutem journalistischem Handwerk nichts zu tun hat. Und so war es wohl auch gemeint. Ich vermutete schon damals, dass der Grund für die Interviewanfrage war, in dieser Situation – bei laufendem Aufnahmegerät – eine Reaktion bei mir hervorzurufen, die in irgendeiner Weise skandalisierend vermarktet werden könnte. »Nein, mit einem Chahrour rede ich nicht!« Oder »Ist der nicht kriminell?« Es hätte ja hervorragend zum Grundtenor des Podcasts gepasst.

Nur eben nicht zu meiner klaren Haltung, was Clankriminalität angeht. Ich kannte diesen Herren Chahrour nicht und hatte keinerlei Anhaltspunkte dafür, dass er mit dem kriminellen Teil seiner Familie irgendetwas zu tun hätte. Daher hatte ich selbstverständlich nichts dagegen, dass er hinzukommt. Dass der sozialdemokratische Bezirksbürgermeister nach Angaben des Journalisten bei dem Namen Chahrour reflexartig abgesagt hatte, der »Hardliner Liecke« aber offenbar mitmachte, passte wohl nicht so ganz in das Konzept. Ob solche Überrumpelungstaktiken von öffentlich-rechtlichen Gebührengeldern bezahlt werden müssen, darf man dennoch infrage stellen. Aber selbstverständlich ist das alles Teil einer breiten Debatte, und ich habe gelernt, mit so etwas sportlich umzugehen.

Wenn ich jedoch damals schon gewusst hätte, dass der aus Gebührengeldern finanzierte Journalist Mitglied der vom Verfassungsschutz beobachteten *Radikalen Linken Berlin* war oder noch immer ist und vor einigen Jahren heftig an der Schwelle zum Antisemitismus stand, hätte ich allein aus diesem Grund abgesagt. Wenn ich vorher gewusst hätte, wie er zwei Jahre später auf Facebook linke Gewalt am 1. Mai relativiert und der Berliner Polizei die Schuld für brennende Barrikaden auf der Sonnenallee zuschiebt oder ihm unangenehme Menschen öffentlich einfach mal als »Hundesöhne« bezeichnet, hätte ich wohl auch deswegen abgesagt. Mit so etwas rechnet man aber nicht, wenn der *rbb* anfragt.

Immerhin: Auch wenn ich dem Grundtenor des Podcasts wenig abgewinnen kann, wurde meine Position in einer Folge sehr umfangreich und vollständig wiedergegeben, wenn auch mit teilweise abenteuerlichen Kommentierungen. Aber damit kann ich gut leben. Ob das für alle Gesprächspartner der Podcast-Macher gilt, weiß ich nicht. An dem durch jahrelange harte Recherche gestählten Clanexperten des *rbb*, Olaf Sundermeyer, wurde von seinen »Kollegen« jedenfalls kein gutes Haar gelassen. Diesen Teil des Podcasts habe ich tatsächlich als sehr unfair erlebt.

Zurück zu Malayka. Als der *stern* ihre Geschichte veröffentlichte, habe ich ihr spontan ein Gespräch angeboten, das sie dankenswerterweise akzeptiert hat. Mir war es wichtig, meine Politik zu erklären. Der Eindruck, es ginge beim Kampf gegen Clankriminalität um den Kampf gegen ganze Familien, entsteht schnell und wird nur allzu oft von interessierten Kreisen benutzt, um jegliches Vorgehen gegen die Organisierte Kriminalität zu diskreditieren. In dem von *NEON* dokumentierten Telefongespräch sind wir uns am Ende nicht einig geworden, das hatte ich auch nicht erwartet. Aber ich konnte erläutern, dass mehr hinter meiner Politik steckt, als in eine Schlagzeile mit sechs Wörtern passt, und dass sich ein Blick hinter die großen Buchstaben lohnt. Beim Thema Kinderschutz sind wir letztlich sogar auf einen Nenner gekommen. Der gelte natürlich auch in solchen Familien und müsse durchgesetzt werden, meinte Malayka am Ende unseres Gesprächs. Ein kleiner Gedanke, der vielleicht noch weiter heranreift.

Mit dem AMG zum Jobcenter

Es ist Montag, früher Nachmittag im Februar 2019 in Berlin-Neukölln. Genau der richtige Zeitpunkt, um wichtige Geschäfte zu erledigen. Das dachten sich vermutlich auch die beiden breitschultrigen jungen Männer, die in ihrem tiefschwarzen und glänzend polierten Mercedes AMG S63 zu ihrem einzigen Termin am heutigen Tag unterwegs sind. Als sie so langsam die Boddinstraße hochfahren, stellen sie auf Höhe des Boddinplatzes etwas Ungewöhnliches fest.

Ein ganzes Kamerateam hat sich auf der anderen Seite des Platzes um mich und einen Polizisten versammelt. Kurzerhand ändern sie ihre Route geringfügig und fahren geradewegs auf uns zu. Ich nehme das natürlich wahr. Man entwickelt ein Gespür dafür, wenn man beobachtet wird. Mir ist dabei immer wichtig, das nicht in Angst umschlagen zu lassen. Aber Wachsamkeit zu entwickeln ist ein absolutes Muss. Wer in Neukölln Polizist ist, wird sich niemals mit dem Rücken zum Eingang in ein Café setzen. Wer in Neukölln konservative Politik macht, sollte in Erwägung ziehen, ähnlich zu verfahren. Die Männer im Mercedes nähern sich langsam, setzen sich noch einmal aufrecht in die Ledersitze, spannen die Muskeln an, lassen die Fenster geräuschlos herunterfahren. Basslastige deutsch-arabische Rapmusik dröhnt aus der Limousine.

> Wenn es Beef gibt, wollen Rapper plötzlich auf den Mars fliegen
> Fünftes Hip-Hop Element ist Ari[5] in den Arsch kriechen
> Aber das ist jetzt vorbei, bye – Junimond
> Du AMG-Paket von einem Hurensohn
> *12 Cheeseburger*, Ali Bumaye

Mich haben sie bereits als den Stadtrat erkannt, über den die *BILD* schreibt, er wolle den Clans die Kinder wegnehmen. Unsere Blicke treffen sich. In diesem Moment hat die Realität die Fiktion eingeholt. In teuer produzierten Streaming-Serien würde dieser Moment mit Zeitlupe und mehreren Kameraeinstellungen eine knappe Minute dauern. Hier und heute am Neuköllner Boddinplatz Ecke Mainzer Straße dauert er sechs Sekunden. Der Mercedes biegt ab. Sechzig Meter weiter ist eines der größten Jobcenter Deutschlands. Es ist Sprechstunde für Bestandskunden in Neukölln.

Im teuren Mercedes zum Jobcenter zu fahren ist ein Klischee und schon deshalb oft nicht zutreffend, weil kaum jemand sein Arbeitslosengeld in bar beim Jobcenter abholt. Die eben beschrie-

---

5   Gemeint ist Arafat Abou Chaker, der vermeintlich großen Einfluss in der Rap-Szene hat.

bene Begegnung während eines gemeinsamen Rundganges mit dem Abschnittsleiter der Polizei durch den Kiez gab es dennoch. Sie steht symbolisch für ein Staatsversagen, an das sich kaum jemand herantraut. Das Problem heißt Sozialleistungsbetrug. Menschen mit enormen Vermögen aus Raub, Drogenhandel und allerlei anderen Straftaten sind arbeitslos gemeldet und werden vom Staat alimentiert. Eine Beleidigung für alle Steuerzahler und jene, die wirklich auf unsere Hilfe angewiesen sind.

Die ganze Hilflosigkeit, aber auch die Ahnungslosigkeit und der Handlungsunwille zeigen sich exemplarisch in der Antwort des rot-rot-grünen Berliner Senats auf eine Anfrage des Neuköllner Abgeordneten Dr. Robbin Juhnke (CDU) vom 22. August 2018. Nach Zielvereinbarungen innerhalb der Jobcenter zur Bekämpfung von Leistungsmissbrauch gefragt, antwortet die Landesregierung:

> [...] Die Vereinbarungen umfassen insbesondere die Ziele der Verringerung der Hilfebedürftigkeit, Verbesserung der Integration in Erwerbstätigkeit und Vermeidung von langfristigem Leistungsbezug [und] zusätzlich das Ziel der Verbesserung der sozialen Teilhabe.
> [...]
> Nach Kenntnisstand der *RDBB [Regionaldirektion Berlin-Brandenburg – Anm. d. V.]* hat nur das Jobcenter Berlin Lichtenberg eine lokale Zielvereinbarung [...] mit dem Ziel fixiert, Leistungsmissbrauch zu verhindern.

Allerdings sei die Rechtmäßigkeit der Leistungsgewährung selbstverständlich übergeordnetes Prinzip. Zwar sei ein Datenabgleich zwischen Jobcenter und Kfz-Zulassungsstelle rechtlich möglich, ein automatisiertes Verfahren sei jedoch nicht geplant. Derzeit sei eine Abfrage, ob gegebenenfalls hochpreisige Fahrzeuge auf Antragssteller oder Leistungsbezieher zugelassen sind, nur manuell möglich. Man wisse aber weder, wie oft ein solcher

Abgleich durchgeführt wurde, noch, welche Ermittlungen daraus folgten oder ob eine Abfrage zur Versagung oder Rückforderung von Sozialleistungen führte. Im Klartext: Man will es nicht wissen. Denn sonst könnte es unbequem werden.

Dabei räumt der Senat selbst ein, dass Bezieher von Arbeitslosengeld II lediglich Fahrzeuge besitzen dürfen, die maximal 7500 Euro wert sind. Systematisch kontrolliert wird diese Voraussetzung für den Leistungsbezug jedoch offenbar nicht. Ich möchte an dieser Stelle nicht falsch verstanden werden: Man kann trefflich darüber streiten, ob eine Wertgrenze von 7500 Euro für Sozialleistungsempfänger zu viel, zu wenig, unangemessen oder gar menschenunwürdig ist. Nicht mein Thema. Aber wenn es diesen gesetzlichen Grenzwert gibt, warum wird er dann nicht wenigstens dort knallhart angewendet, wo es den Clans richtig wehtut? Ich sehe lieber ein Dutzend Aufstocker oder Arbeitslose mit einem gebrauchten Golf für 12 000 Euro durch Neukölln fahren als einen Intensivtäter mit dem AMG. Prioritäten setzen. So wichtig.

Zu Recht kann hier eingewandt werden, dass eine systematische Prüfung ohnehin keinen Erfolg bringen würde. Denn nur die wenigsten Clankriminellen werden in Dämlichkeit und Hybris so weit fortgeschritten sein, ihr 160 000 Euro teures Spielzeug auf den eigenen Namen zuzulassen. Selbst die törichtesten Intensivtäter, die sich beim Benzinklau für dreißig Euro filmen lassen, betanken meist einen »Mietwagen« oder das neue Auto des Onkels oder der Schwiegermutter des besten Freundes. Der regelhafte automatisierte Datenabgleich ist aber noch nicht das Ende aller Eingriffsmöglichkeiten des Staates. Man muss nur wollen.

Denkbar ist beispielsweise, den oft unüblich günstig oder im Falle des Onkels gar kostenfrei überlassenen Luxuswagen als Einkommen und somit leistungsmindernd anzurechnen, praktisch als geldwerten Vorteil. Denkbar ist eine darauffolgende intensive steuerrechtliche und betriebswirtschaftliche Prüfung einschlägiger Autovermietungen. Wer Neuwagen im Wert eines halben Eigenheims im Berliner Speckgürtel für den symbolischen Euro vermietet, muss sich Fragen zu seinem Geschäftsmodell gefallen lassen. Nicht zuletzt wäre es auch denkbar, die teure Rolex am Handgelenk beim nächsten Jobcenter-Besuch direkt zum Anlass für die Prüfung auf anrechenbares Vermögen und einen Rückforderungsbescheid zu nehmen.

Es darf keinen Rückzugsraum mehr geben. Keiner der Clankriminellen darf sich auch nur bei einem Schritt sicher fühlen. Weder beim Gang zum Jobcenter noch beim Chillen in der Shishabar mit in der zweiten Reihe geparkter Karosse oder beim Gebet in der einschlägigen Moschee mit Verbindung zu Hisbollah, Hasspredigern und Terroristen. Der Staat kann und muss an allen denkbaren Fronten vorgehen und darf ihnen keine Ruhe lassen. Nur so kann die Macht der Clans gebrochen werden. Wenn sich Behörden noch immer mit dem Verweis auf die Zuständigkeit von Polizei und Staatsanwaltschaft zurücklehnen, haben sie die Größe der Aufgabe nicht verstanden. Dann braucht es eine politische Führung, die auch in den Grundbuchämtern, in den Gewerbeämtern, in der Kfz-Zulassung, in den Jobcentern und Finanzämtern den Kampf gegen die Clans aufnimmt.

Eine intime Kennerin der Szene sagte einmal: »Ohne Rolex aus dem Haus zu gehen oder mit dem Bus zu fahren ist für diese Leute maximal unangenehm.« Diese einfache wie wahre Erkenntnis muss sich der Staat noch mehr zunutze machen und Bedenken entschlossen beiseitewischen, wenn es um die Macht in diesem Land geht.

Das Selbstverständnis der Clans

Das Betanken eines Wagens, ohne im Anschluss zu bezahlen, gehört fast zur täglichen Routine im Hause Remmo. Wayci, Wissam, Mohamed oder Bilal, sie alle waren deswegen schon dran, heißt es aus Sicherheitskreisen.

Warum sie das tun? Alle Tankstellen sind doch videoüberwacht, und die Gefahr, geschnappt zu werden, ist trotz gestohlener Kennzeichen hoch. All das für einen halb vollen Tank? Wegen ein paar Litern Superbenzin für dreißig Euro? Warum? Wer sich mit dieser Frage quält, wird sie nicht mehr los. Es gibt nur eine wirklich nachvollziehbare Begründung. Eine Begründung, die auch erklärt, warum Firas und Yasin Remmo im April 2020 mitten in der Nacht auf der Berliner Stadtautobahn joggen und davon Videos auf Instagram posten.

Für Kenner der Szene erscheint es fast wie eine Art Initiationsritus, eine Mutprobe. Dennoch gibt es keinen, der nachvollziehbar erklären kann, warum sich Mitglieder einer Familie, bei der es sonst um Millionenbeuten geht, mit solchen Kleinstdelikten, noch dazu dilettantisch begangen, der Gefahr der Strafverfolgung aussetzen. Vielleicht sind es am Ende einfach nur Langeweile, Testosteronüberschuss und archaischer Geltungsdrang. Vielleicht auch einfach ihre Art, der restlichen Gesellschaft den Mittelfinger zu zeigen. Mit solchen Auftritten mehrt sich in jedem Fall der Ruf dieser Familie, die nur allzu gerne öffentlich auftritt. Bekannt zu sein bedeutet Macht – jedenfalls in der Welt der Clans. Und als eine eher kleine von um die zwölf problematischen Clanfamilien mit insgesamt bis zu zehntausend Angehörigen in Berlin müssen die Remmos sehen, wo sie bleiben.

Wenn nach einem solchen spontanen Benzinklau wenige Wochen vor dem Diebstahl der Maple Leaf aus dem Bode-Museum einer ihrer Komplizen mit Einbruchswerkzeug, Flyer des Museums und gefälschten Kennzeichen gestellt wird und während der Festnahme unentwegt Anrufe von Ahmed Remmo eingehen, fasst man sich als Beobachter nur noch an den Kopf und fragt sich, wie es diese Typen schaffen, morgens ihre Schuhe zuzubinden. Es sind diese Episoden von Tankbetrug für ein paar Euro, die es fast glaubwürdig machen, wenn Issa Remmo anlässlich des Freispruchs seines Sohnes vom Mordvorwurf in Britz mit vor Verzweiflung verzerrtem Gesicht vor den Fernsehkameras steht und in leidendem, beinahe anklagendem Ton beteuert, er würde seine Söhne zu rechtschaffenen Menschen erziehen und könne doch nichts dafür, wenn sie hin und wieder über die Stränge schlagen. *In schā' Allāh.*

Wer sich davon jedoch beeindrucken lässt, verfängt sich in dem widersprüchlichen Bild der Familie Remmo, bei der das Spannungsfeld neben scheinbar herzerwärmender Naivität von absurder Debilität bis hin zu spektakulären und minutiös geplanten Millionencoups reicht.

Dass sie die deutschen Sicherheitsbehörden dennoch immer wieder an der Nase herumführen, muss nachdenklich stimmen. Insbesondere die Bremser und Bedenkenträger in der Politik, die den Clans mit dem Verbot der polizeilichen Überwachung digitaler Kommunikation einen uneinholbaren Vorsprung gegenüber den redlich bemühten Männern und Frauen der Sicherheitsbehörden geben. Während die Verbrecher Kryptohandys benutzen, überwachen Polizisten Festnetztelefone und wundern sich, dass keiner anruft. Und wenn solche besonders verschlüsselten Mobiltelefone dann doch einmal von den Sicherheitsbehörden geknackt werden, fällt der Berliner Justiz zunächst nichts Besseres ein, als ein Beweisverwertungsverbot zu verhängen. Von Kommunikation, die zu neunzig Prozent kriminelle Inhalte hat! Es ist der absolute Wahnsinn, wie sich der deutsche Rechtsstaat im Umgang mit solchen Verbrechern immer wieder selbst ein Bein stellt.

Zu dem vom Clanoberhaupt Issa Remmo stets bemühten Narrativ von der aufrechten Familie mit besten Absichten, die immer wieder fälschlicherweise in das Visier des rassistischen und brutalen Staates gerät, passt auch, dass er mit teuer bezahlten Medienanwälten gegen jede noch so kleine ihm missfallende öffentliche Äußerung vorgeht. Der Mann, der sich den Bundesadler und den Spruch »Ich bin ein BERLINER« auf den Oberkörper hat tätowieren lassen, und sein engster Familienkreis haben mir bereits mehrere Abmahnungen und Forderungen nach Unterlassungserklärungen zustellen lassen oder Strafanzeigen wegen Verleumdung gestellt. Auch Journalisten werden so eingeschüchtert. Der Rechtsstaat, den diese Menschen so sehr verachten, war in diesen Momenten gut genug, um einen zu laut werdenden Kritiker einzuschüchtern.

Anfang 2021 hat Issa Remmo persönlich eine teure Frankfurter Kanzlei beauftragt, mich zum Schweigen zu bringen. Ich hatte gemeinsam mit meiner Fraktion im Neuköllner Kommunalparlament vorgeschlagen, die Familienvilla des Clans, die kurz zuvor vom Land Berlin eingezogen und dem Bezirk übertragen worden war, für soziale Zwecke zu nutzen. Der Bezirk Neukölln war von heute auf morgen Vermieter des berüchtigten Remmo-Clans geworden. Anstatt den Clan als Mieter also weiter auszuhalten und die marode Heizungsanlage zu sanieren, wollte ich die Remmos rauswerfen. Denn auch wenn vermutlich nicht alle Bewohner des Hauses vorbestrafte Schwerkriminelle sind, profitieren sie doch alle systematisch und bewusst von den Taten. Mit dem Erwerb des Hauses stehen immerhin Betrug, Geldwäsche und Mord in möglichem Zusammenhang.

Gegenüber der Presse habe ich meine Pläne dazu insofern erläutert, dass der Mietvertrag von Issa Remmo gekündigt werden soll. Muss ja alles seine Ordnung haben. Der Clanboss, der zuvor öfter in Schlappen und Sporthose auf dem Hof der Villa gesehen wurde, mit dem einen Journalisten fröhlich am Gartentor schnackte und eine andere Journalistin der *WELT* im Garten zum Tee empfangen und sie in seinen Keller eingeladen hatte, sah nunmehr in dieser Forderung seine Ehre verletzt. Sein Anwalt teilte wortreich mit, dass sein Mandant keinen Mietvertrag habe, nie in dem Haus gelebt hätte und ihm wegen meiner Aussagen ein kostenpflichtiger Unterlassungsanspruch gegen mich zustehe. Was soll ich sagen: Das Landgericht Frankfurt sah das genauso. Ich verkneife mir an dieser Stelle jede Gerichtsschelte und lasse stattdessen einen renommierten Medienrechtsanwalt sprechen: »Das Landgericht Frankfurt ist ein scheiß Gericht.«

Was mich aber am meisten schmerzt, ist, dass ich zu früh aufgegeben habe. Auch – und das sage ich in aller Offenheit – weil hohe Anwalts- und Gerichtskosten ab einem gewissen Punkt abschreckend wirken. Ein Problem, das die jedenfalls offiziell zum größten Teil von staatlicher Unterstützung lebende Familie Remmo offenbar so nicht kennt. Aber weder meine Kreispartei noch ich persönlich haben mal eben etliche Tausend Euro für solche Späße auf der hohen Kante. Wie ich später von einem echten (aber auch teuren) Medienrechtsexperten erfuhr, hätte er diesen Fall ohne Probleme gewonnen. Ich bin da sehr selbstkritisch: An diesem Punkt hatte ich nicht den Schneid, da weiterzumachen, wo es anfängt wehzutun. Ein Fehler, der mir nicht mehr passieren wird.

Aber Familie Remmo witterte offenbar Morgenluft, denn binnen kürzester Zeit erhielt ich zwei weitere Abmahnungen. Ganz bewusst gingen sie nicht an mich als Amtsperson, sondern an die Privatperson Falko Liecke. Das Kalkül dahinter war klar: Auf diesem Weg sollte verhindert werden, dass meine Behörde die Rechtsvertretung übernehmen kann. Erneut sollte ich mit dem Risiko hoher persönlicher Kosten gefügig gemacht werden. Damit Sie als Leser das einordnen können: Auf solche Ideen kommen nicht die Clans. Auf solche Ideen kommen Anwälte, die es vollkommen in Ordnung finden, solche Leute zu vertreten. Und die sich damit einen Namen im Milieu machen. Sollen sie nur.

In einer Unterlassungsaufforderung ging es um eine Fernsehdokumentation, in der – so war es schon zu diesem Zeitpunkt zu vermuten – eine der siebenundsiebzig vom Land Berlin beschlagnahmten Immobilien gezeigt wurde. Ich erklärte dazu sinngemäß, dass hier der Verdacht der Geldwäsche besteht. Auch Malayka hatte sich in ihren Schilderungen auf diese Szene bezogen. Ein Eckgebäude im beschaulichen Neuköllner Ortsteil Britz, das zeitweise mit Flüchtlingen belegt war und für deren Unterbringung das Land Berlin erhebliche Summen zahlte. Allein das war ein politischer Skandal, der im linken Berlin vollkommen unter den Tisch gefallen ist. Und während dort viel zu viele Menschen auf viel zu wenig Raum eingepfercht wurden, mehrten sich Gerüchten zufolge im Matratzengeschäft gegenüber die nächtlichen Einbrüche. Man muss nicht an Zufälle glauben, um an dieser Stelle der Geschichte ins Schmunzeln zu geraten. Auch hier ging wegen meiner Aussage eine teure Anwaltskanzlei zunächst gegen mich vor. Passiert ist am Ende nichts. Vermutlich, weil nach der Einziehung der Immobilie durch die Staatsanwaltschaft kaum noch ein Zweifel daran aufrechterhalten werden konnte, dass sie mit Geld aus Straftaten erlangt wurde.

Eine weitere Unterlassungsaufforderung war im Mai 2021 nicht besonders neu, sondern aufgewärmt und zu diesem Zeitpunkt schon fast zwei Jahre alt. Anlässlich des absurd anmutenden Auftritts von Issa Remmo nach dem Freispruch seines Sohnes vom Mordvorwurf, bei dem er den Staatsanwalt und die gesamte Justiz öffentlich bedrohte, schrieb ich am 19. Juli 2019 auf Facebook:

> Das Auftreten von Issa Remmo zeigt die völlige Respektlosigkeit vor unseren Gerichten und unserem Wertesystem. Wer Millionen Euro ergaunert und zwei Handvoll Intensivtäter in die Welt gesetzt hat, sollte den Ball dem Staat gegenüber sehr flach halten.

Eine Meinungsäußerung, die ich auch aus heutiger Sicht absolut zutreffend finde. Derjenige, der Millionen ergaunert und zwei Handvoll Intensivtäter in die Welt gesetzt hat, fand das nicht. Er beauftragte wiederum dieselbe teure Frankfurter Medienrechtskanzlei, die mir ihren Standpunkt wie folgt erläuterte: Ihr Mandant hätte einen Unterlassungsanspruch gegen mich, da diese Behauptung unwahr sei. Kostenpunkt für vier Seiten großzügig beschriebenes Papier: 1029,35 Euro, zu zahlen innerhalb von vierzehn Tagen und verbunden mit einer vom Clanchef festzulegenden Vertragsstrafe im Wiederholungsfall. Ich erhielt dieses Schreiben zwischenzeitlich insgesamt viermal mit immer neuem Datumsstempel. Auch hier gab es keinerlei erkennbare Bemühungen, den vermeintlichen Anspruch gegen mich gerichtlich durchzusetzen, nachdem ich nicht auf das Anwaltsschreiben reagiert und insbesondere keine Unterlassungserklärung abgegeben hatte. Mit einigem Vergnügen sinniere ich hin und wieder darüber, wie ein teurer und sicherlich guter Anwalt dem Oberhaupt eines kriminellen Clans mit umfassendem Machtanspruch erklärt, dass er mit seiner ganz eigenen Idee vom Rechtsstaat nicht weit kommt. Ähnlich amüsiert mich der Gedanke, wie Issa Remmo beim örtlichen Polizeiabschnitt in die Wache marschiert und wegen genau desselben Facebook-Eintrags einen Strafantrag gegen mich stellte. So war es bereits kurz nach Erscheinen des Eintrages im Juli 2019 geschehen. Wenig überraschend wurde dieses Verfahren von der Berliner Staatsanwaltschaft mangels Anfangsverdacht eingestellt.

Trotz solcher humoristisch anmutenden Episoden darf man nicht vergessen, dass diese Menschen gefährlich sind. Für unsere Gesellschaft, für unseren Staat, für uns alle. Vielleicht auch inzwischen für mich persönlich und meine Familie, wenn dieses Buch erscheint. Sie schrecken im Zweifel vor nichts zurück, nutzen alle sich ihnen bietenden Möglichkeiten, um Geld und vermeintliche

Macht zu erlangen. Übrigens auch nicht vor brutaler Gewalt. Im Umgang mit ihnen ist stets die größte Vorsicht geboten. Denn wer das Selbstverständnis der Clans und die Gefahr für unseren Rechtsstaat offen anspricht, lebt gefährlich. Der wird bedroht, angefeindet und viel zu oft ohne Lobby und Unterstützung hängen gelassen. Es scheint für Teile der Politik einfach, wenn nicht gar nützlich, wenn kritische Stimmen eingeschüchtert werden und irgendwann verstummen. Wo schon Rassismusvorwürfe und Relativierungsversuche nicht fruchten, da vielleicht persönliche Bedrohungen, teilweise gegen die ganze Familie. So hat es der große Clanexperte Deutschlands, Dr. Ralph Ghadban erfahren müssen. Nach der Vorstellung seines Buches *Arabische Clans – Die unterschätzte Gefahr* im libanesischen Fernsehen sah er sich massiven Bedrohungen ausgesetzt. Er erhielt Mails und Videos mit Drohungen, Beschimpfungen und Hassnachrichten. Sie stammten aus dem Libanon, der Türkei, Syrien und Deutschland. Insbesondere Clanangehörige und Sympathisanten aus Nordrhein-Westfalen und Berlin hatten sich mächtig ins Zeug gelegt und etliche Hassvideos ins Netz gespült. Woher Ghadban das wusste? Weil jede einzelne Hassnachricht, jede Bedrohung und jede im Video festgehaltene Gewaltfantasie mit Klarnamen und Heimatort veröffentlicht wurde. Keine Pseudonyme, keine Avatare, keine Scheu oder Scham. Die Urheber gingen offen zu Werke. Ich hatte sogar den Eindruck, dass es in den weit verzweigten Kreisen auf einmal zum guten Ton gehörte, sich in möglichst drastischen Worten über »den Verräter« Ghadban herzumachen. Die Clans hatten ihre eigene »Ice Bucket Challenge«, und jeder wollte mitmachen.

Es beschämt mich, dass ich der einzige politische Vertreter aus Berlin war, der öffentlich Stellung zu dieser massiven Bedrohung eines anerkannten Wissenschaftlers in Berlin bezogen hat. Das ist nach allem, was ich weiß, auch bei Ghadban hängen geblieben.

Datenschutz soll Daten schützen. Nicht Täter.

Es herrscht angespannte Stille am Besprechungstisch im Büro des Neuköllner Jugendstadtrates. Gerade habe ich meine Kollegen aus dem Jugendamt – mehrere Leitungskräfte und Sachbearbeiter – gefragt, wie stark der Kontakt des fünfzehnjährigen Wisar[6] Remmo mit seinen nachweislich kriminellen Familienmitgliedern ist. In den Gesichtern sehe ich eine Mischung aus Verlegenheit und Unverständnis. Eine der Leitungskräfte setzt zu einer Antwort an: »Für uns als Jugendamt sind die Eltern wichtig. Sie sind die Hauptbezugspersonen für die Jugendlichen.«

Im Klartext: Es gibt keine Informationen darüber, wie sich der bereits mehrfach auffällige Wisar im Familiensystem des bundesweit berüchtigten Clans positioniert. Dass seine kriminellen Onkel, Cousins und Brüder erheblichen Einfluss auf ihn ausüben könnten, wird ausgeklammert, bewusst übersehen, bagatellisiert.

Das mag aus Sicht der fallzuständigen Sozialpädagogen im Jugendamt dem aktuellen wissenschaftlichen und praktischen Stand entsprechen. Es mag mit Blick auf die noch immer schlechte Personalausstattung im öffentlichen Dienst in Berlin auch nachvollziehbar sein. Für mich als politisch Verantwortlicher jedoch ist es ein Riesenproblem. Eine Einschätzung, ob und in welchem Umfang ein Jugendlicher durch sein kriminelles Umfeld gefährdet ist, ist offenkundig nicht möglich. Wenn ich selbst auf Nachfrage nicht einmal erfahre, wer mit wem verwandt ist, welche Familien durch Heirat Verbindungen eingegangen sind oder welcher Zweig des Clans sich hinter welchem Namen und welcher Schreibweise verbirgt, dann ist jede Lageeinschätzung unvollständig und untauglich.

Der von mir hoch geschätzte Innenminister des von Clankriminalität ebenfalls stark betroffenen Nordrhein-Westfalen, Her-

---

6 Name geändert

bert Reul (CDU), hat es vorgemacht: Ein Lagebild über die Bedrohungslagen durch kriminelle Großfamilien steht am Anfang jedes Handelns. Nur wenn der Staat systematisch agiert, kann er dem System Clankriminalität etwas entgegensetzen. Gerade Berlin als Hochburg der Clans muss sehr viel strukturierter und strategischer vorgehen. Es gibt bis heute keine unter allen Behörden abgestimmte Strategie gegen die Clankriminalität in Berlin. Lediglich einen mageren Fünf-Punkte-Plan des Innensenators, der noch nicht einmal fürs politische Schaufenster taugt. Solange das so ist, stochern wir im Nebel.

Wenn diese Erkenntnis für die Sicherheitsbehörden richtig ist, dann kann sie für die kommunale Ebene nicht falsch sein. Um kriminelle Karrieren wirksam zu verhindern, muss das Jugendamt einen Überblick über die Verstrickung von Kindern und Jugendlichen in kriminelle Strukturen gewinnen können. Die Alternative dazu ist nicht akzeptabel: Abwarten, bis das Kind tatsächlich selbst kriminell ist. Dann kommt eine hilflose und eingeschüchterte Familienhilfe einmal die Woche zu Tee und Baklawa, es gibt ein Anti-Gewalt-Training, bei dem der Besuch von drei der acht vereinbarten Termine als Erfolg gilt, das Warten auf den nächsten Verhandlungstermin bei Gericht und vier bis neun Stunden gemeinnützige Arbeit, die als geleistet gelten, wenn mehr als die Hälfte der verordneten Stunden erbracht worden ist. So vergehen Monate und Jahre, und auf einmal haben wir den nächsten Intensivtäter unter den Augen und der Hand des Staates herangezogen, anstatt vorher wirksam einzuschreiten.

Ein »kleines Lagebild« für den Berliner Bezirk Neukölln müsste im ersten Schritt die Kernfamilie des betroffenen Jugendlichen in den Blick nehmen. Von Mutter, Vater und den elf Geschwistern ausgehend, würden sich so zahlreiche Querverbindungen zum Onkel, Cousin, angeheirateten Truppenteilen sowie außerhalb der Familie stehenden Einflusspersonen ergeben. Wenn sich Wisar jeden zweiten Tag mit dem einschlägig vorbestraften Wayci in der szenebekannten Shishabar trifft, ist das nicht verboten. Es könnte aber Hinweise darauf liefern, dass sein Umgang nicht den Anforderungen an eine altersgerechte Entwicklung entspricht. Wenn Wayci den Wisar dann bei seinem nächsten Benzinklau, Ladendiebstahl oder Raub mitnimmt, ist spätestens das ein klarer Anlass zu staatlichem Handeln. Mit dieser Aussicht könnte das Jugendamt die Eltern konfrontieren. Wenn die Eltern nicht bereit oder in der Lage sind, darauf angemessen zu reagieren, kann – und muss! – das Jugendamt im Zwangskontext agieren. Die Jugendgerichtshilfe könnte ihre Sozialprognose im anhängigen Strafverfahren wegen eines kleinen Diebstahls entsprechend formulieren und Auflagen empfehlen. Und auch das Familiengericht könnte sich dafür interessieren und womöglich irgendwann zu dem Schluss kommen, dass das Kindeswohl gefährdet sein könnte. All das ist aber Spekulation, solange das Jugendamt noch nicht einmal zuordnen kann, mit wem Wisar sich umgibt und ob diese Menschen einen negativen Einfluss auf ihn haben *könnten.*

Ein Lagebild ist also gerade dann ein unverzichtbares Arbeitsmittel, wenn das Familiensystem anders nicht zu überblicken ist. Umso mehr und ganz sicher bei Familien mit mehr als fünfhundert Angehörigen – das ist für eine Großfamilie eher wenig –, die in der gesamten Bundesrepublik verstreut sind. Diese einfache Erkenntnis stößt aber schnell an rechtliche Grenzen. Zwar soll der Datenschutz Daten schützen und nicht die Täter, anders als den in dieser Hinsicht sehr frei agierenden Sicherheitsbehörden setzt er kommunalen Behörden aber enge Grenzen. Das gilt umso mehr für den Umgang mit sogenannten Sozialdaten, die zu Recht besonders geschützt sind. Die hauseigenen Datenschützer führen dazu aus:

Sozialdaten dürfen nur von der verantwortlichen Stelle erhoben und verarbeitet werden. Vor dem Hintergrund der besonderen

Schutzbedürftigkeit der Betroffenen im Kinder- und Jugend-
hilferecht ist ›Verantwortlicher‹ in diesem Sinne daher (nur) das
jeweilige Fachamt bzw. die Funktionseinheit.

Im Klartext: Die politisch Verantwortlichen dürfen keine personenbezogenen Daten erhalten, da sie nicht »Verantwortliche«
im Sinne des Datenschutzes sind. Das würde jegliche politische
Einflussmöglichkeit von vornherein ausschließen. Ich halte das
für gänzlich falsch und ging schon damals davon aus, dass es
auch anderslautende juristische Auffassungen geben kann, ja
sogar geben muss. Sonst können wir alle, die in diesem Phäno-
menbereich wirklich etwas verändern wollen, einpacken und
nur noch Vermerke abzeichnen, Post lesen und den Grüßaugust
mimen.

Aus Angst vor den Konsequenzen lieber nichts wissen zu
wollen, um frühes beherztes Einschreiten gar nicht erst als Option zu ermöglichen, das hat bereits vielfach zu ungehemmten
Straftaten geführt, die hätten verhindert werden können. Irgendwann ist auch Sozialarbeit keine Option mehr. Wattebäu-
sche und Gesprächskreise helfen bei diesen Leuten nicht. So
kann man keine Politik machen. Am Ende sind die Leidtragen-
den die Opfer und Geschädigten, die keine Genugtuung seitens
der Justiz erfahren, zumal das Jugendstrafrecht dafür weder gedacht noch geeignet ist.

Dass Datenschutz nicht automatisch zum Täterschutz werden
muss, hat ein echter Experte, der Datenschutz nicht als Ver-
hinderungsinstrument begreift, in einem juristischen Gutachten aufgeschrieben. Auf siebenundzwanzig Seiten ist dort klar
beschrieben, wie es gehen kann. Mit aller Vorsicht und immer
wiederkehrender Prüfung der Notwendigkeit der Datenverarbei-
tung. Aber mit dem klaren Bekenntnis dazu, dass die politisch
verantwortlichen Personen das demokratisch legitimierte Recht
haben, ein Lagebild erstellen zu lassen und zu kennen. Auf dieser

Basis kann man arbeiten. Aber ich muss weiterhin damit rechnen, dass mir unter dem Vorwand des Datenschutzes Felsbrocken in den ohnehin steinigen Weg gelegt werden. Die Behörden stehen sich hierbei selbst im Weg. Und die Bedenkenträger setzen sich nur allzu oft durch, weil Risikobereitschaft und Mut zu Außergewöhnlichem in Behörden denkbar gering ausgeprägt sind.

Die Auslegung des geltenden Rechts ist eine Möglichkeit. Die Anpassung des Rechts an die Realität ist die andere. Auf Grundlage meines Neuköllner Clankonzepts haben im Jahr 2019 die CDU/CSU-Bundestagsfraktion und der Bundesfachausschuss Innere Sicherheit umfangreiche Beschlüsse gefasst. Neben der Vermögensabschöpfung, dem Kinderschutz in Clanfamilien und dem Schutz von Zeugen in Clanprozessen ist auch der Datenschutz ein wesentliches Handlungsfeld der Unionsparteien. Demnach sollen Strafverfolgungs- und Sozialbehörden bei begründetem Verdacht alle relevanten Daten austauschen dürfen. Das ist der absolut richtige Weg, der aber noch viel Zeit und Überzeugungsarbeit im politischen Berlin braucht.

Wenn der Kampf gegen die Organisierte Kriminalität arabischstämmiger Großfamilien nicht nur Folklore im Bezahlfernsehen und mediales Strohfeuer sein, sondern nachhaltig wirken und das Vertrauen in den Rechtsstaat wieder stärken soll, braucht es mehr als ein paar Schwerpunkteinsätze in Shishabars hier und Clangipfelchen dort. Es braucht mehr als Stückwerk. Es braucht ein Gesamtkonzept, das alle Behörden dieses Landes in die Lage versetzt und verpflichtet, ihren Teil zum Gelingen beizutragen. Ganz oben auf der Liste muss die Beschränkung des Datenschutzes auf wirklich schützenswerte Daten stehen. Platt gesagt: Wir müssen uns aussuchen, was uns wichtiger ist: der überbordende Schutz banaler Belanglosigkeiten oder der entschiedene Kampf gegen die Organisierte Kriminalität. Denn darauf läuft es letztendlich hinaus. Datenschutz darf nicht länger Täterschutz sein.

Kriminell von Kindesbeinen an

Das Licht flackert lange, bis es das Kellergeschoss des Kindl-Boulevards an der Neuköllner Hermannstraße endlich in schummriges und kaltes Licht hüllt. Wer die Räume über eine unscheinbare Metalltreppe an der Südseite des zehnstöckigen Büroturms betritt, riecht es sofort: Hier lagern Papierakten. Und zwar schon sehr lange. Tausende alte Papierakten stapeln sich in scheinbar endlosen einfachen Metallregalen bis zur Decke. Rattenfallen stehen in der Ecke. Wer hier heruntersteigt, bekommt unweigerlich ein mulmiges Gefühl im Magen und bleibt nicht länger als nötig. Als Neuköllner Jugendstadtrat müsste ich dort nicht unbedingt hin. Ich könnte im etwas gemütlicheren Büro im Rathaus sitzen bleiben und alles von dort aus delegieren. Als ich anfing, mich mit dem Thema Jugendkriminalität, den Verbindungen ins Clanmilieu und den Fragen des Kinderschutzes in diesen Familien zu beschäftigen, wollte ich aber sehen, wo der Weg der Clangrößen von heute anfing. Denn hier im Keller lagern die Altakten der Neuköllner Jugendgerichtshilfe. Auch Nidal Rabihs Akte lag einmal hier, bis sie turnusgemäß vernichtet wurde. Nicht etwa, weil er geläutert war. Die Aufbewahrungsfrist war schlicht abgelaufen, und der Datenschutz zwingt zur Löschung dieser »zur Aufgabenerfüllung nicht mehr erforderlichen Daten«.

Um solche krassen Intensivtäterkarrieren wie die von Nidal Rabih zu vermeiden, habe ich mit meinem Jugendamt schon ab 2014 neue Wege gesucht. Klar war schon damals: Das bestehende System der Jugendhilfe ist für diese jungen Menschen, die anscheinend zügellos in Kriminalität, Gewalt und Perspektivlosigkeit fallen, nicht geeignet. Von einer Dienstreise nach Essen, wo eine Neuköllner Delegation aus Polizei, Staatsanwaltschaft und Jugendamt herzlich empfangen und intensiv über die dortigen Lösungsansätze informiert wurde, haben wir damals eine Idee mitgebracht und – neuköllntypisch – hier und dort daran gedreht, bis es für uns gepasst hat.

Im Zentrum dieser Idee steht meine Jugendgerichtshilfe, die es in dieser Form überall gibt. Sie ist kommunale Pflichtaufgabe und insofern nichts Neues. Als Teil des Jugendamtes soll sie straffällige Jugendliche beraten und ihnen im gegebenenfalls anstehenden Strafverfahren zur Seite stehen. Die mit den Jugendlichen befassten Sozialarbeiter können erzieherische Maßnahmen vorschlagen und positive wie negative Entwicklungen des Jugendlichen bei Gericht vortragen. Sie ist also keine Strafverfolgungsbehörde, sondern kritischer Begleiter der Jugendlichen. In vielen Fällen trägt die Jugendgerichtshilfe so dazu bei, dass es bei einem einmaligen Vergehen bleibt und »der Schuss vor den Bug« des Jugendlichen ihn in die richtige Spur zurückbringt. Dann waren das gestohlene Videospiel oder die »abgezogenen«[7] Sneakers der erste und letzte Kontakt des Jugendlichen mit der Strafjustiz. In manchen Fällen ist sie jedoch hilf- und wirkungslos, die Prognosen für eine »schädliche Neigung« nicht zielgenau genug. So auch bei Nidal Rabih. So bei derzeit ungefähr fünfzig jugendlichen und heranwachsenden Intensiv- oder Mehrfachtätern in Neukölln. In ganz Berlin sind es ungefähr vierhundertdreißig.

Um solche Intensivtäterkarrieren in Zukunft zu verhindern oder wenigstens unwahrscheinlicher und seltener zu machen, hat sich Neukölln also bereits 2014 auf den Weg gemacht. Konzepte wurden geschrieben, abgestimmt, geändert und intensiv diskutiert. Es geht um Sekundärprävention, also individuelle Arbeit an Kindern und Jugendlichen, die bereits einen falschen Weg eingeschlagen, ihn aber noch nicht bis zu Ende gegangen sind. Da von Anfang an klar war, dass nur eine Kooperation al-

---

7 Das heute wohl nicht mehr gängige Jugendwort »Abziehen« bezeichnet ein Verbrechen, nämlich Raub. Bagatellisierung ist hier fehl am Platz, auch mit Blick auf die Opfer. Soweit nach der auf die Tat folgenden Intervention des Rechtsstaates jedoch keine weiteren Taten mehr begangen werden, ist das Ziel der Jugendgerichtshilfe als erreicht anzusehen. Im Rahmen des Verfahrens kann zudem ein Täter-Opfer-Ausgleich angestrebt werden.

ler Institutionen, die in irgendeiner Form auf Jugendliche einwirken können, zum Erfolg führen kann, zog sich dieser Entstehungsprozess mehrere Jahre hin. Zumal auch Personalstellen mit ganz besonderen Anforderungen besetzt werden mussten. Harte Arbeit für alle Beteiligten, die sich aber gelohnt hat. Seit 2017 gibt es die in Berlin und ganz Deutschland einzigartige Arbeitsgruppe gegen Kinder- und Jugendkriminalität (AG KJK) in Neukölln.

Hier arbeiten drei Sozialpädagogen mit teilweise erheblichen Zusatzqualifikationen wie Anti-Gewalt-Trainer oder Psychotherapeut in Eins-zu-eins-Betreuung mit straffälligen Jugendlichen zusammen und bieten Alternativen zur Gelegenheits- und Gewohnheitskriminalität auf der Straße. Sie stimmen sich außerdem eng mit Polizei, Staatsanwaltschaft, Jugendklubs und Schulen ab und wissen sofort, wenn eine neue Tat begangen wurde oder andere Probleme auftauchen, beispielsweise in der Familie. Sie sprechen mit den Angehörigen und setzen klare Grenzen. Ein intensiver Datenaustausch, der nur mit Einwilligung der Eltern erfolgen darf.

Denn alles, was die AG tut, basiert vollkommen auf Freiwilligkeit. Niemand wird zur Kooperation gezwungen. Wer nach Ansprache durch meine Kollegen die Hilfe ablehnt, kommt aber spätestens dann wieder, wenn der Leidensdruck durch weitere Probleme, neue Taten des Kindes oder die Drohung mit Schulwechsel zugenommen hat. Ich selbst war zu Beginn skeptisch, ob das funktioniert. Aber das tut es. Die Familien, die tatsächlich die Unterstützung der AG KJK abgelehnt hätten, kann ich an einer Hand abzählen.

Die Neuköllner Realität in diesen Familien vor Beginn der Arbeit sieht oft so aus: Die in dieser Lebensphase für Jungs und junge Männer wichtigste Bezugsperson – der Vater – ist entweder physisch oder emotional komplett abwesend. Er ist vor Jahren abgehauen oder ist zwar in der viel zu kleinen Wohnung präsent, interessiert sich aber einen Dreck für seinen Nachwuchs, verbringt die Nacht sonst wo und verschläft den Tag. Die oft bildungsferne Mutter ist mit den vier bis sieben Geschwistern, dem Haushalt, Jobcenter, Schule und Mietschulden komplett überfordert, ist nicht in der Lage, Grenzen zu setzen und fällt als positive Bezugsperson ebenfalls aus.

Was bleibt, ist emotionale Leere bei den Kindern. Sie haben in ihrem kurzen Leben zu keinem Zeitpunkt Verlässlichkeit, Werteorientierung und Geborgenheit erlebt. Das System Familie ist gestört, krank und dysfunktional. Daraus resultiert das sogenannte »ziellose Freizeitverhalten«, das zu Delinquenz, Gewalt und illustren Ansammlungen von Straftaten quer durch das Strafgesetzbuch führt.

Ist das kaputte Elternhaus eine Entschuldigung für die teils erheblichen Taten der Kinder? Nein, natürlich nicht. Aber es ist ein Ansatz für die Präventionsarbeit, den meine AG KJK anpackt. Sie geht dabei einen Weg der kleinen Schritte. Wenn der sechzehnjährige Julius Müller[8] regelmäßig Körperverletzungen, Brandstiftungen und Raubdelikte begeht, kann eine sofortige Läuterung nicht erwartet werden. Jede weitere Tat wird selbstverständlich von Polizei und Staatsanwaltschaft verfolgt. Aus der pädagogischen Sicht der AG ist es aber schon ein Fortschritt, wenn Julius sein nächstes Opfer nicht mehr in die Magengrube tritt, obwohl es schon am Boden liegt. Straffreiheit ist das Ziel. Der Weg dorthin führt über den Aufbau von Empathie und Selbstreflexion.

Scham ist eines der intensivsten Gefühle, die Menschen empfinden können, sagte mir einmal ein Mitglied der AG. Wir alle kennen dieses Gefühl, das sich tief in jede Seele brennt. Erinnern

---

8 Der Name ist natürlich geändert. Aber entgegen aller bestehenden Stereotypen sind nicht alle, wenngleich die überwiegende Mehrheit der jugendlichen Mehrfach- und Intensivtäter in Neukölln, arabischer oder türkischer Herkunft. Es gibt durchaus mehrere deutschstämmige Täter. Eines haben sie alle gemeinsam: Sie sind männlich und nicht die hellsten Kerzen auf der Torte.

Sie sich noch, wann Sie sich das letzte Mal in Grund und Boden geschämt haben? Ich wette darauf. Während Kinder und Jugendliche das in der Gruppe immer durch vermeintliche Stärke zu überspielen versuchen, fällt die Maske im Einzelgespräch. Mal früher, mal später. Es ist ein Prozess, der dann erst beginnt und im Schnitt etwas über ein Jahr dauert.

Die erste Frage, die die Sozialpädagogen ihren Jugendlichen stellen, lautet: »Was willst du in deinem Leben erreichen?« Meist folgt daraufhin betretenes Schweigen. Langfristige Ziele haben diese Jugendlichen in der Regel nicht. Wenn nach einigem Überlegen Berufswünsche wie Pilot, Arzt oder Polizist – das ist tatsächlich nicht selten! – geäußert werden, ist das meist nicht realistisch, aber ein erster Ansatz. In vielen Gesprächen, die sich über Wochen und Monate hinziehen, legen die Experten der AG nach und nach die echten Hintergründe und Wünsche frei.

Fast immer geht es um Anerkennung durch die Familie und den allzu oft physisch oder emotional abwesenden Vater. Mit diesem Wissen können die Pädagogen mit den Jugendlichen arbeiten. Es werden Strategien entwickelt, mit der Aggression umzugehen, es werden kurz-, mittel- und langfristige Ziele vereinbart und kleine Erfolge zusammen gewürdigt. Nach einem erfolgreichen – also gewaltfreien – Schulhalbjahr einfach zusammen Eis essen gehen und sich auf Augenhöhe begegnen: So etwas kann bei diesen Jungs (es sind nur ganz wenige Mädchen dabei) richtig was auslösen. Manchmal erleben diese jungen Männer zum ersten Mal in ihrem Leben so etwas wie Verlässlichkeit und ehrliche Unterstützung. Immer mit der nötigen Distanz, ohne Anbiederung und mit der klaren Ansage: Straftaten werden verfolgt, Fehlverhalten wird geahndet.

Aber es geht eben nicht nur um den Jugendlichen und seine Taten. In einem kranken System ist die Delinquenz der Kinder nur das Symptom. Die AG spricht also ganz gezielt auch die Eltern an. Die Kernfamilie ist die Referenz, die sie interessiert und die es zu stärken gilt. Das kann eine Unterstützung bei Mietschulden oder Stress mit dem Jobcenter sein. Oder eine offene Aussprache mit der Schulleitung. Oder, wie im Fall einer vollkommen überforderten Mutter, deren vierzehnjähriger Sohn Morddrohungen gegenüber dem Schulleiter ausspricht, dass er zum unglaublich engagierten Onkel zieht und endlich eine geregelte Struktur, emotionale Nähe und klare Grenzen erfährt. Der Junge war danach nie wieder auffällig, hat seinen Mittleren Schulabschluss an genau dieser Schule gemacht und absolviert gerade eine Berufsausbildung.

So ist sogar der Zugang in manche als kriminell bekannte Clanfamilie gelungen. Denn die AG hat auch etwas anzubieten. Bei guter Entwicklung kann in bereits laufenden Jugendstrafverfahren eine positive Prognose abgegeben werden. Nicht als Gefälligkeit, sondern als ehrliche und hart erarbeitete Zwischenmeldung zum Werdegang. Gerade die Mütter der Clans wollen oft nicht, dass auch das nächste Kind zum Schwerkriminellen wird. Die Arbeit der AG ist kein Allheilmittel gegen Clankriminalität. Aber sie ist ein Anfang, der sich lohnt.

Seit dem Start im Jahr 2017 konnten wir bereits achtundvierzig Fälle erfolgreich abschließen. »Erfolgreich« bedeutet in diesem Zusammenhang, dass seit einem Jahr keine neuen Straftaten begangen – jedenfalls bekannt – wurden. Es bedeutet, dass eine Perspektive für Schul- oder Berufsausbildung besteht. Und es bedeutet, dass meine vier Kollegen der AG eine positive Prognose abgeben können. Ist der junge Mann zum ersten Mal in seinem Leben auf dem richtigen Weg? Wenn diese Frage positiv beantwortet werden kann, hat sich die teils jahrelange Arbeit gelohnt. Nur in sechs Fällen musste die Betreuung wegen neuer schwerer Straftaten und fehlender Kooperation abgebrochen werden.

Achtundvierzig erfolgreiche Fälle, das klingt erst mal nicht viel. Wer aber weiß, dass nur solche Jugendlichen in dieses besondere Programm kommen, die nach Einschätzung von Polizei oder Staatsanwaltschaft und meiner Jugendgerichtshilfe das Potenzial zum Intensivtäter haben oder es bereits sind, kann diese Zahl besser einschätzen. Wir haben laufend um die fünfzig jugendliche Intensiv- und Mehrfachtäter in Neukölln. Jeder einzelne, der keine weiteren Opfer produziert, ist ein Gewinn für die ganze Stadt. Man darf sich darum auch verwundert fragen, warum Neukölln noch immer der einzige Bezirk ist, in dem diese Arbeit gemacht wird. Der Grund liegt ja nicht darin, dass es nur in Neukölln Jugendkriminalität gäbe. Oder dass es nur in Neukölln Intensivtäter gäbe. Die Erklärung ist sehr viel banaler. Die Arbeit der AG KJK hat höchste Qualität. Goldstandard. Und Qualität kostet Geld.

Mit Ausnahme des grün regierten Bezirks Friedrichshain-Kreuzberg, der nach meiner Überzeugung die Zusammenarbeit mit der Polizei in der Jugendhilfe aus blanker Ideologie kategorisch ablehnt, liegt es bei allen anderen infrage kommenden Bezirken – Tempelhof-Schöneberg, Mitte, Charlottenburg-Wilmersdorf, Marzahn-Hellersdorf, Spandau – schlicht am fehlenden politischen Antrieb, etwas zu tun. Wo in Neukölln mit vier Vollzeitstellen von eigenen Kräften des Jugendamtes fünfundvierzig Jugendliche intensiv betreut werden, gibt es in anderen Bezirken für das gleiche Geld ambulante Hilfen durch freie Träger der Jugendhilfe für hundertfünfzig mehr oder weniger auffällige Jugendliche. Oft mit mäßigem Erfolg, dafür aber mit gesicherter wirtschaftlicher Perspektive für Jugendhilfeträger, die oft nach jahrelanger Betreuung ihre Arbeit so gut gemacht haben, dass es noch viele weitere Jahre Unterstützung braucht.

Mit dem Standardkontingent von vier Stunden pro Woche gelingt kein Beziehungsaufbau. Ich kenne solche Fälle aus der Praxis, bei denen ich regelmäßig ziemlich ratlos vor den Berichten der Träger sitze. »Die Betreuung macht gute Fortschritte,

eine weitere Unterstützung ist erforderlich«, steht da sinngemäß. Für manche Familien geht das jahrzehntelang so, ohne
dass es einen sichtbaren Effekt gibt. Und wenn die Kinder al-
tersbedingt aus der Jugendhilfe herauswachsen, können wir
gleich mit deren Kindern weitermachen. Mit der AG KJK haben
wir Neuköllner da ein Gegenmodell aufgebaut, das bundesweit
Schule machen sollte.

Aber auch dieses Pionierprojekt aus Neukölln hat seine Grenzen. Beinahe zwangsläufig scheitern wir in Familien, in denen
die Kriminalität struktureller Bestandteil des Lebens ist. Wo
Eltern Delinquenz bei ihren Kindern nicht nur hilflos dulden,
sondern sie aktiv vorleben. Insbesondere dort, wo die Kriminalität in den Familien fest verankert ist, wo unsere Gesellschaft als
Beute und Opfer gesehen wird und Stärke vor allem körperliche
Gewalt bedeutet. Wenn Papa, Onkel, Cousins und vier der sieben Brüder schon mal wegen Raub, Diebstahl, Körperverletzung
oder Mord im Gefängnis waren, wird das kriminelle Leben zur
Normalität.

Wenn fast alle (männlichen) Familienmitglieder trotz for-
maler Arbeitslosigkeit teure Autos fahren, Rolex tragen und mit
dicken Geldscheinbündeln durch die Stadt laufen, werden die
Ausbildung zum Kraftfahrer und der einfache Schulabschluss
unattraktiv. Ohne die Verantwortung für ihre Taten von den
jugendlichen Intensivtätern nehmen zu wollen: Wundert sich
denn wirklich noch jemand darüber, dass die Kinder krimineller
Clanfamilien selbst kriminell werden? In diesen Fällen ist meine
AG raus. Es gibt dort einfach keinen Raum mehr für Prävention.
Hier müssen nach meiner Überzeugung die schärfsten Schwer-
ter des deutschen Rechtsstaates in die Hand genommen werden.

Und wir müssen darüber sprechen, Jugendstrafrecht früher
greifen zu lassen. Ich bin ein Befürworter der Strafmündigkeit ab
dem vollendeten zwölften Lebensjahr. Nicht aus diffusen Ver-
geltungsgelüsten oder um der jungen Generation zu zeigen, wo
der Hammer hängt. Solche autoritären Fantasien aus der Mitte

des letzten Jahrhunderts sind mir fremd. Mir geht es um das frühere und damit gerade noch rechtzeitige erzieherische Eingreifen in die absehbar kriminelle Karriere von Kindern. Und nur darum geht es beim Jugendstrafrecht schon heute. Kein Knast für Kinder, sondern Spezialprävention und Stoppschilder. Trotz viel zu vieler spektakulärer Ausnahmen: In den allermeisten Fällen ist das Jugendstrafrecht mit seinen in der öffentlichen Wahrnehmung oft als zu milde empfundenen Maßnahmen erfolgreich. Man hört eben in den Medien nichts vom kleinen Sven, der seinem Mitschüler die Tasche geklaut hat und nach einem Warnschuss vom Jugendgericht nie wieder etwas anstellt. Das ist aber die Masse der Fälle. Und bei denen funktioniert das Jugendstrafrecht auch.

Wenn wir aber sehen, dass die Strafmündigkeit mit erst vierzehn Jahren systematisch ausgenutzt wird, indem jüngere Kinder eine durchaus beträchtliche Kriminalität an den Tag legen, gibt es keinen Grund, noch Jahre zu warten, bis ihnen bei der Suche nach dem richtigen Weg geholfen wird.

Als *Ultima Ratio* gegen Jugendliche, die niemand unter Kontrollen bekommen kann und die schon die härtesten stationären Jugendhilfeeinrichtungen zur Kapitulation gebracht haben, galt einige Zeit ein »pädagogischer Auslandsaufenthalt«. Sozialpädagogen schreiben darüber lange Konzepte, in denen Worte wie »Reizarmut«, »Tagesstruktur« und »Resilienz« vorkommen.

Die Jugendlichen werden für ein paar Monate bis zu mehreren Jahren in ein Bauerndorf in Aserbaidschan oder Spanien verschickt, wo es außer ein paar Hütten und Kühen nichts gibt. Kein Internet, kein Telefon, keine Clique. Das ist die Reizarmut. Wer in einem solchen Dorf lebt, arbeitet rund um die Uhr mit. Das ist die Tagesstruktur. Die Jugendlichen müssen sich vollkommen neuen Umweltbedingungen stellen. Das ist die Resilienz, also die Fähigkeit, sich anzupassen und schwierige Umstände ohne anhaltende Schäden zu überstehen.

Im besten Fall werden sie dadurch charakterlich gefestigt und kommen als gesellschaftsfähige Menschen wieder nach Hause. So die Idee. Während des Aufenthalts soll zudem eine pädagogische Unterstützung erfolgen. Das klappt mal besser, mal weniger gut. Oft treffen die Betreuer vor Ort aber den richtigen Ton im Umgang mit den schwerstdelinquenten Jugendlichen. Gleich zu Beginn wird ihnen klargemacht: So wie bisher geht es nicht weiter. Sie müssen alles abgeben, was sie mit ihrem alten Leben verbindet: Handy, Schmuck, Kleidung. Oftmals sogar ihre Sprache, denn in solchen Projekten wird meist Englisch gesprochen. Das klingt hart, das klingt nach Zwang. Und beides trifft zu.

Einige Zeit fand ich die Idee gut. Ich sagte mir, selbst wenn aus diesen ganzen sozialpädagogischen Konzepten nichts wird, sind die Jugendlichen wenigstens ein paar Jahre von der Neuköllner Straße runter und produzieren keine neuen Opfer. Und das stimmt auch, ist aber fast das Einzige, was solche Maßnahmen mit ziemlicher Sicherheit erreichen können. Mittlerweile sehe ich solche Auslandsaufenthalte daher etwas kritischer. Es gibt zu viele Haken. Mein Jugendamt kann faktisch nicht nachprüfen, wie und ob überhaupt dort mit den Jugendlichen gearbeitet wird. Angekündigte Dienstreisen zum Jugendlichen sind selten und bringen kaum einen Erkenntnisgewinn darüber, was dort an den übrigen 364 Tagen im Jahr passiert.

Die Unterbringung ist außerdem unfassbar teuer, die Tagessätze gehen von 250 bis 400 Euro. Und spätestens zur Volljährigkeit stehen die kriminellen und gewalttätigen jungen Menschen wieder hier auf der Matte und haben im schlimmsten Fall nur gelernt, was Stärke im kirgisischen Waldarbeitermilieu bedeutet. Bei pädagogischen Auslandsaufenthalten geht es nicht um Hunderte Jugendliche. In Neukölln waren es in den letzten zehn Jahren nicht mal eine Handvoll. Es ist eben das letzte Mittel, wenn alles andere versagt hat.

Und es gibt immer auch positive Beispiele, bei denen es danach läuft. Aber wenn gerade einmal fünf von zehn mit irgendwie gearteten positiven Verhaltensänderungen zurückkommen, ist mir der Einsatz für diese Art von Glücksspiel zu hoch. Zumal bis zu einer Gesetzesänderung eine Betreuung lange Zeit weder an fachliche Standards noch an den Einsatz von qualifiziertem Personal geknüpft war.

Im Fall von Anton Sczellinek[9] haben wir dieses Spiel verloren. Als Kind erlebte er massive Gewalt in der Familie und musste die Vergewaltigung seiner jüngeren Schwester durch den Stiefvater mitansehen, der seinem Bruder auch noch ein Auge zertrümmerte. Er selbst konsumierte massiv Alkohol und Cannabis. Da war er selbst zwölf Jahre alt und mit fünfundzwanzig teils schweren Straftaten schon als Intensivtäter bei der Polizei geführt. Sein älterer Bruder wurde im Alter von fünfzehn Jahren zu einer mehrjährigen Jugendstrafe verurteilt. Ich möchte hier nicht ins Detail gehen, aber bevor in dem Alter mehrjährige Freiheitsstrafen verhängt werden, ist eine Vielzahl schwerster Delikte erforderlich.

Anton war auf dem gleichen Weg, er war gewalttätig und gefährlich. Nichts half mehr. Kein Anti-Gewalt-Training, keine intensivpädagogische Betreuung. Das Jugendamt war am Ende seiner Möglichkeiten. Es blieb nur noch eine einzige Option, denn kein freier Träger aus der gesamten Bundesrepublik wollte diesen »Systemsprenger« betreuen.

Anton wurde daher in seinem dreizehnten Lebensjahr zu einer intensiven sozialpädagogischen Einzelbetreuung nach Kirgisistan geschickt. Auch dort war er kein Musterknabe, klaute Geld und rannte weg. Die krassen Vorfälle blieben aber aus. Er zeigte gute Tendenzen, wenn man das bei solch einer Vorgeschichte überhaupt sagen kann. Dennoch schätzte mein Jugend-

---

9 Name geändert

amt sein Gefährdungspotenzial als so hoch ein, dass alles unternommen wurde, um ihn so lange wie möglich im Ausland zu lassen. Fünf Jahre konnten wir die Gesellschaft vor ihm schützen. Über 300 000 Euro hat das gekostet. In Deutschland wäre mehr als das Doppelte fällig gewesen. Und höchstwahrscheinlich zahlreiche Opfer von Gewalt.

Pünktlich zu seinem achtzehnten Geburtstag war Anton wieder in Neukölln. Neun Tage nach seiner Rückkehr beging er einen Raub, überfiel kurz darauf eine Arztpraxis und beging einige Körperverletzungen. Nach seiner spektakulären Festnahme auf einem Gerüst der Berliner Gedächtniskirche in luftigen Höhen wurde er auf Anraten der Polizei und meines Jugendamtes in Untersuchungshaft genommen. Die klare Befürchtung war: Wenn der wieder auf die Straße kommt, passiert noch Schlimmeres. Das haben meine Fachleute der Jugendgerichtshilfe auch so dem Jugendrichter erklärt und eindringlich die Verhängung einer Jugendstrafe empfohlen. Der Richter verhängte vier Wochen Arrest, die durch die Untersuchungshaft bereits abgegolten waren. Anton verließ das Gericht als freier Mann.

Nur wenige Wochen später schlug er einem vollkommen Fremden aus nichtigem Anlass mit einem Zimmermannshammer den Schädel ein. Und ich sehe noch das resignierte Kopfschütteln meines damaligen Leiters der Jugendgerichtshilfe vor mir, als er sagte: »Das hätten wir verhindern können.« Mit »wir« meinte er das Jugendgericht. Anton wurde auf unbestimmte Zeit in die geschlossene Psychiatrie geschickt.

In vielen Tausend anderen Fällen zeitigt die harte Arbeit der Jugendämter in Deutschland Erfolge. Bei ihm nicht. Als die Jugendhilfe mit Anton fertig war, hat er erst richtig losgelegt. Solche Typen kannst du am Ende einfach nur wegsperren und hoffen, dass sie nie wieder aus Tegel oder Bonnies Ranch[10] rauskommen.

---

10 Berliner Spitzname für die Karl-Bonhoeffer-Nervenklinik, einem der beiden Standorte des Krankenhauses des Maßregelvollzugs Berlin

Kinderschutz gilt auch in Clanfamilien

Wenn wir im Kampf gegen die Clankriminalität langfristig Erfolg haben wollen, müssen wir noch früher beginnen. »Langfristig« bedeutet, dass wir heute die Weichen für die nächsten zwanzig Jahre stellen. Wer behauptet, dass wir das Problem eher in den Griff bekommen, täuscht sich. Ich bin der Meinung, dass wir dafür viele Instrumente bereits zur Verfügung haben. Wir müssen sie nur auspacken.

> Wird das körperliche, geistige oder seelische Wohl des Kindes oder sein Vermögen gefährdet und sind die Eltern nicht gewillt oder nicht in der Lage, die Gefahr abzuwenden, so hat das Familiengericht die Maßnahmen zu treffen, die zur Abwendung der Gefahr erforderlich sind.

So steht es im Bürgerlichen Gesetzbuch. Diese schlicht erscheinende Norm aus § 1666 BGB hat es in der Praxis freilich in sich. Auf ihrer Grundlage werden Auflagen zum Besuch von Elternkursen erteilt, Umgangs- und Aufenthaltsverbote erlassen und Kinder von ihren Eltern getrennt. Daneben gibt es für das Jugendamt noch die im Sozialgesetzbuch verankerte Möglichkeit der Inobhutnahme, wenn eine Entscheidung des Familiengerichts nicht schnell genug eingeholt werden kann.

Bei mehr als vierzehnhundert Kinderschutzmeldungen im Jahr 2018 in Neukölln wurde die Inobhutnahme in gerade einmal achtundfünfzig Fällen angewendet. Und auch dann oft nur für die Dauer einer medizinischen Untersuchung. Das kann beispielsweise der Fall sein, wenn Eltern einer aus Sicht des Jugendamtes notwendigen ärztlichen Untersuchung zur Abklärung einer auffälligen Verletzung nicht zustimmen. Es ist also die absolute Ausnahme, aber regulärer Bestandteil des staatlichen Instrumentenkastens zur Erfüllung eines verfassungsmäßigen Auftrages: dem Schutz des Kindeswohls.

Kann auch ein dauerhaftes und umfassendes kriminelles familiäres Umfeld eine Kindeswohlgefährdung sein? Oder sollen wir zusehen, wie ein Kind nach dem anderen aus einschlägigen Familien zu Schwerverbrechern herangezogen wird? Sollten nicht auch in diesen Fällen alle Werkzeuge des deutschen Familienrechts zur Anwendung kommen können? Diesen Fragen habe ich mich mit Blick auf die Intensivtäter in der Neuköllner Jugendgerichtshilfe gestellt. Antworten gab es lange Zeit keine. Neben großen Bedenken noch größerer Bedenkenträger herrscht vor allem eine verfestigte Entschlossenheit, das Thema gar nicht erst anzupacken. Einerseits sicher aus einer gewissen Bequemlichkeit heraus. Andererseits aus der richtigen Erkenntnis, dass dort viel Arbeit und nur wenige Erfolgschancen lauern. Und in dem Wissen, dass ein Jugendamt mit einem vergleichbaren Aufwand Dutzenden Familien mit weniger schweren Fällen dauerhaft und verlässlich helfen kann. Aber einfach wegzusehen ist für mich keine Alternative. Schon allein, weil ich auch die Opfer dieser Familien und ihrer generationenübergreifenden Kriminalität im Auge habe. Also habe ich das angestoßen.

Im Mittelpunkt aller Überlegungen steht die Frage, ob die Prognose gerechtfertigt ist, dass der gegenwärtige Zustand, in dem ein Kind aufwächst, absehbar zu einer Gefährdung seines persönlichen Wohls führt. Dabei ist der Schaden am persönlichen Wohl durch regelhafte Kriminalität zur Sicherung des Lebensunterhaltes klar zu benennen: Schulversagen, Perspektivlosigkeit, Kriminalität, Gewalt, Drogen, Knast. Die Weichen dafür werden früh gestellt. Hinzu kommen die Schäden für die Opfer und die Gesellschaft – beides findet aber bei Fragen des Kindeswohls keine Berücksichtigung. Auch wenn es schwerfällt, muss man das klar trennen, um nicht gegen eine juristische Wand zu laufen. In Fragen des Kinderschutzes zählt einzig und allein das Wohl des konkreten Kindes.

Aus politischer Sicht spielt für mich aber auch eine Rolle, dass eine Familie ihr Recht auf die Erziehung ihres Kindes nicht im

Sinne unseres Grundgesetzes wahrnimmt, wenn sie es mit Gewalt, Kriminalität und Staatsverachtung umgibt. Wenn schon die ersten drei Brüder Intensivtäter sind und die Eltern das auch noch unterstützen, ist es die Pflicht des Staates, einzugreifen. Unsere Gesellschaft kann es sich nicht leisten, auch die Kinder vier bis sechs zu Schwerverbrechern verkommen zu lassen.

Denn auch diese Kinder haben ein Recht auf ein gutes Aufwachsen, ohne von den Clans in die Kriminalität getrieben zu werden. Kein Kind wird kriminell geboren – die Clans machen sie dazu. Im Grundsatz hat unser Rechtsstaat diese Wertung übrigens bereits getroffen. Laut Paragraf 171 des Strafgesetzbuches wird jemand mit bis zu drei Jahren Freiheitsstrafe bestraft, der seine Fürsorge- oder Erziehungspflicht gröblich verletzt und dadurch einen Schutzbefohlenen in die Gefahr bringt, in seiner körperlichen oder psychischen Entwicklung erheblich geschädigt zu werden oder einen kriminellen Lebenswandel zu führen.

Das Strafrecht ist nicht Aufgabe des Jugendamtes. In diesen Fällen muss der Staat in Gestalt des Jugendamtes seinem originären Auftrag – dem Schutz des Kindeswohls – aber auch mit den äußersten Mitteln gerecht werden. Nehmt den Clans die Kinder weg! Das ist eines der möglichen Instrumente, die der Staat haben muss. Und manchmal reicht es vielleicht auch, wenn man den Werkzeugkoffer nur aufmacht und zeigt, was drin ist.

Denn Kinder aus Familien zu nehmen ist das Letzte, was ich will. Es ist ein enorm schwerwiegender Eingriff in die Rechte von Kindern und ihren Eltern. So etwas kann traumatisierend auf die gesamte Familie wirken. Das muss man auf dem Schirm haben, wenn man sich ernsthaft mit diesen Fragen beschäftigt. Es bringt nichts, geradezu rambohaft bei den Clans einzureiten und die Kinder rausholen zu wollen, nur um mal ein politisches Zeichen zu setzen. Jede einzelne Maßnahme muss wohldurchdacht, sorgsam abgewogen und immer im wohlverstandenen Interesse der Kinder getroffen werden.

Und nur weil das Kind nicht mehr in der Familie ist, haben wir ja auch noch gar nichts gewonnen. Der Staat muss sich dann darum kümmern, dass es dem Kind signifikant besser geht als zu Hause beim Clan: stationäre Unterbringung an einem geheimen Ort, Schutz vor »Entweichen«, intensive pädagogische Arbeit mit dem Ziel, eine Perspektive zu schaffen. Und dann? Was ist die Exit-Strategie? Irgendwann müssen wir das Kind zurück in die Familie geben, oder es geht pünktlich zum achtzehnten Geburtstag selbst wieder zurück. Bis dahin müssen wir es charakterlich so gestärkt haben, dass es krimineller Vereinnahmung widersteht und sich stattdessen ein eigenes und selbstbestimmtes Leben mit allen Möglichkeiten und Grenzen unserer Gesellschaft aufbaut.

Und genau das wird uns bei älteren Jugendlichen, die schon im kriminellen Milieu gefangen sind, nicht gelingen. Denn dazu brauchen wir Zeit, wenn es überhaupt klappen soll. Darum müssen wir so früh wie möglich an die Kinder ran. Retten, was zu retten ist. Bevor sie über das jahrelange bewusste Erleben der familiären Kriminalität als Normalfall unwiederbringlich verdorben sind. Diese Einschätzung teilen auch Polizeiexperten, die durchweg feststellen, dass bekannte Clankriminelle ihre »Karriere« schon sehr früh beginnen und sehr oft junge Intensiv- oder Mehrfachtäter sind.

Das Kind soll also aus der Kriminalität aussteigen. Was nicht passieren wird: dass es gänzlich aus der Familie aussteigt. Es kann also keinesfalls um eine Strafaktion gegen kriminelle Clanbosse gehen, sondern einzig und allein um die beste Entscheidung für ein Kind, das unter widrigsten Bedingungen aufwächst.

Für solch schwere Eingriffe kommen nur ganz bestimmte Konstellationen infrage. Dabei geht es nicht um den sprichwörtlichen Kaugummiklau. Auch und insbesondere die Entziehung der elterlichen Sorge, wie es im juristischen Sprachgebrauch heißt, ist an strenge Verhältnismäßigkeit gebunden. Es geht um die organisierte, planmäßige und dauerhafte kriminelle Tätigkeit, die anstelle einer legalen Beschäftigung auf die Sicherung des Lebensunterhalts und den Erwerb von Vermögensgütern angelegt ist. Das kann dann ganz unabhängig von der Herkunft die arabische Großfamilie genauso treffen wie die deutsche Familie, die Rockerbande, die italienische Mafia oder Diebesbanden aus (Süd-)Osteuropa. Wer mir in diesem Zusammenhang Rassismus vorwirft, hat das Problem und die komplexe Diskussion um mögliche Lösungsansätze schlicht nicht verstanden. Oder will sie nicht verstehen.

Ende 2020 war es nach langer Vorarbeit so weit, dass ich mit einem von mir versammelten Expertenrat beginnen konnte, am Thema zu arbeiten. Die geballte Fachkenntnis, die mir erstmals am 26. November 2020 – coronabedingt nur virtuell – gegenübersaß, war enorm. Kriminalpsychologen, Psychiater, Rechtswissenschaftler, Legenden des deutschen Jugendhilferechts, ein Familienrichter, Fachanwälte für Familienrecht und ein Islam- und Sozialwissenschaftler waren dabei.

Ich hatte mit Widerstand gerechnet. Da saßen keine Jasager, sondern gestandene Männer und Frauen, die auf ihrem Gebiet führend im Land sind. Unser Grundgesetz hat vollkommen zu Recht ein starkes Elternrecht verankert, über dessen Ausübung der Staat lediglich wacht. Er darf nur eingreifen, wenn das Wohl des Kindes absehbar gefährdet ist. Wenn ein Kind nicht bestmöglich gefördert wird, ist das kein Fall für das Jugendamt. Auch nicht, wenn es ein paarmal hungrig zu Bett geht, so bitter das klingen mag. Erst wenn ein Kind in seiner Entwicklung gravierend beeinträchtigt wird, kann eine Kindeswohlgefährdung in Betracht kommen. Es wäre für diese renommierten Experten nur nachvollziehbar und fast schon zwingend gewesen, mit diesem Hinweis die Debatte schon nach fünf Minuten zu beenden.

Doch das Gegenteil war der Fall. Sie alle reizte das Thema. Sie alle spürten, dass es an der Zeit war, etwas zu unternehmen.

Rechtsgeschichte zu machen. Wie ich sahen sie den blinden Fleck, den die deutsche Jugendhilfe aus Angst vor den Folgen zu genauen Hinsehens einfach zulässt.

Schnell konnten wir uns auf drei wesentliche Punkte einigen, die mein Jugendamt als Vorreiter für das ganze Land angehen müsse. Zum einen brauchen wir ein neues oder wenigstens erweitertes Verständnis des Begriffs »Kindeswohl«. Dieser Begriff ist in keinem Gesetz definiert, sondern durch Rechtsprechung und Rechtsdogmatik in seiner praktischen Bedeutung und tatsächlichen Umsetzung verfestigt. Ein unbestimmter Rechtsbegriff, der in der juristischen Praxis ausgelegt wird. Ein Glücksfall für mein Vorhaben, denn erst so ist dieser Begriff der Umformung, Erweiterung und Konkretisierung überhaupt zugänglich.

Im Kern geht es bei der Kindeswohlgefährdung um eine Prognose, ob gewisse Umstände eine Gefahr für das körperliche oder seelische Wohl eines Kindes bedeuten. Es muss also einen konkret benennbaren Schaden geben, der nicht nur möglich, sondern sogar wahrscheinlich und erheblich ist.

Körperliche Misshandlung ist unzweifelhaft eine solche Gefahr. Sie lässt sich relativ leicht nachweisen. Manchmal schon durch den Augenschein, manchmal durch eine medizinische Untersuchung, manchmal durch Aussagen oder Verhalten des Kindes. Im Ergebnis immer aus einer Kombination aller infrage kommenden Faktoren. Wenn ein Kind durchgehend angespannt wirkt, seine Umgebung zwar aufmerksam sondiert, aber dennoch passiv wirkt, über längere Zeit keinen Augenkontakt herstellt und außer durch achtsame Beobachtung seines Umfelds keine Interaktion zeigt, ist das ein ganz beklemmender Anblick. Jeder merkt sofort, dass mit diesem Kind etwas nicht stimmt. Diese sogenannte »frozen watchfulness/eingefrorene Aufmerksamkeit« ist ein typisches Merkmal misshandelter Kinder. Auf der anderen Seite haben manche Kinder keinerlei Distanz zu Erwachsenen, fallen auch Fremden sofort um den Hals – aber eher reflexhaft und emotionslos – und wollen so vermutlich ständig erwarteten Übergriffen zuvorkommen. Aus solchen Verhaltensweisen allein lässt sich keine sichere Diagnose erstellen. Sie sind aber Indikatoren, die man nicht übersehen darf.

Schwieriger wird es bei der Vernachlässigung, die sich einerseits durch Mangelernährung, auffallend fehlende Hygiene oder erhebliche Entwicklungsstörungen manifestieren kann. Am schwersten nachzuweisen ist die seelische Misshandlung durch Worte oder schlichtes Ignorieren der kindlichen Bedürfnisse. Die Folgen sind oft erst nach langer Zeit zu beobachten und kaum einer konkreten Tat zuzuordnen, aber nicht weniger schrecklich für die Entwicklung eines Kindes.

Auch in diesem Zusammenhang musste ich in meiner Zeit als Jugendstadtrat schmerzhaft lernen, dass Kinder zwar ein positives Recht auf Liebe und Zuneigung haben, die Verletzung dieses Rechts aber weder besonders gut nachweisbar noch seine Erfüllung einklagbar ist. So hart es klingt, so klar ist auch die dahinterstehende kalte Logik: Allein das Nichterfüllen der bestmöglichen Zuwendung für das Kind berechtigt den Staat nicht zum Eingreifen. Erst das eklatante und dauerhafte Unterschreiten von Mindeststandards rechtfertigt die staatliche Sanktion. Und wer kann schon sagen, wo in Kategorien von Liebe und Zuneigung Mindeststandards beginnen und enden?

Oft werden Fälle von Misshandlung oder Vernachlässigung zudem gar nicht bekannt, weil sie sich im engsten Familienkreis abspielen. Gleichzeitig käme aber niemand auf die Idee, sie sehenden Auges hinzunehmen. Daher war es schon bisher ganz selbstverständlich, dass Jugendämter auch in schwerstkriminellen Familien intervenieren, wenn dort Misshandlungen bekannt werden. Anders ist es ganz offenbar bei der dauerhaften und nachhaltigen Schädigung des Kindeswohls durch ein kriminelles familiäres Umfeld. Es schien bisher niemanden zu interessieren, ob Kinder aus Familien, die zu großen Teilen aus

Verbrechern bestehen, auch nur irgendeine Chance auf ein gutes Aufwachsen haben. Ich sage: Es liegt sehr wohl eine Kindeswohlgefährdung vor, wenn ein Kind in einer Familie aufwächst, in der Brüder, Onkel und Cousins allesamt Gewaltverbrecher sind. Wenn ein Kind in einem Klima ständigen und vorsätzlichen Rechtsbruchs und der tiefsten Verachtung unserer freiheitlichen Gesellschaft aufwächst, dürfen wir das nicht mehr hinnehmen.

Wir mussten also den unbestimmten Rechtsbegriff »Kindeswohl« um genau diesen Punkt erweitern. Ihn anreichern und endlich juristisch begründen, was der gesunde Menschenverstand instinktiv als richtig begreift. Dazu braucht es fachliche Gutachten, Stellungnahmen und den Mut, jahrzehntelange Rechtsprechung zu hinterfragen. Es war der Kern des gesamten Vorhabens, ohne den nichts weitergeht. Die *Conditio sine qua non*.

Der zweite Ansatz schloss direkt dort an. Wir mussten Rechtsstreitigkeiten in solchen Fällen gezielt durch die gerichtlichen Instanzen tragen, um höchstrichterliche Entscheidungen zu bewirken. Dazu muss man wissen, dass das Jugendamt in familiengerichtlichen Verfahren oft Beteiligter ist und dann die gleichen Rechte hat wie die übrigen Streitparteien. Es ist nicht Ankläger oder Richter. Insbesondere darf das Jugendamt Beweisanträge stellen und kann damit das Gericht zur Überprüfung bestimmter Sachverhalte zwingen. Dabei reicht ein Anfangsverdacht aus.

Am Ende hat das Gericht die Pflicht, den Sachverhalt zu ermitteln und eine Entscheidung zu treffen. Wenn mein Jugendamt also den Anfangsverdacht für eine Kindeswohlgefährdung durch ein kriminelles familiäres Umfeld sieht, kann es entsprechende Gutachten vorschlagen und Sachverständige befragen lassen. Es ist nicht verpflichtet, jegliche Zweifel am vorgetragenen Verdacht auszuräumen. Das ist Aufgabe des Gerichts. Eine bequeme Situation, möchte man denken. In der Praxis ist es aber dennoch oft so, dass ein erheblicher Aufwand betrieben werden muss, um Gerichte letztlich von einer bestimmten Annahme zu überzeugen.

Aus meiner Sicht ist es eher unwahrscheinlich, dass wir einen »einfachen« Familienrichter dazu bringen, die jahrelang gewachsene Rechtsprechung zum Kindeswohl zu verwerfen. Darum müssen wir ran an die nächsten Instanzen: In Berlin ist es das Kammergericht, das als Oberlandesgericht als zweite Instanz in Familiensachen fungiert. Dort ist man durchaus in der Lage und willens, rechtliche Fragestellungen aus einer neuen Perspektive zu erörtern. Wenn sie denn gut, nachvollziehbar und fundiert vorgetragen werden.

Das führt direkt zum dritten Punkt: Genau dazu muss mein Jugendamt in der Lage sein. Wir brauchen spezialisierte Fallteams, die mit den besonderen Umständen in strukturell kriminellen Familien vertraut sind. Sie müssen messerscharf erläutern und belegen können, wie die Entwicklung eines Kindes gravierend beeinträchtigt wird, wenn es den ganzen Tag nur Kriminelle um sich hat. Darum braucht es das Lagebild. Darum braucht es den Überblick über Familienstrukturen. Und darum braucht es auch ein Datenschutzrecht, das diese Arbeit nicht behindert oder gar vollkommen unmöglich macht.

Mit einigem Unverständnis habe ich darum zur Kenntnis nehmen müssen, dass der Senat bei der Veröffentlichung des ersten Berliner Lagebildes zur Clankriminalität, sage und schreibe erst im März 2021, vollständig darauf verzichtete, die festgestellten Taten den Clans namentlich zuzuordnen, wie es beispielsweise die sehr engagierte Landesregierung in Nordrhein-Westfalen getan hat. Das wäre eine sehr wichtige Information gewesen – nicht nur für Neukölln, sondern für alle Jugendämter dieser Stadt. Es hätte auch den Druck auf diejenigen Bezirke erhöht, die sich bisher um das Kindeswohl in Clanfamilien nicht kümmern und aus Angst, handeln zu müssen, pfeifend wegsehen. Es war aber von einer linken Regierung, die nicht den

Schneid dazu hat, sich den immer wieder reflexhaft erhobenen Rassismusvorwürfen aus den eigenen Reihen entgegenzustellen, wohl nicht anders zu erwarten.

Die gemeinsamen Bemühungen mit dem Expertenrat mündeten im September 2021 in einem Positionspapier, das es in sich hat. Erstmals stellen wir nach langer Studien- und Fallarbeit fest, dass von Kriminalität und Delinquenz geprägte Familien eine Kindeswohlgefährdung darstellen können. Genau das, was ich oben als »instinktiv richtig« beschrieben habe, konnten wir im interdisziplinären Austausch untermauern.

Alle konsultierten Fachleute waren der übereinstimmenden Auffassung, dass die Gefährdung durch ein kriminelles familiäres Umfeld bei der Beurteilung von Kindeswohlgefährdungen bisher sowohl in der Jugendhilfe als auch in der Familiengerichtsbarkeit vernachlässigt wurde. Insbesondere dann, wenn es sich um familiäre Verflechtungen mit der Organisierten Kriminalität handelt, ist demnach ein geeigneter Zugang für die Jugendhilfe erschwert und die notwendige Kooperationsbereitschaft der Eltern oft nicht in ausreichendem Maße vorhanden. Diese Situation kann durch bio-psycho-soziale Faktoren wie kulturelle, genetische und Umwelteinflüsse noch weiter erschwert werden. Ein kleiner Einblick in die Studienlage dazu:

1. Bei einem bereits verhafteten Familienmitglied besteht eine hohe Wahrscheinlichkeit weiterer bereits verhafteter Verwandter. Insbesondere bei Verhaftung des Vaters konnte die Straffälligkeit der Söhne vorausgesagt werden. Somit steigt die Wahrscheinlichkeit für kriminelles Verhalten der jüngeren (männlichen) Familienmitglieder besonders dann, wenn deren Väter bereits straffällig in Erscheinung traten.

2. Gab es drei verurteilte Brüder in einer Familie, wuchs die Wahrscheinlichkeit von Verurteilungen besonders stark an.

3. Eine Neutralisation ungünstiger sozialer Netzwerke bei devianten Jugendlichen ist der entscheidende Faktor, um zukünftiges Problemverhalten einzudämmen.

4. Das elterliche Erziehungsverhalten spielt sowohl bei Früh- als auch bei Spätstartern eine essenzielle Rolle bei der Entwicklung von kriminellem Verhalten. Es stellt die erste Variable in einer Kausalkette dar, die schlussendlich im Auftreten von kriminellem Verhalten mündet.

Die von mir versammelten Experten waren sich darin einig, dass in den Fällen, in denen ein kriminelles familiäres Umfeld die Delinquenz und Kriminalität eines Kindes begünstigt oder gar ermöglicht, Eingriffe durch das Familiengericht in die Rechte der Eltern erforderlich, aber auch angemessen sein können. Eine erhebliche Gefährdung des Kindeswohls ist in solchen Fällen demnach sehr wahrscheinlich und kann auch anhand des Werdegangs älterer Geschwister prognostiziert werden. Der eingetretene oder zu erwartende Schaden sowie die Wahrscheinlichkeit des Schadenseintritts für die betreffenden Kinder muss klar benannt, durch Beweismittel belegt und von den Familiengerichten anerkannt werden. An die Wahrscheinlichkeit des Schadenseintritts sind dabei umso geringere Anforderungen zu stellen, je schwerer der drohende Schaden wiegt.

Diese Erkenntnis bietet vollkommen neue Handlungsoptionen in familiengerichtlichen Verfahren und ist deshalb ein Meilenstein, den wir stellvertretend für andere von Organisierter Kriminalität belastete Kommunen gegangen sind.

Dennoch bleiben staatliche Eingriffe zum Schutz des Kindeswohls stets richterliche Entscheidungen im Einzelfall, die einer Gesamtschau unterliegen. Das klingt alles sehr technisch und sehr kompliziert. Und so muss es auch sein. Verwaltung, Gerichte und Öffentlichkeit sollen sich an solche staatliche Eingriffe niemals gewöhnen, sondern sich immer ihrer besonderen Schwere bewusst sein. Wer dann handelt, muss sich sicher sein, dass er richtig liegt.

Um konkret zu machen, wovon genau wir sprechen, möchte ich einen fiktiven Fall darstellen. Er ist angelehnt an reale Verhältnisse, ich habe aber wesentliche Angaben derart verändert, dass kein Bezug zu einer konkreten Familie mehr möglich ist. So wie ich ihn hier schildere, sind Umstände, Beziehungen, Namen und Daten erfunden. Der Fall bietet aber dennoch – so haben es mir Experten nachdrücklich bestätigt – einen prototypischen und intimen Einblick in die familiären Systeme krimineller arabischer Clans und andere Ausprägungen Organisierter Kriminalität. Ähnlichkeiten mit tatsächlich lebenden Personen und Familiensystemen sind unbeabsichtigt und wären rein zufällig.

Es geht um Noah[11], der gerade seinen zwölften Geburtstag gefeiert hat. Er lebt mit einem älteren Bruder und drei älteren Schwestern bei seiner Mutter in weitgehend stabilen Verhältnissen. Seine weiteren acht Brüder im Alter von zwanzig bis dreißig Jahren leben nicht mehr im Haushalt, halten aber engen Kontakt zur Kernfamilie. Der Vater aller dreizehn Kinder hat – jedenfalls offiziell – die Beziehung zur Mutter beendet und lebt mit einer neuen Partnerin zusammen: eine in diesen Kreisen oft geübte Praxis, um zusätzliche Sozialleistungen zu erhalten und in der Herkunftskultur vollkommen legitime polygame Lebensentwürfe staatlich subventionieren zu lassen. Es bestehen weit verzweigte Kontakte mit Angehörigen im erweiterten Verwandtenkreis über die gesamte Bundesrepublik und in das Herkunftsland der Familie im Nahen Osten, aus dem der Vater in den Achtzigerjahren eingereist ist. In Berlin gehören ungefähr hundertfünfzig Personen zum Verwandtenkreis, wovon nur ein kleiner Teil strukturell kriminell ist.

Die Kernfamilie ist jedoch durch Kriminalität geprägt. Mehrere der älteren Brüder werden bei Polizei und Staatsanwaltschaft als Intensivtäter geführt. Verkehrsdelikte, Betrug, erhebliche Körperverletzungen, Diebstahlserien mit Dutzenden

---

11 Noah ist der männliche Vorname, der 2020 in Neukölln am häufigsten vergeben wurde. Er ist nicht unbedingt repräsentativ für die Namensgebung der hauptsächlich betroffenen Familien.

Einzeltaten und Raubüberfälle mit hoher Beute werden ihnen in wechselnden Täterkonstellationen zur Last gelegt. Mehrere Familienmitglieder wurden bereits zu teils mehrjährigen Haftstrafen verurteilt, ohne dass ein erkennbarer Resozialisierungseffekt eingetreten wäre. Selbst die in solchen Familien in der Regel eher unauffälligen Töchter machten schon in jungen Jahren durch etliche Diebstähle auf sich aufmerksam. Zwar gibt es auch zwei mittlerweile erwachsene Kinder, die – jedenfalls seitdem sie strafmündig sind – strafrechtlich noch nicht in Erscheinung getreten sind und teilweise sogar akademische Abschlüsse anstreben. Ein positiver Einfluss auf die Gesamtfamilie ist durch diese Ausnahmen jedoch nicht zu erkennen, und in der Familie ist weiterhin kein nennenswertes legales Einkommen bekannt, das über Sozialleistungen hinausgeht. Gleichzeitig verfügen einige Familienmitglieder über Vermögen in beträchtlicher Höhe, das zumeist in Immobilien, teils im Herkunftsland der Eltern, oder hochpreisigen Kraftfahrzeugen angelegt ist. Die Berliner Polizei fasst das sehr trocken so zusammen:

> Noah ist Angehöriger einer arabischstämmigen Großfamilie, welche in unterschiedlicher Zusammensetzung eine Vielzahl von Straftaten, zum Teil in Bandenabrede, begeht. Seine Sozialisation durch seine Familie ist geprägt von unmoralischem und nicht gesellschaftskonformem Verhalten und Ansichten.

Seit seinem sechsten Lebensjahr ist bei Noah eine Lernbehinderung diagnostiziert. Im Alter von sieben Jahren wird er erstmals bei Diebstählen erwischt. Ab diesem Alter häufen sich Gewaltmeldungen und Schulschwänzen. Jetzt, mit zwölf Jahren, kann er weder ausreichend lesen noch schreiben und ist im schulischen Alltag frustriert. Noah berichtet in letzter Zeit sichtlich verängstigt von immer wiederkehrenden nächtlichen Polizeieinsätzen im Haus der Familie, ist ungepflegt, trägt über mehrere Tage hinweg dieselbe Kleidung und stinkt immer öfter nach Urin. Sein Kontakt zu Mitschülern beschränkt sich auf Aggression und Gewalt, die zunehmend sexualisiert ist. Er fordert Geld von anderen Kindern, schlägt grundlos und äußerst brutal zu. Manche Lehrer weigern sich, den Klassenraum zu betreten, wenn Noah da ist. In der Reihe der auffälligen Delinquenz stechen zwei Vorfälle heraus, die es in sich haben. Einmal sammelte Noah seinen Kot und Urin in einem Eimer und schüttete ihn über einen Mitschüler aus. Mit Gewalt drückt er den Kopf des Mitschülers danach weiter in seine Exkremente hinein. Wenig später drückte er das Gesicht eines Kindes für beinahe eine halbe Minute auf seinen entblößten Penis, ohne dass es zum Eindringen in Körperöffnungen kam. Es fällt schwer, bei solchen Schilderungen nicht die Fassung zu verlieren. Mir fällt es schon schwer, das aufzuschreiben. Es sollte aber niemand annehmen, dass solche und ähnliche Vorfälle nicht real sein können. Umso notwendiger ist es, bei der Frage der Kindeswohlgefährdung die Perspektive zu wahren. Es geht im Fall Noah nicht um Bestrafung der Familie für ihr Erziehungsversagen oder gar um eine Bestrafung des Kindes, sondern um seinen Schutz. Wir sehen am Verhalten von Noah, an den Umständen, unter denen er aufwachsen musste, und an dem Werdegang seiner Brüder und Schwestern, dass er auf dem besten Weg dahin ist, der nächste Intensivtäter in seiner Familie zu werden. Einer meiner Experten hat es einmal so auf den Punkt gebracht: »Das kleinste Kind hat in dieser Familie keine anderen Entwicklungsperspektiven als seine kriminellen Geschwister.«

Ein psychosoziales Gutachten auf Grundlage dieser (fiktiven) Angaben bescheinigt Noah eine komplexe Symptomatik mit dem Verdacht auf eine schwere Störung des Sozialverhaltens mit ungünstiger Prognose, ernsthafter psychosozialer Beeinträchtigung und hohem Hilfe- und Förderbedarf. Dabei sei auch eine genetische Komponente in Betracht zu ziehen, die neben der ungenügenden elterlichen Aufsicht und Kontrolle, selbst verschuldeter gesellschaftlicher Isolation und Intensivtäterschaft älterer Familienangehöriger seine Entwicklung erheblich beeinflusst. Sein soziales Funktionsniveau ist in fast allen Bereichen ernsthaft und durchgängig beeinträchtigt. Das ist sehr zurückhaltend ausgedrückt und meint: Alarmstufe Rot. Das Kind braucht Hilfe, die es bei seiner Familie nicht erhält. Nicht erhalten kann.

Ich bin der festen Überzeugung, dass der Staat in vergleichbaren Fällen eingreifen muss. Einerseits zum Schutz des Kindes. Andererseits zum Schutz der Gesellschaft vor dem, was andernfalls aus Noah werden wird.

Aus der Familie kann man nicht aussteigen

Die Frage des Entzugs der elterlichen Sorge hängt stark zusammen mit der Frage, ob und wie unsere Gesellschaft glaubwürdige und potenziell erfolgreiche Angebote für den Ausstieg machen kann. Wir können nicht nur mit dem Holzhammer des Sorgerechtsentzugs kommen und kein kleineres Besteck dabeihaben. Die Verhältnismäßigkeit ist und bleibt Rechtsgrundsatz in diesem Land. Gerade bei solch erheblichen Eingriffen. Es muss also mehr geben als die *Ultima Ratio*. Und auch wenn ich ein Freund und unbedingter Verfechter des wehrhaften Staates bin, bin ich doch für jeden weniger belastenden Eingriff dankbar, der das gleiche Ergebnis erzielt. Aber woraus sollen Clankriminelle und ihr Nachwuchs eigentlich aussteigen?

Wir kennen Ausstiegsprogramme bei Rechtsextremisten, bei Islamisten und kriminellen Rockerbanden. Dort erhalten Mitglieder krimineller oder extremistischer Organisationen Hilfe, sich davon zu lösen und ihre Ideologie oder ihre Verstrickung in Gewalt und Verbrechen zu reflektieren und zu verlassen. Lange vorher, zu Beginn der kriminellen Karriere, gab es aber eine mehr oder weniger bewusste Entscheidung, dort überhaupt mitzumachen.

In kriminellen Clanfamilien gab es diese Entscheidung nie: Kinder werden in die Familie geboren, sie haben keine Wahl. Oft kennen sie es nicht anders und empfinden die Missachtung unserer Rechtsordnung als Normalität. Oft definieren sie ihre persönliche und familiäre Ehre gerade aus der Abschottung von unserer Mehrheitsgesellschaft und aus der grundlegenden Ablehnung unserer Werte. Und leider ist die Verheißung, den ganzen Tag mit Kumpels in der Shishabar zu sitzen, die edelsten Fahrzeuge zu bewegen und nicht ohne Rolex am Arm aus dem Haus zu gehen, für viele junge Leute aus dem Clanmilieu auch kein besonderer Anreiz, sich Alternativen zu suchen.

Die Familie ist die Organisation. Aus der steigt man nicht aus. Das ist einer der wesentlichen Unterschiede zu anderen kriminellen Banden. Etwas, was die Verharmloser der Clankriminalität aus den linken und grünen Lagern nicht verstehen oder nicht verstehen wollen. Für sie ist Clankriminalität ein »Konzept« reaktionärer Kreise, statt bitterer Realität auf unseren Straßen.

Der Bund Deutscher Kriminalbeamter hat diese Besonderheit in einem Positionspapier unter meiner Mitwirkung einmal so geschildert:

Clankriminalität ist die Begehung von Straftaten durch Angehörige ethnisch abgeschotteter Subkulturen. Sie ist bestimmt von verwandtschaftlichen Beziehungen, einer gemeinsamen ethnischen Herkunft und einem hohen Maß an Abschottung der Täter, wodurch die Tatbegehung gefördert oder die Aufklärung der Tat erschwert wird. Dies geht einher mit einer eigenen Werteordnung und der grundsätzlichen Ablehnung der deutschen Rechtsordnung.

Dabei kann Clankriminalität einen oder mehrere der folgenden Indikatoren aufweisen:

1. Eine starke Ausrichtung auf die zumeist patriarchalisch-hierarchisch geprägte Familienstruktur.
2. Eine mangelnde Integrationsbereitschaft mit Aspekten einer räumlichen Konzentration.
3. Das Provozieren von Eskalationen auch bei nichtigen Anlässen oder geringfügigen Rechtsverstößen.
4. Die Ausnutzung gruppenimmanenter Mobilisierungs- und Bedrohungspotenziale.

Ich finde, das trifft den Sachverhalt sehr gut. Und auch das Berliner LKA hat diese Definition im Wesentlichen übernommen. Sie zeigt die besondere Bedrohungslage durch kriminelle Clanfamilien – nicht nur für Goldmünzen und teures sächsisches Geschmeide, sondern für die Integrität der Rechtsordnung und das Vertrauen in den demokratischen Rechtsstaat als Ganzes. Wer Clankriminalität bekämpft, tut das nicht wegen der besonderen Schadenshöhen, die gemessen an Wirtschafts- und Steuerkriminalität gar nicht so sehr ins Gewicht fallen dürften. Es geht um ein abstraktes, aber mit zunehmender Ausbreitung der Clans immer konkreter werdendes Unsicherheitsgefühl, das in der Bevölkerung und den Sicherheitsorganen um sich greift. Ein drohender Kontrollverlust, der sich durch alle denkbaren Formen der Kriminalität zeigt und immer weiter in unser aller Alltag schleicht.

Um es auf den Punkt zu bringen: Die aufgebrachte Meute, die sich in Minutenschnelle vor den zwei Kollegen des Ordnungsamtes aufbaut, weil sie es wagen, vor der Shishabar Alhambra in der Sonnenallee die in der zweiten Reihe geparkte Sportkarosse der Marke Mercedes AMG abschleppen zu wollen, ist genauso wenig hinzunehmen wie ein Mord am helllichten Tag oder dem Banküberfall samt Sprengstoffexplosion.

Es gibt also gute Gründe, alle Mittel zu nutzen, die diesem Staat zur Verfügung stehen. Das nur noch in Teilen wirklich scharfe Schwert der Strafverfolgung genauso wie sozialrechtliche Komponenten, aber auch unterstützende Ansätze wie die Hilfe beim Ausstieg.

Ein regelrechtes Aussteigerprogramm kann aufgrund der familiären Struktur nur zum Ziel haben, aus der Kriminalität auszusteigen. Und das bedeutet, dass wir selbst im besten Fall mit einer Ausbildung zum Busfahrer und 1200 Euro brutto antreten gegen den AMG S63 und das Bündel Hunderter in der Tasche. Mit Neuköllner Unterstützung wurde dafür ein Konzept entwickelt, das herausfordernd, aber auch richtungsweisend ist. Dabei handelt es sich um einen innovativen Ansatz der Kriminalprävention aus dem angloamerikanischen Raum. Die zugrunde liegende Hypothese des Konzepts lautet, dass Menschen, die selber auf kriminelle Karrieren zurückblicken und einen ähnlichen soziokulturellen Hintergrund wie die straffällig in Erscheinung getretenen Jugendlichen haben, besser in der Lage sind, intensive und wirksame Beziehungen zu ihnen aufzubauen. Und genau das muss passieren – Beziehungsaufbau –, wenn wir sie nicht nur wegsperren wollen, was ja offensichtlich keine Lösung ist. In den USA ist dieser Ansatz zunehmend fester Bestandteil der Jugendkriminalprävention und hat bereits große Erfolge erzielt, indem er zu einer erheblichen Reduzierung von Jugendkriminalität geführt hat. Studien haben gezeigt, dass straffälliges Verhalten nach zwölf Monaten um zwei Drittel und nach vierundzwanzig Monaten um die Hälfte reduziert werden konnte.

Komplette Straffreiheit muss das Ziel sein, daher reicht mir das natürlich nicht. Aber davon können und müssen wir lernen. Im Rahmen des Neuköllner Pilotprojektes sollen junge Mehrfach- und Intensivtäter aus Neukölln über strukturierte Gruppen-Mentoring-Treffen mit »Credible Messengern« zusammengeführt werden. Ein Versuch, der es allemal wert ist und für den ich lange Zeit um Unterstützung aus dem Bundesministerium des Innern und dem Bundeskriminalamt gerungen habe. Allein für das umfangreiche und auf deutsche und Neuköllner Verhältnisse angepasste Konzept hat mein Bezirksamt viel Geld und Zeit investiert und mit einem Verein aus einer kleinen Gruppe engagierter junger Menschen, die wirklich für das Thema brennen, ein richtungsweisendes Pilotprojekt erarbeitet. Letztlich mit Erfolg. Ganz am Ende der Legislaturperiode in Bund, Land und Bezirk im Jahr 2021 haben wir gleich zwei Fördermöglichkeiten aus mehreren Bundesministerien aufgetan. Ein gutes Projekt, das ich weiter begleiten und unterstützen werde.

Bei allem, was wir tun, muss aber klar sein, dass wir den repressiven Druck dauerhaft aufrechterhalten und immer wieder erhöhen müssen. Das Angebot für eine legale Perspektive muss stets vor dem Hintergrund der Einziehung von Rolex, Auto und Haus stehen. Die ständige Gefahr eines morgendlichen SEK-Einsatzes im Schlafzimmer oder ihrer Lieblings-Shishabar muss die Täter begleiten. Sie dürfen keine Minute Ruhe finden. Nur so kann die Busfahrerausbildung attraktiver werden als die aufgemotzte S-Klasse.

Klar ist auch: Das Ganze ist mehr Marathonlauf als Sprint. Wir brauchen gute Vorbereitung, Geduld und einen langen Atem. Damit ein legales Leben zunehmend attraktiv wird, muss die Kriminalität maximal unattraktiv sein.

Verharmlosung aus den eigenen Reihen

Im November 2020 erreichte mich ein Brief einer Neuköllner Jugendeinrichtung, der mich zunächst einigermaßen sprachlos zurückließ. Und das kommt eigentlich nicht so oft vor. Dabei ging es um einen Pressetermin, den ich in meiner Rolle als stellvertretender Landesvorsitzender der CDU wahrgenommen hatte. Dort habe ich zusammen mit meinem Freund und Berliner Unions-Chef Kai Wegner das Clankonzept vorgestellt, das ich maßgeblich verfasst hatte. Die damalige Werbeagentur der Landespartei hatte sich etwas ganz Besonderes einfallen lassen: einen gelben Lamborghini, verziert mit aufgeklebten Einschusslöchern, den Kai und ich symbolisch abschleppen lassen. Die Botschaft: Wir nehmen euch die teuren Karren weg.

Das war natürlich eine zugespitzte PR-Aktion. Es ging ja gerade um Aufmerksamkeit für das finale Clankonzept, das ich schon lange vorher in den wesentlichen Punkten erarbeitet hatte, das aber durch wertvollen Input aus meiner Partei, von Verbänden und Experten immer mehr angewachsen war. Es war also Zeit, es im Ganzen öffentlich zu präsentieren. Ein zentraler Punkt darin ist die Vermögensabschöpfung und der Abgleich von Halterdaten teurer Luxuskarossen mit Sozialdaten, um missbräuchlichen Hartz-IV-Bezug feststellen zu können. Die Idee passte also grundsätzlich zum Konzept.

Leider war die Umsetzung eher mangelhaft. Es ging damit los, dass der abzuschleppende Wagen auf öffentlichem Straßenland abgesetzt war, aber kein amtliches Nummernschild trug. Ein gefundenes Fressen für die Hauptstadtpresse und linke Clanversteher, deren einziges Thema nun eben der vermeintliche Rechtsverstoß der CDU Berlin war. Weiter ging es damit, dass der Wagen dort gar nicht parken durfte und der Abschlepper in der zweiten Spur halten musste. »CDU Berlin will Law and Order, hält sich aber selbst nicht an Gesetze« – das war so ungefähr der Tenor. Linke Kreise rieben sich die Hände und spotteten fleißig in den sozialen Netzwerken. Vom einzigen echten Clankonzept in der Berliner politischen Landschaft war keine Rede mehr. Und als die Ermittlungen wegen Kennzeichenmissbrauchs – angeblich angestoßen durch einen Funktionär einer konkurrierenden Partei – schon mangels Anfangsverdacht ergebnislos eingestellt waren, wurde auch das kaum zur Kenntnis genommen.

Wir haben es mit dieser Aktion jenen zu einfach gemacht, die gar nicht die Absicht haben, sich mit politischen Konzepten intensiver zu befassen. Das war ein Fehler, aus dem wir gelernt haben. Was macht der Neuköllner in solchen Momenten? Staub abputzen, Krone richten und weitermachen. Immer weiter.

Der Brief der Neuköllner Jugendeinrichtung bezog sich nun also genau auf diese missglückte Presseaktion. Ich möchte auszugsweise aus dem Brief zitieren. Es lohnt sich, auch in dieser Länge, versprochen.

Die sogenannte »Clan-Kriminalität« wird nicht durch medienwirksame Aktionen verhindert. Vielmehr wird durch eine solche Aktion der Personenkult um Akteure in dieser Debatte geschürt und durch Selbstinszenierung werden Erfolgsversprechen bezüglich einer Strategie gemacht, die sich seit Jahren nicht als erfolgreich beweisen konnte.

Wann wird das Bezirksamt verstehen, dass kriminelle Strukuren [sic] erst dann an Attraktivität verlieren, wenn junge Menschen echte und nachhaltige Teilhabeoptionen an unserer Gesellschaft bekommen und indviduell [sic] wie kontinuierlich dabei untestützt [sic] werden, sich hohe Bildungsabschlüsse und das entsprechende Selbstvertrauen anzueigenen [sic]?

Ist dem Bezirk klar, dass solche PR-Aktionen unserer Präventionsarbeit in den Jugendclubs aktiv schaden? Die Kinder und Jugendlichen fühlen sich durch diese Aktionenen [sic] vom Jugendstadtrat angegriffen statt vertreten, weil sie alle in einen Topf geworfen werden und diejenigen, die versuchen ihren Weg in gesellschaftlich anerkannten Strukturen zu gehen, wieder zu potentiellen Kriminellen gemacht werden.

Während wir täglich junge Menschen dazu ermutigen sich trotz aller Barrieren und Diskriminierungen, denen sie ausgesetzt werden, eine anerkannte Position in der Gesellschaft zu erarbeiten, unterscheidet die CDU nicht – für sie gibt es die »Clans« und die anderen. Diese schwarz-weiß Darstellung untergräbt die Vieldimensionalität der Problematik und richtet bei unserer Zielgruppe großen Schaden an.

Ich habe mir Jugendarbeit ehrlich gesagt anders vorgestellt. Und ich bin mir auch sicher, dass sie in 95 Prozent der Fälle anders aussieht. Nicht nur, weil ich es hoffe, sondern weil ich es aus mehrfacher und jahrelanger eigener Anschauung wirklich weiß.

Natürlich ist die Kriminalität arabischer Clans nicht erst seit Hochglanzserien im Pay-TV ein Thema unter Neuköllner Jugendlichen. Natürlich haben die Clankriminalität selbst und die Art, wie sie in Popkultur und Rapperszene inszeniert wird, gerade auf bildungsferne, abgehängte und nach einem Sinn im Leben suchende junge Männer eine enorme Sogwirkung. Aber andere Jugendklubs gehen damit anders um. Differenziert, überlegt und mit dem Ziel, zu vermitteln. Also das genaue Gegenteil zu dem, was hier zwei leitende Beschäftigte einer Jugendeinrichtung zur Schau stellten.

Ich musste aus diesem Schreiben den Eindruck gewinnen, dass jegliches politische Handeln gegen die Kriminalität von Teilen arabischstämmiger Großfamilien abgelehnt wird. Dass die Notwendigkeit nicht erkannt wurde oder nicht erkannt werden wollte. Es erschreckt mich noch heute, dass sich darin auch eine politische Haltung der Verfasser zeigt, die in der Jugendarbeit – gerade im Bezirk Neukölln – hochproblematisch ist. An keiner Stelle des Schreibens hatte ich den Eindruck, dass sich die Verfasser mit dem Thema, an dem ich seit zig Jahren arbeite, auch nur ansatzweise befasst haben. Allein der Umstand, dass der Begriff »Clan-Kriminalität« in Anführungsstriche gesetzt wurde, lässt tief blicken. Offenbar sollte hier schon die bloße Existenz dieser besonderen Form der Organisierten Kriminalität bestritten werden. Wie bei anderen Relativierern auch wurde hier so getan, als würde sich der Kampf gegen Clankriminalität gegen alle Familienangehörigen richten. Als wären nicht Kriminelle das Ziel, sondern Unschuldige. Ein Mythos, dessen sich auch andere Aktivisten bedienen, um den Kampf gegen

Kriminelle in Verruf zu bringen. Ich fragte (und frage) mich besorgt, wie die Verfasser der Beschwerde auf dieser Grundlage die pädagogische Arbeit mit den Kindern und Jugendlichen gestalten.

Das gilt umso mehr, da die mit erheblicher Gewalt verbundenen Konflikte der kriminellen Teile der Familien direkt vor der Nase von Jugendklubs stattfinden und damit einschneidende Lebensrealität der Kinder und Jugendlichen in der Einrichtung sind. So gab es erst kurz vor der Abfassung des Briefs nur wenige Hundert Meter von genau dieser Jugendeinrichtung entfernt Massenschlägereien mit mehreren Verletzten im Umfeld eines Geschäfts der Familie Remmo, die stadtweite Auswirkungen hatten und unter anderem zu weiteren Schlägereien mit weiteren Schwerverletzten im Berliner Ortsteil Gesundbrunnen führte. Das ist Realität. Das ist Organisierte Kriminalität, die wir alle zusammen nicht ignorieren oder kleinreden dürfen. Schon gar nicht, wenn wir einen pädagogischen Auftrag verfolgen, der Demokratieerziehung, Gewaltlosigkeit und Aufstiegschancen durch Bildung beinhaltet.

Wohin ein Wegsehen, ein schlichtes Leugnen des Problems führen kann, konnte ganz Berlin nur wenige Wochen später mit ansehen. Die Massenschlägerei vor dem Geschäft des Clans war nämlich kein Zufall, sondern eine gezielte Aggression tschetschenischer Banden, die ein größeres Stück vom Kuchen haben wollten. Klassische Revierkämpfe, die es immer mal wieder gibt. Gegen die Tschetschenen sind jedoch selbst die härtesten Brüder der Familie Remmo kleine Kinder mit Plastikförmchen im Sandkasten.

Diese kriegserfahrenen Tschetschenen, die innerhalb weniger Tage ganze Kompanien an jedem beliebigen Ort in Europa mobilisieren können, kommen im Zweifel mit der Kalaschnikow zur Messerstecherei. Wenn die an relative Wehrlosigkeit ihrer Opfer gewohnten Clans einen Kontrahenten mit dem Baseballschläger ausschalten, wie nach Überzeugung vieler Beobachter 2017 in Britz geschehen, greifen die Tschetschenen gleich zur Machete oder gehen mit der Glock auf Nummer sicher. Dreihunderttausend von ihnen leben in Europa. Und wenn sie sagen, dass das Problem eines Tschetschenen das Problem aller Tschetschenen ist, meinen sie es genau so.

Ein Auftreten, das auch den Clans imponiert hat. Mit großer Geste hat Familie Remmo kurz darauf mit den Tschetschenen einen wackligen Frieden geschlossen. Veröffentlicht und beglaubigt auf Instagram. Als Richter spielte sich der syrischstämmige Boxer Manuel Charr auf. Nicht dabei: der Senat, unsere Sicherheitsbehörden und der Rechtsstaat. An diesem Abend haben sieben breitbeinige Männer mit glitzernden Uhren bei Cola und Apfelschorle entschieden, ob es in Berlin Krieg oder Frieden gibt.

Wenn wir so etwas zulassen, hat der Rechtsstaat fertig. Das Foto des Friedensschlusses war ein Symbol für das Versagen der Berliner Landesregierung im Kampf gegen die Organisierte Kriminalität und speziell im Kampf gegen kriminelle Clans.

Während der Senat schon mit einem dürren Fünf-Punkte-Plan überfordert ist, reisen also schwer bewaffnete Gewalttäter aus ganz Europa an, um sich quer durch Berlin zu prügeln. Gleichzeitig sah die eine Hälfte des damaligen Senats in einem konsequenten Vorgehen gegen die Clankriminalität grundsätzlich Rassismus und Diskriminierung, die andere Hälfte hatte Angst vor der eigenen Courage. Ein Paradies für Kriminelle, wenn sie denn nur dreist genug sind. Nicht mehr Staat und Politik, sondern selbst ernannte Friedensrichter entscheiden in Berlin, wann Krieg ist. Einem Rechtsstaat kann nichts Schlimmeres passieren.

Leider ist es so: Während betriebsblinde und ideologisierte Sozialarbeiter böse Briefe an Jugendstadträte schreiben, teilen die Kriminellen unsere Stadt unter sich auf. Ich hatte schon damals nicht die Absicht, das zuzulassen.

TEIL 3

EXTREMISMUS VON ALLEN SEITEN

Das Kopftuch ist ein Symbol

Den einen Islam gibt es nicht. Seine Strömungen sind vielfältig, von Widersprüchen und Brüchen durchzogen. Die allermeisten Muslime auf dieser Welt suchen Frieden und Glück für sich und ihre Liebsten. Muslime sind auch in unserem Land gute Kollegen, Nachbarn und Freunde, die das Land bereichern und zu seinem Wohlstand beitragen. Aber es gibt auch die anderen, die das Bild des Islam sehr viel entscheidender prägen.

Weltweit sind die allermeisten Opfer islamistischen Terrors selber Muslime. Die meisten, die bei uns leben, sind gerade vor dem politischen Herrschaftsanspruch des Islam aus ihren Heimatländern geflohen. Es macht daher überhaupt keinen Sinn, sich gegen *den* Islam oder *die* Muslime zu richten. Wer so undifferenziert vorgeht, spielt dem wahren Feind in die Hände: dem Islamismus.

Für Islamisten ist ihre Religion alles. Aus ihrer Sicht gibt es eben nur den einen Islam, der per se politisch ist. Zu sagen, es gäbe einen politischen Islam, ist für sie so, als würde man von einem runden Ball oder von nassem Wasser sprechen. Für Islamisten gibt es keinen politischen Islam, weil es keinen unpolitischen Islam gibt. Es gibt nur den einen.

Für Islamisten hat der Islam einen vollkommenen Geltungsanspruch weit über Spiritualität, Seelsorge oder geistige Führung hinaus. Islamisten sehen den Islam als von Allāh vorgeschriebene Ordnung, die jeden Bereich des menschlichen Lebens umfasst und damit auch die Grundlagen jeder gesellschaftlichen Ordnung. Eine islamistische Gesellschaft ist in ihrer Gänze vom Islam durchzogen; eine Unterscheidung zwischen Staat und Religion existiert nicht. Herrschaftsform, Rechtsprechung und Politik sind vollständig vom vermeintlichen Wort Gottes bestimmt. Wir sprechen hier von absolutistischer Herrschaft, von Totalitarismus, von Diktatur – kurzum, vom Kalifat, das das Ziel aller Islamisten ist.

Ihre Wege dorthin sind freilich verschieden. Ahmad Mansour schildert es besonders anschaulich, wenn er schreibt, dass Dschihadisten und Salafisten für ihre Missionierung der Welt keinen langen Atem haben und am liebsten sofort einen Gottesstaat errichten wollen. Sie würden ihn gerne selbst noch erleben und setzen in manchen Fällen dazu auch Gewalt ein. Sie geben sich nach außen durch ihr Erscheinungsbild zu erkennen und lehnen Erneuerungen oder Anpassungen an die Gesellschaften, in denen sie leben, kategorisch ab. Daher sei es vergleichsweise leicht, sie als Islamisten zu identifizieren und sie zu beobachten.

Salafisten und Dschihadisten prägen das in den Köpfen vorherrschende Bild von Islamismus: lange zottelige Bärte, weiße bodenlange Gewänder, Sprengstoffgürtel, Kalaschnikow und IS-Flagge. Diese gewalttätigen Mörderbanden machen aber nur einen kleinen Teil des islamistischen Spektrums aus. Das zu verstehen ist wesentlich für das Verständnis der Bedrohungen, derer sich unsere Gesellschaft durch Islamisten ausgesetzt sieht.

Aus meiner Sicht ist der größere Teil des islamistischen Spektrums für unsere auf Freiheit, Pluralität und Rechtsstaat setzende Mehrheitsgesellschaft auf lange Sicht der weitaus gefährlichere. Der legalistische Islamismus – auch politischer Islam genannt – verfolgt dieselben Ziele, nutzt aber statt Gewalt und Terror die Mittel unserer demokratischen Mehrheitsgesellschaft. Er verwendet die Privilegien der freiheitlichen Demokratie, um sie abzuschaffen.

Legalistische Islamisten können gut damit leben, dass sie die Errichtung des Kalifats nie selbst sehen werden. Sie planen langfristig und Jahrzehnte im Voraus. So fassen sie Fuß in unserer Gesellschaft, in sozialen Vereinen, in lokalen Initiativen, in Politik, Verwaltung und Medien. Sie ringen um Deutungshoheit und um gesellschaftliche Relevanz. Sie sind geduldig, denken strategisch, verschieben den gesellschaftlichen Diskurs millimeterweise und begnügen sich mit kleinen Erfolgen. Das Oberverwaltungsgericht Berlin-Brandenburg brachte es 2018 so auf den Punkt:

> Unter Verschleierung ihrer wahren extremistischen Ziele suchen sie die Nähe zu Institutionen und Vereinen, um Einfluss auf politische und gesellschaftliche Entscheidungsprozesse nehmen zu können.

Das macht sie so gefährlich. Sechshundert Personen werden laut Verfassungsschutz in Berlin eindeutig dem legalistischen Islamismus zugerechnet. Mehr als hundert werden sicher der Keimzelle des legalistischen Islamismus, den Muslimbrüdern zugeordnet. Deren seit ihrer Gründung im März 1928 unveränderter Leitsatz sagt alles über ihre Ziele:

> Gott ist unser Ziel. Der Prophet ist unser Führer. Der Koran ist unsere Verfassung. Der Dschihad ist unser Weg. Der Tod für Gott ist unser nobelster Wunsch.

Bundesweit können 1450 Personen direkt den Muslimbrüdern zugeordnet werden. Die Dunkelziffer ihrer Anhänger und Unterstützer dürfte um ein Vielfaches höher sein, ist aber kaum verlässlich zu ermitteln. Denn es gibt keine Mitgliederlisten, Monatsbeiträge oder Jahreshauptversammlungen. Die Muslimbruderschaft ist kein Verein, sondern ein Netzwerk ohne feste Strukturen, das sich aus zahlreichen ihm nahestehenden und unterstützenden Vereinen speist. Eine ideologische Sammelbewegung, die zwar nicht greifbar, dafür aber unglaublich wirkmächtig ist. Die Muslimbrüder leben von Unterwanderung, gegenseitiger Treue und von Symbolen.

Wie kaum etwas anderes steht der Hidschāb, also das einfache Kopftuch ohne Verhüllung des Gesichts, für ein kulturell geprägtes und streng konservatives Verständnis des Islam und für seinen gesellschaftlichen Machtanspruch. Er ist religiös nicht zwingend vorgeschrieben, auch wenn es durchaus unterschiedliche theologische Auffassungen darüber gibt. Wer das Kopftuch dennoch als verbindliches religiöses Symbol versteht und als solches propagiert, zeigt letztlich nur ein rückständiges und fundamentalistisches Islamverständnis, das voll und ganz auf der vermeintlich wortgetreuen Auslegung des Qur'ān fußt. Dabei wird jeglicher historischer Kontext vollständig ausgeblendet. Beispielsweise, dass die traditionelle Kleidung zur Zeit der Entstehung des Islam auch bei Frauen weite Tücher waren, die bei bestimmten Bewegungen unabsichtlich Blicke auf Brust und Schambereich zuließen. Das Kopftuch wurde daher auch genutzt, um die restliche Kleidung mit seinen Enden zu fixieren. In diesem Verständnis waren die Empfehlungen für Frauen, sich zu bedecken, durchaus als Schutz vor sexualisierten Übergriffen weitgehend unzivilisierter und die Gesellschaft dominierender Männer zu begreifen. Wer diese aus meiner Sicht nachvollziehbare Argumentation von vor vierzehnhundert Jahren auf heutige Gesellschaften überträgt, die durchaus in der Lage sind, auf anderem Wege einen gewaltfreien und sicheren Umgang der Geschlechter sicherzustellen, enttarnt sich letztlich selbst.

Das Kopftuch ist also nicht zwingend ein religiöses Symbol, durchaus aber ein politisches. In erster Linie ist das Kopftuch aber ein Symbol für die Ungleichwertigkeit von Mann und Frau. Es reduziert Frauen auf eine rein sexuelle Funktion, die es zu verhüllen gelte, und unterstellt Männern, dass sie ohne Verhüllung des »Objektes« Frau keine Kontrolle über ihren Geschlechtstrieb hätten. Von den eifrigen Verfechtern des Kopftuches im Staatsdienst ist stets zu hören, dass es darauf ankommt, was im Kopf ist. Nicht darauf, was auf dem Kopf ist. Das stimmt. Beim Kopftuch ist es nur leider oft so: Das, was auf dem Kopf drauf ist, ist nur allzu oft ein Hinweis darauf, was im Kopf drin ist.

Damit wir uns nicht falsch verstehen: Nicht unter jedem Kopftuch steckt eine Islamistin. Aber wer als Kopftuchaktivistin auftritt, vertritt einen fundamentalen, antifeministischen und politischen Islam, der im Widerspruch zu unserer freiheitlich-demokratischen Grundordnung steht. Auch und gerade dann, wenn Grundrechte wie Meinungs- oder Religionsfreiheit für eine Rechtfertigung des politischen Islam in Stellung gebracht werden.

Man findet den Hidschāb und weitergehende Formen der Verschleierung vor allem dort, wo archaische Gesellschaftsbilder, die Ungleichwertigkeit von Mann und Frau und vordemokratische Herrschaftsformen nicht nur gesellschaftlich akzeptiert, sondern mit teils brutalster Gewalt durchgepeitscht werden. Und in Neukölln.

Bei dem missionarischen Eifer, den die Befürworter des Kopftuches regelmäßig an den Tag legen, wird jedoch stets unterschlagen, dass nur ungefähr ein Drittel aller Muslimas in Deutschland – in Neukölln werden es weit mehr sein, verlässliche Erhebungen dazu gibt es nicht – überhaupt Kopftuch tragen. Sie werden von der lautstarken Minderheit der Kopftuchbefürworter nicht selten unter Druck gesetzt, gemobbt oder in ihrem Glauben infrage gestellt. Gerade dort, wo viele Muslime – streng gläubig oder nicht – mehr oder weniger abgeschottet auf kleinem Raum leben, potenziert sich der soziale Druck zur Einhaltung vermeintlich verbindlicher Vorschriften.

Es ist kein Zufall, sondern schlichtes Ergebnis politischen Versagens, dass in der Grundschule in der Nähe der Neuköllner Al-Nur-Moschee immer mehr Mädchen – acht, neun oder zehn Jahre alt – mit Kopftuch auftauchen. Vereinzelt sind sogar Kitakinder mit eng geschnürtem Kopftuch und lang um den Körper gewickeltem Gewand zu sehen. So etwas ist einfach gruselig. Die Al-Nur-Moschee ist schon lange als extremistisch bekannt. Seit Jahren läuft ein Prüfverfahren zum Verbot des Trägervereins, das auf Initiative meiner Partei in der Neuköllner Bezirksverordnetenversammlung angestoßen wurde. Handeln muss der für den Verfassungsschutz zuständige Innensenator. Passiert ist bisher jedoch nichts. Ein Versäumnis der Politik, das sich über Berliner Innensenatoren verschiedener Parteien fortsetzt. Ohne die Gründe für die fehlende Konsequenz abschließend bewerten zu können – der Vorgang liegt weiterhin unter Verschluss –, ist das im Ergebnis eine Katastrophe im Kampf gegen den Islamismus. Mit ganz konkreten Auswirkungen: In der nahe gelegenen High-Deck-Siedlung können selbst Polizistinnen in Zivil nur dann ungestört ihrer Arbeit nachgehen, wenn sie sich ein Kopftuch überziehen. Als Frau ohne Kopftuch in der Siedlung unterwegs zu sein, gleicht einem Spießrutenlauf und kann richtig gefährlich werden.

Wer dort Kinder fragt, was sie sich zu Weihnachten wünschen, bekommt schon mal zu hören: »Ich wünsche mir, dass es nächstes Jahr kein Weihnachten mehr gibt. Das ist ḥarām.« Und wenn sich kleine Kinder bei »Stille Nacht, heilige Nacht« die Ohren zuhalten, ist das noch die harmloseste Reaktion, steht aber ganz im Einklang mit den Fatwas[12] europaweit agierender islamistischer Organisationen. Wer am Samstagvormittag die Koranschule besucht, kommt am Montag mit Kopftuch zum Sportunterricht oder verweigert ihn ganz. Wer den Gebetsunterricht für Jungen am Freitagabend besucht, bedrängt am nächsten Tag Muslimas oder muslimisch aussehende Frauen, die bei Lidl Schweinefleisch kaufen oder es wagen, ohne Kopftuch durch Nord-Neukölln zu laufen.

Arabischstämmige Lehrerinnen dürfen sich dann von ihren zehnjährigen Schülern anhören: »Du bist keine gute Muslima, wie du hier so aussiehst, du hast mir gar nichts zu sagen.« Und es wird auch schon mal mitten im Unterricht der Gebetsteppich ausgerollt, um den Mitschülern zu zeigen, »wie man richtig betet«. Wenn dann im Chemieunterricht in der Oberstufe von einigen Schülern das Destillieren von Alkohol verweigert wird, sind wir an einem Punkt, an dem ein weiteres Wegsehen ernsthafte

---

12 Eine Fatwa ist ein religiöses Rechtsgutachten im Islam, das die Auslegung religiöser Regeln erleichtern soll. Sie werden auch von Islamisten genutzt, um ihren religiösen und weltlichen Geltungsanspruch zu festigen.

Folgen für unsere Gesellschaft haben wird. So etwas wächst sich nicht einfach raus. Es verfestigt sich.

Im Juni 2021 explodierte der aufgestaute Konflikt an einer meiner Jugendeinrichtungen. Aus Anlass der Debatte um sichtbare Zeichen gegen Homophobie und Diskriminierung während der Fußball-Europameisterschaft 2020 (die coronabedingt erst 2021 ausgetragen wurde), haben mehrere meiner Jugendklubs Gleichberechtigung und Toleranz thematisiert. Das ist in Neukölln stets Thema, aber hier wurde noch mal ein Schwerpunkt gesetzt, um die zu diesem Zeitpunkt auch unter Jugendlichen aktuelle Debatte aufzugreifen. Das Thema wurde also nicht »von oben« aufgesetzt, sondern von den Jugendlichen in die Einrichtungen getragen. Das ist mir immer wichtig, um die Lebenswelt von Kindern und Jugendlichen aufzugreifen. Anders geht es ja auch gar nicht.

An einer Jugendeinrichtung in der Nähe der High-Deck-Siedlung wurde die dort gehisste Regenbogenflagge innerhalb weniger Wochen mehrfach beschädigt und gestohlen. In einer anderen Jugendeinrichtung wurde eine Sozialarbeiterin von Schülern der unmittelbar angrenzenden Grundschule attackiert, als sie die Flagge hissen wollte. Es flogen Beleidigungen und Steine. Die Fahne wurde heruntergerissen und zerstört. Die unmittelbare Reaktion der pädagogischen Fachleute: keine. Totale Rat- und Tatenlosigkeit. Auch und vermutlich gerade weil es sich bei den Tätern um Jugendliche handelte, die als Stammgäste in den Jugendklubs bisher unauffällig waren. Ich tue mich schwer damit, die Kolleginnen und Kollegen deswegen zu verurteilen. In Neukölln ist man viel gewohnt, aber mit solch einer Eskalation rechnet man einfach nicht. Dennoch muss man ehrlich konstatieren: Das war ein pädagogisches Versagen aller Beteiligten, vermutlich über lange Zeit hinweg. So etwas entsteht nicht über Nacht. Wir müssen uns auch aus fachlicher Sicht fragen, was da über Jahre hinweg schiefgelaufen ist.

Aus meiner Sicht war das eine neue Qualität der Gewalt, eine plötzliche Demaskierung der enormen Indoktrination und des beispiellosen Hasses, den bereits kleine Kinder aus ihren Familien, Freundeskreisen oder Moscheegemeinden aufsaugen. Die beteiligten Kinder sind allesamt arabischer Herkunft. Einen Zusammenhang mit islamisch-fundamentalistischer Radikalisierung haben noch nicht einmal meine sonst sehr verständnisvollen und vorsichtigen Kolleginnen im Jugendamt bestritten. Zu dieser Zeit ist etwas gekippt. Ich wusste von den Einstellungen in manchen Familien, die tief verankert sind, aber nur selten gezeigt werden. Die neue Selbstverständlichkeit und Skrupellosigkeit, mit der sie nun offen nach außen getragen wurden, hat mich aber erschüttert. Zur selben Zeit kam es auch zu massiver Gewalt bei antisemitischen Demonstrationen auf der Sonnenallee. Der bisher eher verdeckt liegende gesellschaftliche Machtanspruch wurde hier ganz offen praktiziert. Die Hemmungen fallen.

Umfangreiche und langwierige Aufarbeitung mit den betreffenden Familien und den zunächst hilflosen Fachkräften waren die Folge. Dieser Prozess läuft noch immer, wenn dieses Buch erscheinen wird. Wird er je abgeschlossen sein? Angesichts immer neuer und krasserer Vorfälle muss ich das bezweifeln.

Es war natürlich nicht das erste Mal, dass religiöser Fundamentalismus in den Alltag von Kindern einbricht. Im Gegenteil: So etwas ist seit vielen Jahren eher die Regel. Bei Elternabenden in Brennpunktschulen mit bis zu 98 Prozent Migrationsanteil – in manchen Klassen gibt es nicht einen Schüler ohne Migrationshintergrund – stören sich fundamentalistische Väter daran, dass die Lehrerin nicht mit knöchellangem Rock, sondern mit Sommerkleid oder Hose auftritt. Wer in solchen Schulen mit »westlicher« Kleidung unterrichtet, hat es als Lehrerin doppelt schwer.

Und das merken auch die Mädchen, die von allen Seiten unter Druck gesetzt werden. Der Schulleiter einer Brennpunktschule im Norden von Neukölln sagt es ganz klar: Auch wenn bei Schülerinnen die Freiwilligkeit, das Kopftuch zu tragen, stets nach außen betont wird, ist das ganz oft nicht der Fall. Es gibt also Druck: von der Familie, dem (pseudo-)religiösen Umfeld, der Clique, dem Moscheeverein. Eine Lehrerin mit Kopftuch verstärkt diesen Druck. Ob sie will oder nicht. Wer diese Aussage als islamophob abstempelt, betreibt das Geschäft der Islamisten und soll sich – wenn wider Erwarten doch ein Erkenntniswille da ist – einfach mal mit Lehrkräften aus Brennpunktschulen unterhalten. Das erdet ungemein.

In diesem Klima ist es dann auch nicht verwunderlich, dass ich als Jugendstadtrat jedes Jahr vor den Sommerferien in trauriger Regelmäßigkeit vor der Gefahr der Verschleppung und Zwangsverheiratung junger Mädchen im Heimatland der Eltern warnen muss. Es ist bitter, aber es ist die Realität in Neukölln. Die Berliner Beratungsstelle *papatya*, die seit vielen Jahren unglaublich wichtige Aufklärungsarbeit und konkrete Hilfe für Mädchen leistet, schreibt dazu:

> Eine schnelle Verheiratung scheint [den Eltern] vor allem dann geboten, wenn sie Anzeichen dafür gefunden haben, dass die Tochter in Deutschland einen Freund hat und sie Angst haben, dass sie ins Gerede kommen könnte oder gar tatsächlich vorehelichen Geschlechtsverkehr hat.

Wohlgemerkt, *papatya* beschreibt hier die Einstellung der Eltern, nicht die eigene. Die Beratungsstelle spricht von den knallharten Auswirkungen fundamentalistischer religiöser und kultureller Menschenbilder, die vom politischen Islam zementiert werden. Und dies ist kein Randphänomen. Es trifft die Mitte der migrantischen Gesellschaft, denn 32 Prozent der Betroffenen sind in Deutschland geboren, jede zweite zwangsverheiratete junge Frau hat einen deutschen Pass. Jede dritte ist bei der Zwangsheirat noch minderjährig. 2013 gab es in Berlin vierhundertsechzig dokumentierte Fälle, deutschlandweit konnten zwei Jahre zuvor immerhin 3400 ermittelt werden. Polizeilich werden jährlich jedoch nur zwischen sechzig und achtzig bearbeitet. Die Dunkelziffer ist riesig.

Und auch wenn oft der Eindruck entsteht: Es trifft nicht nur Mädchen und junge Frauen. Auch junge Männer sind betroffen. Ein Neuköllner Junge sollte einmal im Kofferraum eines Pkw über die Grenzen in das Heimatland der Eltern gebracht werden. Die Familie hatte erfahren, dass er homosexuell war, und hatte die Idee, das mit einer schnellen Heirat aus der Welt zu schaffen. In solchen Momenten frage ich mich ernsthaft, was in diesen Köpfen schiefläuft.

Jeder einzelne Fall ist einer zu viel. Zwangsheirat und Verschleppung sind schon als Versuch strafbar. Und sie sind erhebliche Kindeswohlgefährdungen, die das sofortige Einschreiten des staatlichen Wächteramtes erforderlich machen. Viel zu oft kommen wir aber zu spät oder erfahren gleich gar nichts. Das Kind kommt einfach nach den Sommerferien und dem »Familienurlaub« nicht wieder in die Schule.

Bei aller Toleranz für die Vielfalt von Kulturen und Lebensentwürfen: Zwangsheirat und Kinderehen gehören definitiv nicht in unser Land. Wer Kinder verschleppt und im Ausland verheiratet, stellt sich gegen alles, was unsere Gesellschaft ausmacht. Eine klar ablehnende Haltung brauchen wir immer dann, wenn religiöse oder kulturelle Bräuche unseren grundlegenden Werten widersprechen. Mit großem Einsatz hat die Neuköllner Bundestagsabgeordnete Christina Schwarzer (CDU) 2017 eine Gesetzesänderung erreicht, die im Ausland geschlossene Ehen mit Jugendlichen unter sechzehn Jahren grundsätzlich für nichtig erklärt. Ehen mit Jugendlichen zwischen sechzehn und achtzehn Jahren können in Deutschland aufgehoben werden. Eheschließungen in Deutschland sind seitdem außerdem nur noch unter Volljährigen erlaubt. Auch religiöse Eheschließungen ohne standesamtliche Trauung sind wieder verboten: Wer sich daran beteiligt, macht sich strafbar.

Diese Neuregelungen waren wichtige Erfolge gegen großen Widerstand führender Sozialdemokraten. Die Erfahrungen lassen jedoch darauf schließen, dass sie in der Praxis nicht ausreichend Wirkung entfalten. Es muss einfach noch mehr Kontrolldruck auf Familien geben, die so etwas für normal halten.

Das alles wird von Extremisten befeuert, weil es genau das ist, was sie für unsere Gesellschaft geplant haben. Die oben genannte Al-Nur-Moschee macht keinen Hehl daraus, worum es ihr geht: knallharte islamistische Indoktrination. Auf ihrer Facebook-Seite sind neben einigen zum Fremdschämen kitschigen arabischen Sinnsprüchen auch folgende Texte zu finden:

> Die Frau, die Allāh und ihrem Ehemann gehorsam ist, wird das Paradies unbestraft betreten.

> Bring deiner Tochter nicht bei wie man tanzt, sondern wie man betet. Bring deiner Tochter nicht bei wie man singt, sondern wie man den Qurʾān rezitiert. Lass nicht die Schminke ihr Schmuck sein, sondern schmücke sie mit dem Kopftuch.

> Das Kopftuch schützt im Winter vor der Kälte, im Sommer vor der Hitze und im Jenseits vor dem Höllenfeuer.

In der Verwaltung meines Bezirksamtes gab es viele Jahre einen Konsens, dass hoheitliche Aufgaben nicht mit Kopftuch erledigt werden dürfen. Wer den Staat repräsentieren will, hat Neutralität zu wahren. Das ist für die politische Einstellung von Beamten ganz selbstverständlich, und ein Verstoß dagegen kann zur Entfernung aus dem Dienst führen.

Genauso wie die politischen Überzeugungen von Staatsvertretern im Dienst keine Rolle spielen, haben auch religiöse

Bekenntnisse im Staatsdienst keinen Platz. Für politische Meinungen gilt das sogar bis in das Privatleben hinein. Ich kann nicht erkennen, warum es bei religiösen Überzeugungen anders sein sollte. Für das religiöse Bekenntnis muss das gerade in einem multiethnischen und vielfältigen Bezirk wie Neukölln ebenso gelten. Gerade da, wo Salafisten schon heute um die Herzen und Köpfe unserer Kinder kämpfen, sie indoktrinieren und am Wochenende mit Koranschulen auf Linie bringen. Aber es gilt überall. Staatsdiener werden von unseren Verfassungen geleitet, nicht von kulturellen oder vermeintlich religiösen Vorschriften.

Einen besonders dreisten und gezielt inszenierten Versuch, dieses Prinzip auszuhöhlen, unternahm die türkischstämmige Juristin Betül Ulusoy im Jahr 2015. Ich habe diese Zeit als sehr intensiv und prägend in Erinnerung, war es doch das erste Mal, dass ich direkt mit der Anspruchshaltung und der schon damals stark gewachsenen medialen Macht des politischen Islam konfrontiert wurde. Es hat mich erschüttert, mit welcher Selbstverständlichkeit islamistische Positionen in der Öffentlichkeit Raum greifen und als legitime oder gar progressive und feministische Überzeugungen unwidersprochen wirken können.

Die Aufführung der Ulusoy geht so: Junge intelligente Muslima will sich in den Dienst der Gesellschaft stellen und ihr Referendariat zum Abschluss ihrer Juristenausbildung im Bezirksamt Neukölln absolvieren. Bewerbungsverfahren erfolgreich durchlaufen, Zusage erhalten, jetzt nur noch schnell den Vertrag unterschreiben. Eine bloße Formalie. Doch, o Schreck! Im Amt fallen aus lauter Verwunderung angesichts ihrer Erscheinung die Lesebrillen ins Stempelkissen. Diese Frau trägt Kopftuch! Brüsk wird ihr der sicher geglaubte Arbeitsvertrag wieder aus den Händen gerissen. Statt ihrer Berufung zu folgen, schreibt sie nun spontan, tief verletzt und gottesfürchtig einen Blogeintrag, der es in sich hat. Von diesem Tag an kämpft das kleine Mädchen, das sich so an Diskriminierung gewöhnen musste, für das Kopftuch als Zeichen des Fortschritts. Vorhang bitte!

Die andere Perspektive ist, dass sie nach dem muslimischen Kindergarten schon im Grundschulalter beschloss, von nun an ein Kopftuch zu tragen – freiwillig, versteht sich. Dass ihr später vorgeworfen wurde, ihre Mitschüler missionieren zu wollen – alles nur ein großes Missverständnis. Und dass sie islamophobe Diskriminierung schon damals witterte, als die Kassiererin im Supermarkt kein nettes Wort für sie übrighatte. Sie fühlt sich herabgesetzt, wenn glühende Feministinnen nicht mit ihr, sondern ihrer männlichen Begleitung über ihr Kopftuch schimpfen. Gleichzeitig kommt sie auf Streifzügen durch den Norden von Neukölln nicht auf die Idee, die Frau hinter dem Niqāb – der Vollverschleierung mit Sehschlitz – anzusprechen, sondern antwortet ausschließlich dem Mann daneben.

Die Wahrheit liegt vermutlich irgendwo dazwischen. Für die öffentliche Bloßstellung des Bezirksamtes Neukölln anlässlich des »Kopftuchstreits« sind aber beide Perspektiven entscheidend. Nur so kann man verstehen, dass die Bewerbung um eine Stelle im Staatsdienst allem Anschein nach nicht zufällig oder arglos erfolgte. Die Nummer war fein an den Bruchstellen des liberalen Rechtsstaates und der Verwaltung eines multiethnischen Bezirks entlangchoreografiert. Da spielte es für den bemerkenswert umfangreich berichtenden *Tagesspiegel* auch keine Rolle mehr, dass das Tragen von religiösen Symbolen bei der Ausübung hoheitlicher Aufgaben schon 2015 laut Neutralitätsgesetz schlicht verboten war und mit Hinweis auf genau diese Vorschrift zunächst eine Prüfung der Einsatzmöglichkeiten erfolgen sollte.

Letztlich wurde Frau Ulusoy eine Stelle angeboten, bei der sie keine hoheitlichen Tätigkeiten ausüben würde, keinen Kontakt mit Bürgerinnen und Bürgern hätte, nicht als Repräsentantin des Staates auftreten würde und somit ihr Kopftuch tragen dürfte. Ein klassischer Kompromiss, der zur Befriedung beitragen sollte. Mich hat schon damals nicht gewundert, dass sie sich nie wieder gemeldet hat und die Stelle neu ausgeschrieben werden musste. Noch während sie weiterhin medialen Druck auf das Bezirksamt ausübte, hatte sie ihre Wunschstelle in einer Berliner Senatsverwaltung – besser bezahlt und mit mehr Einfluss nach oben – sicher. Der Schreibtisch war schon eingerichtet.

Ihr Ziel hatte sie aber bereits erreicht. Sie bescherte dem politischen Islam mit ihrer Politshow und immer wieder etlichen Zeitungsseiten den größten PR-Erfolg seit langer Zeit. Letztlich schaffte sie es sogar in den »European Islamophobia Report«, der mit Vorliebe kritische Stimmen gegen den politischen Islam als islamophob brandmarkt. So zum Beispiel Ahmad Mansour, der demnach zu den »lautstärksten islamfeindlichen Stimmen« Österreichs gehöre und damit eine zentrale Figur im »islamophoben Netzwerk« sei. In der Causa Ulusoy wird Heinz Buschkowsky, der zu dieser Zeit gar nicht mehr im Amt als Neuköllner Bezirksbürgermeister war, dort als »berüchtigter islamfeindlicher Demagoge«[13] bezeichnet. Eine Bezeichnung, die er vermutlich mit minimal angedeuteter Belustigung an sich abprallen lassen würde. Dass selbst die so engagierte Mitbegründerin der *Ibn-Rushd-Goethe-Moschee*, Seyran Ateş, dort als »islamophob« gebrandmarkt wird, sagt alles über dieses Machwerk, das absurderweise aus Mitteln der Europäischen Union gefördert wird. Trotz bekannter Verbindungen zur AKP.

Wer in der Hauptstadtpresse noch 2015 auf dieses Framing von Ulusoy und ihren Unterstützern reingefallen war, musste spätestens ein Jahr später leicht unruhig auch auf noch so warmen Sesselchen hin und her rutschen. Da zeigte sie kurz, aber deutlich das nicht mehr ganz so unschuldige Gesicht des politischen Islam, als sie den gescheiterten Putschversuch in der Türkei mit den Worten kommentierte:

---

13 Im Original: »infamous islamophobic demagogue«.

> Alles hat einen Segen, jetzt können wir ein wenig Dreck säubern. Jeder kriegt seine Strafe. Mit Gottes Erlaubnis.

Der trotz unterschiedlicher politischer Positionen von mir als werteorientiert geschätzte damalige sozialdemokratische Neuköllner Bundestagsabgeordnete Dr. Fritz Felgentreu fragte zutreffend, welchen »Dreck« Ulusoy und ihre Gesinnungsgenossen wohl entfernen würden, wenn sie hier in Deutschland als verlängerter Arm der AKP mehr Einfluss bekämen. Nicht ohne Gegenwind vom Chefrelativierer – Verzeihung! – Chefredakteur des *Tagesspiegel* Lorenz Maroldt, dem natürlich neben dem genialen Einfall, Felgentreu als »Rechtsausleger« zu titulieren, auch gleich in den Sinn kam, es sei ja alles anders gemeint und ganz bestimmt auch falsch übersetzt worden. Von der anderen Seite der journalistischen Meinungsvielfalt rief Ulf Poschardt hinein, Ulusoy sei ein »Joker« für die CDU, und sie könne in vielen Punkten mit Erika Steinbach einer Meinung sein. Steinbach und Ulusoy als Aushängeschild der Unionsparteien. Bei dem Gedanken daran schüttelt es mich noch heute von Kopf bis Fuß.

Der Fall Ulusoy zeigt beispielhaft die Strategie und geschickte Inszenierung eines politischen Islam, der zunehmend Geltungsanspruch erhebt und von Teilen der gesellschaftlichen Elite dieses Landes nur allzu gern gehört, unterstützt und ermutigt wird. Am Ende wurde sogar noch der Datenschutz gegen uns ins Feld geführt, um dieses widerspenstige Bezirksamt doch noch irgendwie kleinzubekommen. An dieser Stelle sind wir nicht eingeknickt, was ich auch – trotz erheblicher Kritik und Unverständnis über ihr Vorgehen an anderer Stelle – der damaligen Bezirksbürgermeisterin Giffey hoch anrechne.

Dieses Beispiel ist aber noch vergleichsweise harmlos angesichts der schleichenden Zersetzung liberaler demokratischer Prinzipien, wie sie Islamisten unter den Augen des Verfassungsschutzes betreiben. Mit Unterstützung aus der breiten gesellschaftlichen Mitte heraus.

Wie das ganz strukturell passiert, zeigt ein bemerkenswerter Vorgang in Berlin. So oder so ähnlich kann es überall in Deutschland laufen, wenn verantwortliche Politiker lieber nicht so genau hinsehen. Oder wenn sie vermeintliche mit dem legalistischen Islamismus sympathisierende Wähler nicht vergrätzen möchten. Kurz vor Ende der sich zäh wie Kaugummi vor sich hinziehenden vergangenen Wahlperiode hat der Berliner Senat 2021 seinen Nachfolgern noch einen Bärendienst erwiesen und eine »Expert*innenkommission antimuslimischer Rassismus« ins Leben gehoben. Vorgeblich, um Wege gegen Diskriminierung zu finden und »den Betroffenen eine Stimme zu geben«.

Das klingt doch super. Was kann daran falsch sein? Na, zum Beispiel, dass damit der legalistische Islamismus Strukturen mitten in der Berliner Verwaltung aufbaut und verfestigt.

Schon die Namensgebung zeigt das ganze Ausmaß der Macht, die der politische Islam in Berlin mittlerweile besitzt. Allein die bemerkenswerte Lobbyleistung, den Begriff »antimuslimischer Rassismus« zu etablieren – Muslime sind in keiner auch nur irgendwie denkbaren Weise eine »Rasse« – ist rein PR-technisch betrachtet bewundernswert. Die haben es geschafft, einen reinen politischen Kampfbegriff in Politik und Verwaltung zu verankern! Freilich hatten sie es bei einem Berliner Senat aus SPD, Grünen und Linken auch leicht. Bei einem großen Teil der Abgeordneten aus diesen Parteien sitzen sie ohnehin auf dem Schoß. Dennoch ist das nur ein Vorbote für das, was passiert, wenn solche Parteien bundesweit Macht erlangen.

Der Berliner Senat stand also direkt vor dem Abgrund der strukturellen Zusammenarbeit mit dem politischen Islam. Und ging noch einen großen Schritt weiter, indem er direkt mehrere Vertreter berief, die islamistischen Organisationen jedenfalls nahestehen. Ich formuliere das mit Blick auf die sehr klagefreudige Szene bewusst vorsichtig. Ausgewiesene Experten auf dem Gebiet würden noch klarer und kompromissloser sprechen. So zum Beispiel ein im öffentlich-rechtlichen Rundfunk anonym zitierter Insider: »Die Legalisten sind gefährlicher als diejenigen, die mit Bomben umherlaufen.« Denn sie haben eine breite Wirkung auf Hunderte Moscheen, und selbst Kinder werden so schon von klein auf indoktriniert.

In der Kommission mit dabei sind auch die Vorsitzende und der Geschäftsführer des umstrittenen *Inssan e.V.*, Lydia Nofal und Mohamad Hajjaj, die nach Medienberichten viele Jahre in Vereinen aktiv waren, die vom Berliner Verfassungsschutz dem legalistischen Islamismus zugerechnet wurden. Sogar der Verein selbst wurde deshalb lange Zeit vom Verfassungsschutz beobachtet. Die beiden sind darüber hinaus Mitglieder im Landesverband des *Zentralrats der Muslime*, in dessen Dachverband eben auch Vertreter einer Abspaltung der größten rechtsextremistischen Organisation in Deutschland sitzen – der *Grauen Wölfe*, die verfassungsfeindlich sind wie sonst kaum etwas. Gegen die *Grauen Wölfe* sind *III. Weg*, *Identitäre Bewegung* und der rechtsextreme Verein *Ein Prozent* liberale Menschenfreunde. Außerdem dabei: die *Deutsche Muslimische Gemeinschaft*, die in Deutschland als die wichtigste Organisation von Anhängern der radikal-islamischen Muslimbrüder gilt. Hajjaj ist zudem stellvertretender Vorsitzender des *Teiba Kulturzentrums*, das vom Berliner Verfassungsschutz wegen Verbindungen zur Muslimbruderschaft beobachtet wird.

Dass gerade *Inssan e.V.* Zahlen zu einem vermeintlichen »antimuslimischen Rassismus« sammelt und durchaus Beachtung in den Medien findet, zeigt, wie erfolgreich diese Lobbyisten des politischen Islam in Deutschland sind. Da spielt schon kaum mehr eine Rolle, dass solche Meldungen über ein simples Onlineformular vollkommen anonym und ohne jedweden Nachweis (beispielsweise eine Vorgangsnummer der Polizei) abgeben werden können. Wenn Sie also nach dem Lesen dieser Zeilen gerne »antimuslimischen Rassismus« melden möchten, sind Sie da absolut richtig. Bitte hinterlassen Sie eine wohlwollende Rezension.

Lydia Nofal ist Sozialdemokratin und Sprecherin des *Arbeitskreises muslimischer Sozialdemokraten*. Mohamad Hajjaj ist ebenfalls in der SPD und Mitbegründer eben jenes Arbeitskreises. Ihr Verein *Inssan e.V.* erhielt in den letzten Jahren Fördermittel in Millionenhöhe von SPD-geführten Bundes- und Landesministerien, wirbt aber gleichzeitig nur wenige Klicks weiter für berüchtigte und als sicher verfassungsfeindlich geltende Moscheen wie die Al-Nur-Moschee, die Al-Kaim-Moschee, die Imam-Riza-Moschee, in der dem getöteten iranischen General gedacht wurde, sowie für die seit Jahren umstrittene und wohl weiterhin vom Verfassungsschutz beobachtete Dar-As-Salam-Moschee, um nur einige Neuköllner Einrichtungen zu nennen. Mehrere andere Vorstandsmitglieder waren oder sind laut Medienberichten in Vereinen aktiv, die den Muslimbrüdern nahestehen.

Bereits 2008 stellte die Berliner Landesregierung in ihrer Antwort auf eine Anfrage des Abgeordneten Frank Henkel (CDU) selbst fest:

> Bei der Berliner Verfassungsschutzbehörde liegen Anhaltspunkte für personelle und organisatorische Verbindungen des Vereins »Inssan« zur »Islamischen Gemeinschaft in Deutschland e.V.« (IGD) vor. Die IGD ist die mitgliederstärkste Vereinigung der »Muslimbruderschaft« (MB) in Deutschland.

Dennoch wird *Inssan e.V.* Jahr für Jahr mit Steuergeldern gefördert. Bis 2019 sind so weit über eine halbe Million Euro allein aus Berlin für Projekte gegen Rassismus und Rechtsextremismus zusammengekommen. Sie halten das für Wahnsinn? Ich auch.

Berlin ist übrigens nicht das einzige Bundesland, das dem politischen Islam ganz gerne den Säbel in die Hand drückt. In Hamburg hat die rot-grüne Landesregierung im vergangenen Jahr geplant, dem politischen Islam nahestehenden Verbänden Sitze im mächtigen Rundfunkrat des Norddeutschen Rundfunks zu verschaffen. Der WDR setzte erst nach massiven gesellschaftlichen Protesten die Zusammenarbeit mit einer unter Antisemitismusverdacht stehenden Journalistin aus, um »sich das noch einmal anzusehen«.

Wie das Becken schwillt!
Wie sich jede Schale
voll mit Wasser füllt!

Mir muss man das alles nicht glauben. Ich bin kein Experte auf diesem Gebiet, sondern gebe nur das wieder, was jeder in kurzer Recherche auch selbst herausfinden könnte. Was ich hier schreibe, ist notwendigerweise lückenhaft. Über den legalistischen Islamismus könnten ganz andere dicke Bücher geschrieben werden. Aber wenn nur die Hälfte von dem wahr ist, was Verfassungsschutz, Wissenschaftlerinnen, Journalisten und Vertreterinnen liberaler muslimischer Initiativen bis in kleinste Details dokumentiert haben, dann darf die Regierung eines deutschen Bundeslandes solche Kommissionen nicht einsetzen und solche Menschen nicht an die Schalthebel lassen. Dann muss im Zweifel ein Regierender Bürgermeister so etwas stoppen. Wenn er nicht gerade selbst mit Anhängern des Islamismus paktiert. Genau das ist es, was den politischen Islam stärkt, kritische Stimmen zum Schweigen bringt und die Herzen der Islamisten höherschlagen lässt.

Wer davor nicht die Augen verschließt oder es als Einzelfälle abtut, verliert jedes Verständnis für einen Berliner Justizsenator, der diesen Verein sehenden Auges fördert und gegen den erbitterten Widerstand seiner Staatsanwälte Anklagen in Strafprozessen am Landgericht von Kopftuchträgerinnen verlesen lässt. Dieser direkte Angriff auf die staatliche Neutralität ist nur der Anfang. Der legalistische Islamismus kommt so seinem Ziel näher. Die religiösen Hardliner fühlen sich ermutigt, sie fühlen sich stark. So stark, dass sie ohne Scham Anschluss an die Mitte unserer Gesellschaft suchen. Und ihn selbst bei demokratischen Parteien finden.

Im November 2020 hat der Bezirksbürgermeister Neuköllns zu einem Gedenken für die Opfer der Terroranschläge in Dresden und Frankreich geladen. Ein wichtiges Signal, auch in Neukölln. Teilgenommen habe ich dennoch nicht. Denn als Vertreter des Islam wurde Taha Sabri, der Imam der Dar-As-Salam-Moschee eingeladen. Jener Moscheegemeinde, die wohl noch immer vom Verfassungsschutz beobachtet wird. Jener Moscheegemeinde, die dort dem legalistischen Islamismus zugerechnet wird und die allem Anschein nach Verbindungen zu den islamistischen Muslimbrüdern hat. Jener Moscheegemeinde, der ich kurz zuvor per Eilboten verbieten musste, mitten in der ersten Welle der Corona-Pandemie mit weithin hörbaren Lautsprechern zum Gebet aufzurufen, weil sich Dutzende Gläubige ohne Maske und Abstand vor der Moschee versammelten und einen Polizeieinsatz auslösten. Und genau jene Moscheegemeinde, die unter Verdacht des Betrugs mit Corona-Hilfen stand und der Mohamad Hajjaj zur Seite sprang, indem er den Senat aufforderte, staatsanwaltliche Ermittlungen gegen die Moschee zu beeinflussen. Ein absurdes Verständnis des Rechtsstaates und unabhängiger Ermittlungsbehörden, das aber offenbar bei Teilen des Senats verfing. Die Staatsanwaltschaft musste sich Monate später heftige Vorwürfe von grünen und linken Mitgliedern der Landesregierung anhören, weil sie es wagte, gegen mutmaßliche Corona-Hilfen-Betrüger überhaupt zu ermitteln.

Die Einladung des unter Islamismusverdacht stehenden Imams zum Gedenken in Neukölln war kein Versehen, kein Zugeständnis an die Kurzfristigkeit, sondern systematische und mehrfach geübte Zusammenarbeit sozialdemokratischer Politiker mit einem Moscheeverein, dem seit Jahren Kontakte zum legalistischen Islamismus nachgesagt werden. Es ist ein Offenbarungseid, dass der Imam einer wohl vom Verfassungsschutz beobachteten Moschee vom Regierenden Bürgermeister den Landesverdienstorden erhält und bei der Trauerfeier für die Opfer des Anschlags am Breitscheidplatz sprechen darf. Übrigens genauso wie ein weiterer Imam der Dar-As-Salam-Moschee, der in sozialen Netzwerken ganz offen das Erkennungssymbol der Muslimbrüder zeigt. Es ist geradezu eine Aufforderung an den legalistischen Islamismus, weiterzumachen, wenn gleich zwei Neuköllner Bezirksbürgermeister – Franziska Giffey und Martin Hikel (beide SPD) – sowie gewählte Abgeordnete des Berliner Parlaments nette Fototermine in eben jener Moschee absolvieren, deren Imame gesellschaftlich einbinden und für ihre Leistungen zur Integration beglückwünschen.

Es ist eine Frechheit gegenüber integrierten und liberalen Muslimen, wenn dieselbe Bürgermeisterin behauptet, nahezu jede Moschee in Berlin hätte Kontakt zu den islamistischen Muslimbrüdern, daher sei das ja nicht so schlimm. Und es ist die bedingungslose Kapitulation vor dem Machtanspruch dieser Ideologie, wenn gerade jene Moschee mitentscheiden darf, ob und wie Neuköllner Schülerinnen und Schüler im Ramadan fasten sollen, und wenn dem Imam mitten in der Corona-Pandemie eine Bühne in vom Steuerzahler finanzierten Hochglanzvideos auf den Social-Media-Seiten des Bezirksamtes bereitgestellt wird.

Im August 2021, am Beginn der vierten Welle und mitten in der Debatte um Impfmüdigkeit unter Migranten, gelang der nächste Coup des umstrittenen Imam. Er bot zum Gebet Impfungen an. Der vollkommen unkritisch berichtende *Spiegel* befand: Weil es Menschen wie Sabri gäbe, steige die Impfbereitschaft. Verbindungen zum legalistischen Islamismus? Beobachtung durch den Verfassungsschutz? Kein Thema für das »Sturmgeschütz der Demokratie« aus Hamburg. Auch nicht für den Bezirksbürgermeister, der den Moscheeverein erneut hofierte. Und ebenso wenig für die sozialdemokratisch geführte Berliner Gesundheitsverwaltung, die die Aktion unterstützte und sogar Bundeswehr und Technisches Hilfswerk zum Einsatz beorderte. Am Ende wurden an einem Tag von Hunderten Besuchern lediglich zweiundvierzig geimpft. Aber immerhin wurde ein erneuter PR-Erfolg des Moscheevereins gefeiert.

An diesem Punkt zeigt sich auch die Schwierigkeit, Widersprüche auszuhalten und dennoch Haltung zu bewahren. Wenn ich sage, »jede Impfung ist eine gute Impfung«, meine ich das so. Würde ich deswegen mit mutmaßlichen Islamisten paktieren? Natürlich nicht. Andere sind da offener und machen es den Feinden unserer liberalen Gesellschaft viel zu einfach.

Liebe Leserinnen, liebe Leser, ich denke mir das alles nicht aus. Es ist in seiner ganzen Absurdität mein Alltag in Neukölln. Es fällt mir zunehmend schwer, mit Menschen zusammenzuarbeiten, die das alles einfach ignorieren und gleichzeitig das Hohelied auf den Kampf gegen Extremismus singen.

Sie alle tragen damit zur perfiden Strategie der legalistischen Islamisten bei, sich nach außen betont dialogbereit zu geben, intern aber eine islamistische Agenda zur Durchsetzung der Scharia zu verfolgen. Eine Zeit lang habe ich gesagt, jeder müsse selbst entscheiden, ob er das verantworten kann. Das war ein Fehler. Wer sich bewusst dazu entscheidet, mit Islamisten zu kooperieren, oder so dümmlich naiv ist, zu denken, man könne sie zur Demokratie überreden, hat die von ihnen ausgehende Gefahr für uns alle nicht verstanden.

Ich maße mir nicht an, die Netzwerke des politischen Islam in Deutschland und Europa vollständig zu durchblicken. Dazu bin ich trotz allem, was ich in vielen Jahren gelernt habe, zu wenig Experte. Dazu sind sie zu gut in dem, was sie tun. Im Täuschen, Verschleiern, Lügen. Aber es gibt die Experten, die sehr genau wissen und sehr genau erklären, welche Organisationen und Einzelpersonen zu meiden sind. Oder wo wenigstens sehr genau hingesehen werden muss.

Auf der Internetseite der Bundeszentrale für politische Bildung ist leicht nachzulesen, welche Verbindungen der selbst ernannte *Zentralrat der Muslime in Deutschland* zur Muslimbruderschaft hat. Und dass er, obwohl er vorsichtigen Schätzungen nach nicht einmal ein Prozent aller in Deutschland lebender Muslime vertritt, immer wieder als ihre legitime Stimme präsentiert wird. Sein Vorsitzender Aiman Mazyek, der wie alle Vertreter des politischen Islam ebenfalls nur »den einen Islam« kennt, stellt vollkommen selbstverständlich im öffentlich-rechtlichen Rundfunk Forderungen an die Bundesregierung – ein Totalversagen gebührenfinanzierter Information. Ich weiß nicht, was Redaktionen reitet, so jemanden überhaupt ans Mikro zu lassen. Der *Zentralrat der Muslime in Deutschland* ist pure Propaganda. Ein extrem erfolgreicher Marketinggag. Aber ein sehr gefährlicher. Und er sitzt trotzdem in der von der Bundesregierung initiierten *Deutschen Islamkonferenz*. Es ist zum Haareraufen!

Ich habe nie verstanden, warum man nicht auf diejenigen hört, die davor warnen. Oder wenigstens auf den eigenen Verfassungsschutz, der sich die Finger wundschreibt und viel zu oft ignoriert wird. Kirchen, Wohlfahrtsverbände, Jugendorganisationen, Parteien, Gewerkschaften und eine gegenüber Islamisten viel zu oft viel zu unkritische Presse: Sie alle sind verantwortlich, wenn der politische Islam in diesem Land weiter an Boden gewinnt.

Dann ist es auch keine Überraschung mehr, wenn sich Antisemitismus und Hass ganz offen auf unseren Straßen ausbreiten. Im Mai 2021 kam es zu schwersten Ausschreitungen mit fast hundert verletzten Polizisten entlang der berühmt-berüchtigten Neuköllner Sonnenallee. Über mehrere Tage hinweg fanden anlässlich der zu diesem Zeitpunkt erneut aufflammenden Gewalt in Israel und Palästina mehrere Versammlungen in Neukölln statt, bei denen teils unter dem Deckmantel der Kritik an Israel, teils ganz offen, Judenhass in die Öffentlichkeit getragen wurde. Die Versammlungen selbst haben mich nicht überrascht. Wohl aber die gezielt gesuchte Eskalation der Gewalt von Teilen der Zuwanderer aus den palästinensischen Autonomiegebieten und ihren Sympathisanten.

Wenn man sich einmal klarmacht, dass viele von ihnen hier geboren und deutsche Staatsangehörige sind, den Konflikt in der Heimat ihrer Eltern und Großeltern daher nie selbst erfahren haben und dennoch mit einer unbeschreibbaren Verrohung auf unseren Straßen auftreten, muss einem angst und bange werden. In diesen Familien werden extreme Feindbilder kultiviert und zum Bestandteil ganzer Generationsidentitäten geformt, die zwischen legitimer Kritik am Handeln des Staates Israel und dem blanken Hass auf Menschen jüdischen Glaubens nicht unterscheiden können oder wollen. Es ist die pure und ungefilterte Ideologie der eng mit dem Muslimbrüdern verbundenen islamistischen *Hamas*, deren erklärtes Ziel es ist, den Staat Israel zu vernichten und die dort lebenden 6,5 Millionen Juden zu ermorden. Welche Verhandlungsgrundlage sollte Israel mit dieser Mörderbande wohl finden? Das Selbstverteidigungs- und Existenzrecht Israels ist nicht verhandelbar. Wer das nicht akzeptiert, hat keinen Platz in unserer Gesellschaft.

Die allermeisten antisemitischen Straftaten gehen von Rechtsextremisten aus – die meisten davon sogenannte Propagandadelikte. Das darf nicht verschwiegen werden, und diese Menschen gehören genauso wenig zum demokratischen Deutschland wie gewalttätige Zuwanderer. Das macht deren Hass und Gewalt aber nicht weniger problematisch. Der politische Islam ist dafür der ideologische Nährboden. Ohne ihn wären solche Exzesse nicht denkbar. Er ist mit dafür verantwortlich, dass auf unseren Straßen »Scheiß Juden«-Sprechchöre ertönen, israelische Flaggen gestohlen und verbrannt oder nach massiven Drohungen von Bürgermeistern selbst wieder abgenommen werden. Und auf dem Neuköllner Rathausvorplatz heißt es dann »Intifada bis zum Sieg«. Mit diesen Leuten gibt es nichts zu verhandeln.

Wer dem politischen Islam wirklich entgegentreten will, muss diejenigen stärken, für die der Islam eine Religion neben vielen ist. Diejenigen, die für einen liberalen Islam stehen. Diejenigen, die Religionsfreiheit als Freiheit aller und auch als Freiheit von Religion verstanden haben. Diejenigen, die selbst gegen Islamismus aufstehen, weil er sie noch existenzieller bedroht als uns Nicht-Muslime. Und diejenigen, die mit ihrer Religion längst Teil unserer Mehrheitsgesellschaft geworden sind, die sich nicht durch Glauben, sondern durch demokratische Werte definiert.

Einen kleinen, aber ebenso wichtigen wie mutigen Ansatz haben wir in Neukölln ab Juni 2021 gewagt. Ich finde, er könnte schon jetzt ein Vorbild für das ganze Land sein. Eine *Registerstelle für konfrontative Religionsbekundung* klingt sperrig, ist aber genau das, was dem politischen Islam die Stirn bieten kann. Unabhängig, überparteilich und mit der gleichen gesellschaftlichen Relevanz wie Beratungsstellen gegen Rechtsextremismus oder linke Gewalt. Dabei geht es um religiös konnotiertes Verhalten, das in der Öffentlichkeit ausgelebt wird und dabei auf die Herstellung von Aufmerksamkeit zielt, provozieren oder erniedrigen will und Dominanz herstellen soll.

Das geht von dem Druck auf kleine Mädchen, Kopftuch zu tragen, über das demonstrative ṣalāh[14] in der Öffentlichkeit und das Herabwürdigen der »Ungläubigen«, bis zur Nichtachtung weiblichen Lehrpersonals an Schulen. Ich habe schon von solchen Vorfällen berichtet. Zwei weitere Beispiele, die aus meiner Sicht zwingend darunterfallen, verschaffen einen weiteren Eindruck, worum es geht.

Wer am Sonntag, dem 11. August 2019, das Tempelhofer Feld in Berlin von der in Neukölln gelegenen nördlichen Seite betrat, musste sich nicht schlecht wundern. Mehr als tausend Menschen versammelten sich dort, um ihrer Religion nachzugehen. In einer öffentlichen Grünanlage führten sie gemeinsam ihr ri-

---

14 Das rituelle Gebet im Islam

tuelles Gebet zum Beginn des *Īdu l-Aḍḥā* durch – des islamischen Opferfestes. Bewacht wurde die Veranstaltung durch mehrere Sicherheitskräfte in gelben Westen, auf denen ausschließlich arabische Schriftzeichen zu sehen waren. Ihre Aufgabe war es unter anderem, für eine strikte Trennung von Männern und Frauen zu sorgen.

Im Klartext: Frauen wurden aussortiert und mussten abgelegen zusammen mit den Kindern sitzen und beten. Veranstalter des Gebets, das wohl von der landeseigenen Grün Berlin GmbH als Betreiberin des Tempelhofer Feldes genehmigt werden musste, war die wegen vermuteter Verbindungen zum legalistischen Islamismus vom Verfassungsschutz beobachtete Dar-As-Salam-Moschee.

Die Veranstaltung war ein gigantischer PR-Coup für den politischen Islam, der auf diesem Weg die Geschlechtertrennung vor den Augen der Öffentlichkeit und gezielt eingeladener Pressevertreter als vollkommene Normalität darstellen konnte. Wieder hat sich der legalistische Islamismus einen Schritt vorgewagt.

Das ist ein Beispiel für konfrontative Religionsbekundung, wie sie auch immer wieder in Neuköllner Schulen vorkommt, wenn Jugendliche plötzlich einen nur für sie reservierten Gebetsraum fordern oder gleich auf dem Pausenhof vor den Augen aller anderen Schüler rituell beten.

Ein anderes Beispiel, das die Arbeit der geplanten Registerstelle veranschaulicht, trug sich im Mai 2021 zu. Während ich diese Zeilen schreibe, habe ich gerade davon erfahren und stehe immer noch unter dem Eindruck der Schilderungen der betroffenen Familie. Zu ihrem Schutz nenne ich keine näheren Details.

Auf einem Spielplatz im Norden von Neukölln wurde ein Junge mehrfach mit »Du Jude!« angesprochen. Abfällig und erkennbar mit dem Ziel, ihn damit zu verletzen. »Jude« ist auf Neuköllns Straßen und Schulhöfen – und nicht nur hier – insbesondere unter arabisch- und türkischstämmigen Kindern, Ju-

gendlichen und jungen Männern eine gängige und absolut alltägliche Beleidigung, die oftmals beinahe scherzhaft, jedenfalls
aber nebenher und ohne besondere Konsequenzen hingeworfen
wird. In diesem Fall bekannte sich der Junge aber zu seinem tatsächlichen jüdischen Glauben. Und wurde dafür nur umso mehr
beleidigt und sogar körperlich attackiert. Ein bis dahin leidlich
normales Miteinander mit den anderen Kindern war von diesem
Moment an nicht mehr denkbar. Von einem wesentlich älteren
Jugendlichen wurde er Tage später beim Fußballspielen umge-
treten, »weil du Jude bist«.

Der Junge war zu diesem Zeitpunkt neun Jahre alt und wurde
bereits seit der ersten Klasse in seiner Brennpunktschule angefeindet. Die Täter waren allesamt arabischer Abstammung.
Auch solche antisemitisch geprägten Konfliktauslöser sollen
von der Registerstelle aufgenommen und im Einzelfall pädagogisch aufgearbeitet werden. Es werden alle Religionen in diese
Betrachtung einbezogen. Es ist aber offensichtlich und von den
entsprechenden Fachleuten bestätigt: Den absoluten Schwerpunkt machen islamistisch geprägte Vorfälle aus. Vergleichbare
Übergriffe von Buddhisten, Christen oder Juden sind mir jedenfalls bisher nicht zugetragen worden.

Ziel der Registerstelle ist nicht die Bestrafung der Täter, sondern
die Identifikation der individuellen Ursachen für das Verhalten
und eine zukünftige Verhaltensänderung. Es geht ausdrücklich
nicht darum, Religionsausübung einzuschränken. Es geht im
besten Sinne des Wortes um Religionsfreiheit, die auch das Recht
auf Freiheit *von* Religion beinhaltet. Wer seine Religion über die
Rechte anderer setzt und mit ihr Druck ausüben will, überschrei-
tet die Grenze seiner Religionsfreiheit. Die Registerstelle soll
diese in Neukölln alltäglichen Grenzüberschreitungen sichtbar
machen und sie strukturiert in die politische Debatte einbringen.
Ich war von Anfang an elektrisiert von diesem Gedanken und begeistert über die scharfe Analyse und die konzeptionelle Klarheit

ihrer Entwickler. Und wie es manchmal so ist, fragte ich mich: »Mensch, Liecke, warum biste nicht selber draufgekommen?«

Leider hatte das sozialdemokratisch geführte Bundesministerium für Familie, Senioren, Frauen und Jugend noch im Juli 2021 die von mir beantragte Finanzierung des Projektes gestoppt. Neben durchaus lösbaren haushaltstechnischen Fragestellungen war der Tenor, es gäbe ja bereits vergleichbare Informationsstellen gegen Antisemitismus oder allgemein zur Demokratiebildung an Schulen.

Beide Hinweise halte ich für unpassend. Natürlich geht es auch um eine klare Haltung gegen Antisemitismus. Natürlich geht es auch um Demokratieerziehung. Aber im Kern geht es eben um ein spezielles Phänomen, das immer weiter zunimmt: um konfrontative Religionsausübung mit gesellschaftlichem Machtanspruch. Dazu braucht es eine Spezialisierung, die bei Projekten gegen Rechtsextremismus vollkommen unstrittig ist. Warum nicht auch hier?

Diese Ablehnung von der Bundesebene konnte niemand in Neukölln verstehen. Immerhin hat die CDU/CSU-Bundestagsfraktion die Einrichtung einer Dokumentationsstelle »Politischer Islamismus in Deutschland und Europa« beschlossen. Eine gute Entscheidung, die schnellstmöglich in die Tat umgesetzt werden muss. Nach meiner persönlichen Intervention beim Bundesministerium gab es im September 2021 die Kehrtwende. Plötzlich gab es eine Finanzierung, zumindest vorläufig. Ich hoffe stark, dass dieses Projekt auch von der neuen Bundesregierung angemessen gefördert wird.

Und ich hoffe, dass sich die in Neukölln gestärkt auftretende Linkspartei nicht damit durchsetzen kann, dieses tolle Projekt gleich wieder einzustampfen. Ich sage es ganz klar: ich werde alles in meiner Macht stehende tun, um das zu verhindern.

Denn solche Projekte gehören zu den wenigen erfolgversprechenden Wegen, der zunehmenden Wirkmacht des politischen Islam etwas entgegenzusetzen. Das Ziel ist, jegliche Entwicklung in Richtung der zugespitzten Dystopie noch verhindern zu können, die Constantin Schreiber in seinem Roman *Die Kandidatin* entwirft. Damit stehen wir aber auch im klaren Gegensatz zu den gezielt gesteuerten Empörungs- und Skandalisierungsversuchen politischer Halunken vom rechten Rand, denen jegliche Ernsthaftigkeit oder auch nur die intellektuelle und emotionale Reife für seriöse politische Debatten fehlt.

Da wird beispielsweise 2017 ein Spielplatz in Neukölln eröffnet, der sich in seiner Optik an die Märchen aus 1001 Nacht anlehnt. Mit dabei eine – laut Herstellerfirma – »Orientalische Burg mit Basar«, die einigen Extremisten von *Pegida* und AfD verdächtig nach Moschee aussieht und damit ganz eindeutig – wer könnte das übersehen!? – ein Zeichen für die »Islamisierung des Abendlandes« sei. Diese vollkommen irrationale, beinahe kindliche Streitsucht anhand hanebüchener Anlässe empfinde ich zunehmend als ermüdend und als Beleidigung aller, die sich damit auseinandersetzen müssen. Nein, das Abendland geht nicht an einem Spielplatz unter, an dessen Gestaltung sich die Kinder der nahe gelegenen Kita beteiligt haben. Der Ritterburgspielplatz am anderen Ende des Bezirks verherrlicht ja auch nicht die Leibeigenschaft oder Hexenverbrennung und führt auch nicht zur Einführung des *Ius primae noctis* – des Rechts der ersten Nacht mit der Braut für Lehnsherren oder ersatzweiser Zahlung des »Stechgroschens«.

Und doch füllen solche politischen Hasardeure tagelang die Zeitungsseiten. Schlimmer noch: Sie spielen den Islamisten in die Hände, weil diese so Islamfeindlichkeit ganz hervorragend anprangern und damit von ihrer eigenen Demokratie- und Menschenfeindlichkeit ablenken können. Sie haben gar kein Interesse, gegen den politischen Islam vorzugehen, da sie ihm in der Ablehnung unserer demokratischen Ordnung durchaus gleichen. Sie nutzen stattdessen den gesamten Islam, um Feindbilder zu schüren und Hass zu verbreiten. Genau wie die Islamisten selbst, kennen sie nur den einen Islam. Dieser populistische Mist stärkt den legalistischen Islamismus, statt ihn zu schwächen. Mit solchen Leuten soll es eine bürgerliche und konservative Politik gegen linke Islamistenunterstützer geben? Es ist zum Verzweifeln.

Wenn das Problem nicht Rassismus heißen darf

Im April 2021 kam es in einem Lebensmitteldiscounter in Neukölln zu einem Vorfall, der mich zunächst sprachlos machte. Er steht beispielhaft für eine gesellschaftliche Eskalation, die uns alle als Verlierer zurücklässt.

Es ging um rassistische Beleidigungen, denen sich einer meiner freien Mitarbeiter aus einer Jugendeinrichtung in aller Öffentlichkeit ausgesetzt sah. Sein Name ist Prince Ofori. Er schilderte mir den Vorfall so: In einem Aldi-Markt direkt gegenüber der Jugendeinrichtung, in der er als Tanzpädagoge arbeitet, war er wie so oft einkaufen. Ein Mann musterte ihn mehrfach, nahm dann eine Packung Schokoküsse in die Hand und fragte – offensichtlich nur vorgeschoben – seinen Sohn, ob der denn heute »Negerküsse« essen möge. Ich schreibe das Wort hier nur einmal, damit zweifelsfrei klar ist, wovon wir sprechen. Warum ich es anschließend nur noch als »N-Wort« bezeichne, wird im weiteren Verlauf des Kapitels hoffentlich klar und nachvollziehbar, auch wenn man meine Haltung dazu nicht teilen mag.

Der Mann wiederholte das mehrfach und laut, immer wieder verstohlen in Richtung von Ofori blickend. Für Prince Ofori gab es nur eine denkbare Interpretation dieses Verhaltens: Es handelte sich um eine gezielte Provokation, eine absichtliche Verletzung, die ihn treffen sollte. Mit Erfolg. Prince war getroffen, gedemütigt und aufgebracht. Sein Versuch, den Mann mit der Unangemessenheit seines Verhaltens zu konfrontieren, endete schließlich damit, dass er teilweise körperlich angegriffen und von Mitarbeitern des Discounters aus dem Laden geworfen wurde. Prince Ofori filmte alles mit seiner Handykamera, was vermutlich zur Eskalation beitrug, da keiner der Anwesenden gefilmt werden wollte. Andererseits gab es für ihn in diesem Moment keine andere Möglichkeit, diese für ihn als fundamentale Verletzung seiner Würde als Mensch empfundene Beleidigung zu dokumentieren.

Prince Ofori hätte anders reagieren können, natürlich. Er hätte milde lächelnd über diese Beleidigung hinwegsehen und den Mann mitsamt seiner Provokation an sich abtropfen lassen können. Aber dürfen wir das von jemandem verlangen, der sich sein Leben lang so einen Scheiß anhören muss? Wenn ich versuche, mich auch nur ansatzweise in seine Lage zu versetzen, kann ich gut verstehen, dass er dazu nicht mehr bereit ist. Es ging hier nicht um eine unbedachte Äußerung, nicht darum, »was man heute überhaupt noch sagen darf«. Es ging um einen gezielten Angriff auf die Würde eines Menschen in der Absicht, ihn zu verletzen. Das muss niemand einfach hinnehmen. Sie nicht. Ich nicht. Und auch Prince Ofori nicht.

Ich lehne es ab, Sprache von oben zu verordnen und Menschen zur vermeintlich »richtigen« Sprache zu erziehen. Das gilt für Gendersterne und Glottisschlag genauso wie für vermeintlich oder tatsächlich als diskriminierend empfundene Begriffe. Es geht niemanden etwas an, wie ich zu Hause meine Schokoküsse nenne oder ob mir Paprikasoße als Zigeunersoße besser schmeckt. Wir brauchen keine Sprachpolizei. Aber ich lehne es ebenso selbstverständlich ab, Menschen gezielt zu beleidigen. Wer seine eigene Freiheit benutzen will, um andere zu verletzen und zu entwürdigen, muss mit Widerrede rechnen.

Mache ich es mir damit zu einfach? Ich finde nicht! Wenn schwarze Menschen sich durch das N-Wort beleidigt, diskriminiert und herabgesetzt fühlen, warum sollte ich es dann noch benutzen? Wenn es überhaupt ein Wort gibt, das für Gewalt, Folter und Entwürdigung von Millionen von Menschen steht, dann ist es das N-Wort, das die jahrhundertelang als Selbstverständlichkeit angesehene qualvolle Ungleichwertigkeit menschlichen Lebens festschrieb. Es gibt keinerlei positive Lesart für diese Bezeichnung.

Und selbst wenn ich diese Interpretation des Begriffes nicht teilen würde, wenn ich dem N-Wort aus welchen Gründen auch immer positive Aspekte abgewinnen könnte oder es jedenfalls als neutral und nicht verletzend bewerten würde: Ich muss doch zur Kenntnis nehmen, dass die Betroffenen es fundamental anders sehen und sich massiv herabgesetzt und entwürdigt fühlen, wenn sie mit diesem Begriff konfrontiert werden. Sein Gegenüber nicht grundlos zu beleidigen, ist eine solch elementare Voraussetzung für den gesellschaftlichen Umgang miteinander, dass es mir schwerfällt zu glauben, dass das jemand nicht versteht.

Diese Denkweise findet natürlich ihre Grenzen, wenn individuelle Verletzungsgefühle offenkundig vorgeschoben werden, um Partikularinteressen durchzusetzen, Widerspruch schon im Keim zu ersticken und ganze gesellschaftliche Debatten nur einseitig und aus Sicht der vermeintlich Betroffenen zu führen. Die stetig zunehmende Identitätspolitik zielt genau darauf ab, immer kleinteiligere und ausgefallenere Splittergruppen der Gesellschaft zu definieren, ihre Ansprüche absolut zu setzen und den gesellschaftlich notwendigen Prozess des Ausgleichs von Interessen von vornherein zu unterbinden. Die gezielte Unterscheidung von der Mehrheitsgesellschaft wird zur Waffe, zum alleinigen Argument für Privilegierung.

Auch das muss klar benannt werden, und das bekämpfe ich entschieden. Wer mit pauschalem Verweis auf eine vermeintliche Benachteiligung gesellschaftliche Debatten unterbinden will oder wer bestimmen will, wer sich überhaupt noch zu einem Thema äußern darf, wird von mir immer Widerspruch ernten.

Auf den Punkt gebracht: Nur weil sich jemand beleidigt fühlt, ist er nicht automatisch im Recht.

Darum geht es aber bei der Frage des N-Wortes nicht. Das N-Wort in Kenntnis seiner Bedeutung zu benutzen ist kein liberal-demokratischer Freiheitskampf, sondern Ausdruck von blanker Bösartigkeit. Das N-Wort ist grundsätzlich nicht verboten, nicht alles muss der Staat mit dem scharfen Schwert des Strafrechts regeln. Aber es gibt auch kein Recht auf verletzende Sprache. Sich dagegen öffentlich zu positionieren, muss nicht nur erlaubt sein: Es ist notwendig.

Denn rassistische Beleidigungen sind an der Tagesordnung in Neukölln und weit darüber hinaus. Sie sind alltägliche Lebensrealität vieler Neuköllner Jugendlicher, ganz gleich ob mit oder ohne Migrationshintergrund. Davon berichtete im Jahr 2021 auch Fußballstar Antonio Rüdiger, wenige Tage bevor er mit dem FC Chelsea die Champions-League gewann.

Antonio Rüdiger ist Ende der Neunzigerjahre in Neukölln aufgewachsen. Seitdem hat sich vieles im Verhältnis von Mehrheitsgesellschaft und Migranten verändert. Aber seine Erfahrungen stehen dennoch beispielhaft für alltägliche und schmerzhafte Erfahrungen vieler junger Menschen, in Neukölln und anderswo. Ob N-Wort, »Ölauge«, »Scheiß deutsche Kartoffel«, »Alman« oder verschiedenste andere rassistische Beleidigungen in allen denkbaren Sprachen: Diese Worte verletzen und spalten. Sie haben weder auf dem Schulhof noch auf dem Fußballplatz oder in den sozialen Netzwerken etwas zu suchen.

Als ich von dem Vorfall um Prince Ofori aus den Medien erfuhr, habe ich mich noch am selben Tag per Pressemitteilung genau so öffentlich positioniert. Es war mir wichtig, der Honorarkraft meines Jugendamtes den Rücken zu stärken und zu zeigen, dass das Bezirksamt Neukölln solche Beleidigungen nicht akzeptiert. Ich hatte mit Empörung von jenen gerechnet, die das N-Wort als Verteidigung ihrer Meinungsfreiheit verstehen und sich »von denen da oben« nichts sagen lassen wollten. Fehlanzeige! Empörung gab es stattdessen von strammen linken Identitätspolitikern, die einen Vergleich des N-Wortes mit der Bezeichnung »deutsche Kartoffel« keinesfalls zulassen wollten. Das sei nämlich eine Verharmlosung von Rassismus und damit selbst rassistisch.

Kurz durchatmen. Um diese Gedanken zu verstehen – und es lohnt sich, sie verstehen zu wollen –, müssen wir ein wenig in die Rassismustheorie linker Berufsempörter einsteigen. Bitte die folgenden Absätze erst nach Einnahme von Blutdrucksenkern und nicht vor dem Schlafengehen lesen.

Nach autoritärem linkem Verständnis kann es Rassismus gegen Deutsche, die auch »so« aussehen – was immer »so« heißen mag –, gar nicht geben. Das ist keine Interpretation von mir, sondern tatsächlich Wesenskern der von Linken vor sich hergetragenen Rassismustheorie: »Es gibt keinen Rassismus gegen weiße Deutsche.« Rassismus sei stets nur aus einer Machtposition heraus denkbar, die ausschließlich weißen Deutschen zur Verfügung stehe. Daher könnten Menschen, die keine weißen Deutschen sind, selbst keine Rassisten sein und auch nicht rassistisch handeln.

Wenn der Arif also den Lukas auf dem Schulhof der Hans-Fallada-Schule als »Scheiß deutsche Kartoffel« oder »deutscher Piç« bezeichnet, ist das im linken Weltbild eine eher harmlose Beleidigung, aber keinesfalls Rassismus. Der Lukas soll sich nicht so haben und lieber das eigene Verhalten reflektieren.

Anders sieht es aus, wenn Lukas in seiner Wut mit »Kanake« oder »Ölauge« reagiert – alles zweifellos beleidigend gemeint und garantiert auch so verstanden. Dann haben wir es mit einem handfesten rassistischen Übergriff zu tun. Das eine bleibt meist folgenlos, das andere kann ein Grund für Schulverweis und pädagogische Sondermaßnahmen sein. Das eine verhallt, das andere wird in etliche Statistiken als einer von vielen Belegen für zunehmenden Fremdenhass in Deutschland eingehen.

Ich würde gerne erleben, wie einer der empörten Rassismustheoretiker Lukas erklärt, dass er sich auf dem Schulhof der Nord-Neuköllner Brennpunktschule in einer Machtposition befindet und daher soeben zum Rassisten geworden ist.

Ich verstehe durchaus das Konzept hinter diesem institutionellen Rassismusbegriff. Es geht darum, gesellschaftliche Folgen rassistischer Strukturen erkennbar, beschreibbar und bekämpfbar zu machen. Natürlich ist es ein Unterschied, ob Lukas »nur« beleidigt wird oder ob Arif grundsätzliche gesellschaftliche Teilhabechancen vorenthalten werden. Und natürlich ist die »Kartoffel« weder historisch noch im Ausmaß ihrer Verachtung mit dem N-Wort vergleichbar. Die wissentlich aufgebaute Hierarchisierung von rassistischen Beleidigungen ist aber schon deshalb untauglich, weil sie die Beleidigung nicht am Grad ihrer beabsichtigten oder tatsächlichen Verletzung, sondern an der Person des Täters festmacht.

Eine anonym geäußerte rassistische Beleidigung kann nach dieser kruden Logik also erst dann als rassistisch erkannt werden, wenn man weiß, wer sie geäußert hat. Verletzen soll jedoch beides. Und zwar aus rassistischen Gründen. Daher lehne ich die Verengung auf den institutionellen Rassismusbegriff ab. Wer den Rassismusbegriff derart beschneidet, ignoriert die individuellen Folgen der Entwürdigung aufgrund der Herkunft. Der Begriff lässt keine ehrliche Debatte über die schlimmen Folgen von tatsächlichem Rassismus und Ideen der Ungleichwertigkeit von Menschen zu, sondern ist politisches Instrument elitärer Identitätspolitiker und eine tatsächliche Manifestation von Ungleichwertigkeit. Er wird missbraucht und erschafft eine Betroffenheitshierarchie, die erneut spaltet, erneut verletzt.

Mit diesem verkürzten Verständnis von Rassismus werden deutschenfeindliche Beleidigungen bagatellisiert und normalisiert. Das werde ich, das dürfen wir alle nicht hinnehmen. Auch dann nicht, wenn sich sogar die Bundeszentrale für politische

Bildung mit der Förderung des Schmähpreises »Goldene Kartoffel« daran beteiligt und, beispielsweise im Jahr 2020, den Kampf gegen Clankriminalität zu diskreditieren versucht. Das ist nicht lustig und weder Kunst noch Satire.

Es gibt diese Deutschenfeindlichkeit auf Schulhöfen und in Klassenräumen. Und sie ist vermutlich mit ein Grund dafür, warum jede dritte Berliner Familie für ihr Kind nicht die vorgesehene Einzugsschule mit über 90 Prozent Migrationshintergrund wählt, sondern freie Schulen oder solche am Stadtrand als bessere Option für ihre Kinder sieht. Sind das alles reaktionäre Rechtsradikale? Im Gegenteil, es ist oft bestes linksliberales Wählerpotenzial, das aber eben die große Idee von Gleichheit und absoluter Toleranz mal kurz pausieren lässt, wenn es um die eigenen Kinder geht. Ich kann mir gut vorstellen, dass bei manchen dieser Eltern dann ein schlechtes Gewissen oder leichte Zweifel an eigenen politischen Überzeugungen wachsen, die beim nächsten Betreten einer Wahlkabine mit der Selbstbeschwichtigung, eigentlich doch auf der »richtigen Seite« zu stehen, beiseitegeschoben werden. Geschenkt! Am Ende wollen alle Eltern eben das Beste für ihre Kinder.

Allein bin ich mit der Ablehnung dieses verengten Rassismusbegriffes jedenfalls nicht. Sowohl die Vereinten Nationen als auch die Europäische Union kennen keinen Rassismusbegriff, der einzelne Nationalitäten oder Herkünfte als Opfer von Rassismus ausschließt. Im Gegenteil wird richtigerweise jede (!) Ungleichbehandlung oder Missachtung aufgrund von Hautfarbe, Sprache, Religion, Herkunft oder Staatsangehörigkeit als rassistisch gesehen. Auch das *Internationale Übereinkommen zur Beseitigung jeder Form von Rassendiskriminierung* macht klar, dass jeder Mensch unabhängig von seiner Herkunft von Rassismus betroffen sein kann. Was einige wenige lautstarke Wichtigtuer in Politik, sozialen Medien und Redaktionen innerhalb ihrer politischen Blase absichtsvoll ausblenden, findet in offiziellen Definitionen und völkerrechtlich bindenden Beschlüssen umfangreich Niederschlag. Keine weiteren Fragen, Euer Ehren.

All dies zeigt schlaglichtartig, was mit der notwendigen Debatte über Rassismus in der Breite unserer Gesellschaft schiefläuft: Diese Debatte wird bestimmt von vollkommen durchintellektualisierten und ihrem Selbstverständnis nach elitären Funktionären, die keinerlei Idee davon haben, was auf den Schulhöfen und den Straßen dieses Landes abgeht.

Aber diese Empörung folgt auch einer stringenten und durchaus nachvollziehbaren Logik der Macht. Wenn Rassismus wirklich jeden betreffen kann, dann verlieren die kleinen, ausgefallenen Splittergruppen ihren exklusiven Zugang zu einer mittlerweile wertvollen gesellschaftlichen Ressource: dem Opferstatus. Und mit ihnen auch jene, die gut von Fördermitteln, Projektfinanzierungen und Zuwendungen für jede noch so absonderliche Idee von Diskriminierung leben. Wenn zugestanden wird, dass sich auch Deutsche rassistischem Verhalten ausgesetzt sehen, ist diese Ressource in Gefahr, und man müsste sich tatsächlich damit auseinandersetzen, dass Rassismus kein alleiniges Problem des alten weißen deutschen Cis-Mannes, sondern ein Problem von Menschen ist.

Entlarvenderweise kam von den gleichen Empörten zu keinem Zeitpunkt eine irgendwie geartete Solidarität oder Unterstützung für Prince Ofori. Ihn haben sie in ihrem durch die nahende Wahl angefeuerten missionarischen Eifer gegen mich schlicht vergessen.

Der Filialleiter des Aldi-Marktes sowie ein Sicherheitsmitarbeiter wurden noch am Tag des Vorfalles entlassen. Eine aus meiner Sicht überzogene Konsequenz, die wohl auch arbeitsrechtlich keinen Bestand haben dürfte. Und sie trägt auch nicht zur Versöhnung bei. Ich wünsche mir eine Debatte, die nicht auf Eskalation, sondern auf Verständigung angelegt ist.

Rechtsextremistische Anschläge

Islamismus ist bei Weitem nicht das einzige Problem, das Neukölln mit Extremisten hat. Die mutmaßlich rechtsextremistisch motivierte Anschlagsserie in den Ortsteilen Rudow, Britz und (Nord-)Neukölln hat es mittlerweile als »Neukölln-Komplex« zu bundesweiter Bekanntheit gebracht. Auch weil die Generalbundesanwaltschaft eine Einstufung als Terrorismus und damit eigene Ermittlungen bisher ablehnte.

Seit mehreren Jahren werden vornehmlich linke Aktivisten und ihre Familien Opfer von Bedrohungen. Steine fliegen in Küchenfenster, Autos werden angezündet, eindeutige Morddrohungen an Hauswände geschmiert. Der Anlass ist meist nichtig, niemand kann sicher sein, nicht selbst in das Fadenkreuz der Täter zu geraten. So wurde eine Familie über Jahre hinweg terrorisiert. Mitten in der Nacht werden Scheiben eingeworfen, und die Familie wird mit bedrohlichen Anrufen belästigt, weil sie Wahlwerbung der NPD nicht im Briefkasten haben wollte. Es sind Anrufe, die ungefähr so klingen: »Hier spricht der Faschistische Widerstand, so etwas wie dich hätten wir früher vergast. Wir sind überall.« Natürlich macht das Menschen Angst.

Ein Neuköllner Buchhändler musste gleich mehrere Anschläge über sich ergehen lassen. Zweimal brannte sein Auto, einmal wurde sein Buchladen mit Steinen angegriffen. Seitdem steht er unter Polizeischutz. Der Anlass für die Täter wird darin vermutet, dass er sich aktiv gegen Rechtsextremismus und Rassismus engagiert und in seinem Laden Lesungen und Veranstaltungen organisiert. Es war ein starkes Signal des Zusammenhalts, dass wir ihm 2019 unter anderem für seine Standhaftigkeit gegen diese Einschüchterungen die höchste Auszeichnung des Bezirks, die Neuköllner Ehrennadel verliehen haben.

Schon 2011 wurden gleich zwei Brandanschläge gegen eine von meinem Jugendamt finanzierte Jugendeinrichtung verübt.

Das Auto eines Kommunalpolitikers wurde direkt neben dem Wohnhaus seiner Eltern angezündet. Nur durch Glück fing die nahe gelegene Gasleitung kein Feuer. Dieses Mal hätte es leicht Tote geben können. Seit 2013 gab es über siebzig Angriffe, darunter dreiundzwanzig Brandanschläge, vor allem auf Neuköllnerinnen und Neuköllner, die sich selbst als politisch links begreifen.

Allein im Jahr 2020 wurden in Neukölln zudem hundertfünfzig Straftaten registriert, bei denen die Polizei ein rechtsextremistisches Motiv annimmt. Jede einzelne davon ist eine zu viel. Ich sage das in vollem Bewusstsein darüber, dass die allermeisten als rechtsextremistisch erfassten Straftaten sogenannte Propagandadelikte sind. Die Hakenkreuz-Schmiererei am Stromverteilerkasten, der Hitlergruß bei einer Demo, Aufkleber zu Ehren des Kriegsverbrechers Heß. So etwas ist zu Recht verboten, aber es hat natürlich eine andere Qualität als brennende Autos, Stein- und Flaschenwürfe auf Menschen oder gezielte Gewalt gegen Polizisten.

Es ist deswegen aber nicht harmlos, sondern offenbart ein Bedrohungspotenzial, das in einen Kiez, in die Nachbarschaft hineinwirkt, Angst sät und die Zivilgesellschaft zu lähmen versucht. Um das alles beängstigend zu finden, muss man gar nicht genau wissen, was die Verdächtigen mit detaillierten Datensätzen – Namen, Adressen, Berufe – von Hunderten Menschen wollten, die bei einer Hausdurchsuchung gefunden wurden. Was genau die Rechtsextremisten damit vorhatten, ist weiterhin unklar. Das macht es aber in keiner denkbaren Weise weniger bedrohlich und alarmierend.

Nicht nur für die direkten Opfer kommt in Neukölln eine enorme emotionale Belastung hinzu. Wer die Täter einiger dieser Anschläge sind, ist ein offenes Geheimnis. Nach Polizeiangaben und als sicher geltenden Erkenntnissen der Betroffenen sollen es die ehemaligen NPD- und AfD-Funktionäre Tilo P., Sebastian T. und Julian B. sein. Ende 2020 hat die Berliner Polizei zugeschlagen und zwei von ihnen endlich verhaftet. Der zunächst vom

Amtsgericht bestätigte dringende Tatverdacht – eine Voraussetzung für die Verhängung von Untersuchungshaft – wurde jedoch vom Landgericht verworfen. Die Verdächtigen – und das sind sie bis zum gerichtlichen Beweis ihrer Schuld – sind daher weiter auf freiem Fuß. Ich kann es nur zu gut verstehen, dass das von den Opfern der Anschläge als Hohn und als erneute Zunahme ihrer persönlichen Gefährdung gesehen wird. Ende August 2021 hat die Generalstaatsanwaltschaft dann doch Anklage erhoben. Ein gutes Signal, das hoffentlich endlich zur Aufklärung dieser Terrorserie führen wird.

Die beiden Morde an dem Sohn türkischer Einwanderer Burak Bektaş und dem britischen Juristen Luke Holland werden von einigen Beobachtern derselben Gewaltserie zugerechnet. Ob sie tatsächlich damit im Zusammenhang stehen, ist aber im Gegensatz zur mutmaßlichen Täterschaft in der Brandserie in der Öffentlichkeit umstritten. Die bisherigen Ermittlungen zu den beiden Morden – der Mörder von Luke Holland wurde bereits rechtskräftig verurteilt – lassen diese Schlussfolgerung eher als fraglich erscheinen. Für die Familie von Burak, die auch viele Jahre nach dem Mord an ihrem Sohn keine Gewissheit hat und immer wieder Schmierereien an einem privat finanzierten Mahnmal für ihren Sohn im öffentlichen Raum hinnehmen muss, ist das Leid auch heute noch unerträglich. Ich empfinde großes Mitgefühl für das Schicksal dieser Familie, deren Sohn und Bruder so grausam aus dem Leben gerissen wurde.

Zum »Neukölln-Komplex« gehören auch die Hinweise auf Rechtsextremismus in der Berliner Polizei. Es ist nur zu verständlich, dass Opfer extremistischer Anschläge und ihre Angehörigen das Vertrauen in die zu ihrem Schutz verpflichteten Beamten verlieren, wenn gleichzeitig Chatgruppen mit rassistischen Inhalten publik werden und einzelne Polizisten öffentlich extremistische Positionen vertreten. So im Fall jenes Polizisten Detlef M., der einige Zeit im Neuköllner Bezirksverband der AfD aktiv war, Stadtrat werden wollte und nach Überzeugung der Berliner Staatsanwaltschaft nur wenige Stunden nach dem islamistischen Anschlag auf den Breitscheidplatz im Dezember 2016 Dienstgeheimnisse an eine AfD-nahe Chatgruppe verraten haben soll. Er steht zudem im Verdacht, Teil einer polizeiinternen Chatgruppe mit rassistischen und rechtsextremistischen Inhalten zu sein.

Jeder dieser Fälle ist mit der notwendigen Härte und Konsequenz des Rechtsstaates zu verfolgen. Wer offen oder versteckt mit Extremisten jedweder Couleur sympathisiert, hat im öffentlichen Dienst – und erst recht bei der Polizei – nichts verloren und muss ohne Anspruch auf weitere Dienstbezüge entlassen werden. Wenn – und erst dann – dieser Verdacht bewiesen ist. Ein Generalverdacht gegen die vielen Tausend Männer und Frauen, die einen Eid auf unsere Verfassung geleistet haben, lehne ich aber entschieden ab und wehre mich gegen die ständigen Versuche mancher Politiker, sie alle zu potenziellen Tätern zu erklären.

Eine Haltung, die durch den 2021 veröffentlichten Bericht zweier Sonderermittler im Neukölln-Komplex rundweg bestätigt wird. Demnach gab es keinerlei Anhaltspunkte für eine immer wieder auch von der Presse nahegelegte und teilweise sogar im Widerspruch zu tatsächlichen Ermittlungsergebnissen als feststehende Tatsache präsentierte angebliche Zusammenarbeit zwischen Rechtsextremisten und Angehörigen der Polizei. Ebenso gab es keine Anhaltspunkte für rechtsextreme Netzwerke in der Berliner Polizei. Auch konnten »keine Hinweise auf mögliche politisch motivierte Auffälligkeiten im Sinne bewusst mangelhafter Ermittlungen oder gar deren Unterlassung im Kontext der polizeilichen Bearbeitung dieses Komplexes« erkannt werden, stellen die beiden unabhängigen Ermittler fest.

Allein der Verdacht ist ungeheuerlich und beschädigt das Ansehen der Polizei und ihre Möglichkeiten der Kooperation mit den Opfern der Anschläge nachhaltig. Daher habe ich mich auch sehr darüber geärgert, dass grüne und linke Politiker dieses

Ergebnis offenbar gar nicht interessiert hat, sondern sie an der Erzählung festhalten, es gäbe solche Netzwerke, man hätte nur nicht gut genug gesucht. Eine irre Logik, aus der tiefstes Misstrauen gegen Polizei und Verfassungsschutz spricht. Selbst der sozialdemokratische Innensenator sah sich genötigt, seine Koalitionspartner öffentlich dazu aufzurufen, Untersuchungsergebnisse auch endlich einmal zu respektieren, anstatt immer wieder alte und widerlegte Vermutungen in den Raum zu stellen.

Es darf bei der Abgrenzung zum rechten Terror aber weiter kein Vertun geben. Bürgerliche, Konservative und auch politisch rechts stehende Menschen in diesem Land müssen sich von jeder Form des Extremismus in Wort und Tat distanzieren und dürfen keinerlei Nähe zulassen. Es darf keine heimliche Sympathie, Befürwortung oder auch nur Duldung solcher Taten geben. Keine Verharmlosung, keine Relativierung. Schon der begründete Verdacht ist fatal.

Wer die NPD, den *III. Weg*, die *Identitäre Bewegung* oder obskure Vereine wie *Heimat Zukunft* unterstützt, ist kein vernachlässigtes Wählerpotenzial oder ein Unentschiedener auf der Suche nach politischer Orientierung. Er ist ein menschenfeindlicher Extremist, der mit der hart erkämpften demokratischen Kultur in diesem Land gebrochen hat. Selbst wenn man diese Frage statt werteorientiert rein strategisch beantwortet, bleibt die Schlussfolgerung gleich: Dort ist auch wahltaktisch überhaupt nichts zu gewinnen. Alle Demokraten sind für diese Leute der Feind. Wer glaubhaft gegen Salafisten und Linksextremisten eintreten will, muss bei Rechtsextremisten standhaft bleiben. Das gilt umso mehr für Konservative, zu deren Grundüberzeugung die Stärke des Rechts zählen muss.

Wichtig ist mir dabei aber auch, dass weder linke noch grüne Machtmenschen zu entscheiden haben, wer rechtsextrem ist. Das ist allein Aufgabe der zuständigen staatlichen Stellen – Verfassungsschutz und Gerichte. Allzu oft wird dieses Label von Linken genutzt, um völlig legitime rechte oder konservative Positionen zu diskreditieren und unmöglich zu machen. Das ist das Gegenteil von demokratischem Diskurs und dient einzig und allein der Verächtlichmachung politischer Gegenentwürfe und der Mobilisierung der eigenen ideologisierten Anhängerschaft.

Wenn genau diese Leute im selben Atemzug mit bekennenden und vom Verfassungsschutz beobachteten Linksextremisten paktieren, dem politischen Islam den Weg bereiten und Moscheen mit Verbindungen zu Salafisten für schicke Pressetermine besuchen, weil sie der Meinung sind, selbst entscheiden zu können, mit wem sie zusammenarbeiten dürfen, kann ich mich nur angewidert abwenden.

»Ene, mene, muh – und raus bist du«

Wozu der übersteigerte Verdacht auf extremistische Umtriebe selbst in den letzten Winkeln unserer Gesellschaft führen kann, hat die überwiegend aus öffentlichen Mitteln finanzierte Amadeu Antonio Stiftung mit einer im Jahr 2018 heftig umstrittenen Broschüre über vermeintlichen und tatsächlichen Rechtsextremismus in Kitas gezeigt. Das von der Stiftung selbst behauptete Ziel war es, Erzieherinnen und Erzieher in Kitas in der Auseinandersetzung mit rechtsextremistischen Elternhäusern zu stärken. Ein Ziel, das ich grundsätzlich unterstütze. Es wäre ja blauäugig zu glauben, dass eine gefestigte extremistische und menschenfeindliche Einstellung von Eltern nicht auf ihre Kinder abfärbt und an der Kitatür abgegeben wird. Sich dagegen zu positionieren ist richtig. Und ja, das darf und soll auch staatlich gefördert werden.

Dennoch habe ich am 30. November 2018 allen Kitas in Neukölln empfohlen, die schon zuvor umstrittene Broschüre »Ene, mene, muh – und raus bist du« der Amadeu Antonio Stiftung nicht zu verwenden. Zugegeben, ich habe mich damit sehenden Auges in einen Konflikt mit einer Organisation begeben, die nicht zimperlich ist, wenn es darum geht, auch berechtigte Kritik als illegitim, reaktionär oder jedenfalls irgendwie »rechts« zu brandmarken und damit von vornherein jegliche echte Debatte über ihr krudes Weltbild zu verhindern.

Bezogen auf die sehr breit geführte gesellschaftliche Debatte um diese Broschüre klingt das vonseiten der Stiftung dann so: »Diffamierungs- und Desinformationskampagne durch rechtsalternative Akteure«. Als Leumund für diese durch nichts belegte pauschale Verunglimpfung ganz konkreter Kritik an der eigenen Arbeit wird dann gleich die gesamte Zivilgesellschaft in Geiselhaft genommen: »Von solchen Kampagnen können im letzten Jahr viele Initiativen der demokratischen Zivilgesellschaft berichten.« Die Fronten sind klar: Hier die demokratische Zivilgesellschaft, dort die »rechtsalternativen Akteure«, die Kritik wagen. Die mit diesem Narrativ und der stets gut sitzenden Opferrolle erwirkte Medienmacht ist beeindruckend. Und aus demokratischer Sicht beängstigend.

Warum mache ich so was? In diesem Fall, weil die vom Bundesministerium für Familie, Senioren, Frauen und Jugend mitfinanzierte Broschüre alle Grenzen überschritten hat. Was jedenfalls nach außen hin in der guten Absicht angeblicher Extremismusprävention daherkam, war (und ist noch immer) eine unsägliche Ansammlung übelster Stereotype und handfester Diskriminierung. Ein Hetzblatt, das in der Realität Neuköllner Kitas keinerlei Anknüpfungspunkte bietet und aus meiner Sicht nur auf eines aus ist: unsere Gesellschaft zu spalten.

Trägt das Kind Zöpfe und Röcke? Mag es Handarbeit und ist diszipliniert? Dann könnte es sich bei der Familie um Rechtsextremisten handeln. Möchte eine Mutter lieber Bilder der Kitakinder an den Wänden der Einrichtung sehen als Fotos unbekannter Kinder mit Behinderung? Ist sie einige Zeit vorher zugezogen und hat sich für die Instandsetzung des örtlichen Spielplatzes eingesetzt? Sie könnte Menschenfeindin und Rassistin sein.

Die Stiftung sät mit wenigen Zeilen ein unfassbares Misstrauen, schürt Vorurteile und entwirft absurde Zerrbilder pädagogisch fundierter Elternarbeit. Aus alter Verbundenheit schien die Hauptabteilung VIII (Beobachtung) des Ministeriums für Staatssicherheit des Arbeiter- und Bauernstaates wieder aus der sozialistischen Totengrube auferstanden. Es ist jedoch schlicht nicht Aufgabe von Erzieherinnen und Erziehern, die politische Gesinnung der Eltern zu überprüfen. Sie haben wahrlich Besseres zu tun, als Familien hinterherzuschnüffeln.

Doch nicht nur die beinahe kindlich naiven Vorstellungen der Autorinnen und Autoren von Merkmalen rechtsradikaler Elternhäuser, auch die einseitige und schon pathologisch anmutende Fixierung auf diese Form des politischen Extremismus ist ein Problem. »Es geht nicht um Zöpfe«, hieß es in Rechtfertigungsversuchen der Stiftung immer wieder. Richtig, darum darf es auch nicht gehen. Aber warum wird das dann so ausführlich beschrieben? Warum scheint der blonde Zopf solch eine Angst zu verbreiten?

Es werden aus meiner Sicht bewusst bestimmte Bilder über äußere und innere Merkmale der Kinder im Kopf des Lesers geweckt, die keinerlei sachliche Relevanz haben. Die Broschüre bewirkt damit genau das, was sie vorgibt, verhindern zu wollen: Sie schürt Vorurteile. Eine vergleichbare Broschüre, die sich mit den Gefahren des islamistischen Terrors oder religiöser Indoktrination auseinandersetzt und sich zunächst über äußere Merkmale von betroffenen Kindern wie die Kleidungswahl, Hautfarbe oder kulturelle Bräuche ausließe, würde sich zu Recht den Vorwürfen des »antimuslimischen Rassismus« – da ist er wieder! – oder der Islamophobie ausgesetzt sehen.

»Wird in der Familie kein Schweinefleisch gegessen? Trägt die Mutter ein Kopftuch? Dann könnte es sich um Terroristen handeln.« Um das auch für die Leserinnen und Leser klarzumachen, die eifrig nach einem Skandal suchen, den sie dem Liecke anhängen können: Diese Zuspitzung teile ich an keiner Stelle. Solch eine Denkweise ist Ausdruck von schlimmen Vorurteilen, Menschenfeindlichkeit und ganz erheblichen Wissenslücken, die eine fundierte Debatte über die echten Probleme in diesem Land erheblich erschweren.

Aber genau diese Denkweise hat die Amadeu Antonio Stiftung auf achtundfünfzig vom Steuerzahler teuer bezahlten Seiten gedruckt. Ausgerechnet mit Geld aus dem Bundesprogramm »Demokratie leben!«. Und weil es statt um Kopftücher um blonde Zöpfe geht, ist das auf einmal in Ordnung? Beides – sowohl die Broschüre der Stiftung als auch ein durch Übertragung des Argumentationsmusters entstehendes fiktives Beispiel – ist für die pädagogische Arbeit in der Kindertagesbetreuung ungeeignet. Ich finde, beides hat in unseren Kitas nichts zu suchen.

Gefahren für die Demokratie gehen von allen Rändern aus. Von Linksextremisten, von Islamisten, von Verschwörungsideologen und ja, auch von Rechtsextremisten. Auch nur annähernd vergleichbare Fälle mit rechtsextremistischen Elternhäusern gab es jedoch in keiner einzigen Kita in Neukölln. Im für seine militante linke Szene bekannten Nachbarbezirk Friedrichshain-Kreuzberg gab es hingegen einen gewalttätigen Linksextremisten in einer Kita. Als Erzieher. Und erst 2021 wurde bekannt, dass in einer Neuköllner Schulstation der Kopf des linksextremistischen und massiv gewalttätigen *Jugendwiderstandes* als Sozialarbeiter beschäftigt war. Der Typ wurde umgehend suspendiert. Ich hoffe stark, dass er nie wieder mit Kindern und Jugendlichen arbeiten darf und sich voll auf seine »Karriere« als Rapper *Taktikka* konzentrieren kann.

In Neukölln sehen wir darüber hinaus im Kindesalter eher ein Problem mit religiösem Extremismus, wenn Kinder beispielsweise zum Tragen des Kopftuches genötigt, Zwangsehen schon für kleine Mädchen und Jungs arrangiert werden und

Minderjährige in das Heimatland der Eltern verschleppt werden, um den zwanzig Jahre älteren Cousin zu heiraten. Ein ehrlicher Umgang damit klärt über Extremismusgefahren auf, ohne Eltern unter Generalverdacht zu stellen.

Die Reaktion der Stiftung auf meine Warnung kam prompt. Sie verklagte das Bezirksamt Neukölln, meinte aber mich persönlich. Am »konservativen Hardliner« Liecke, wie mich der links-liberal geprägte *Tagesspiegel* in der Berichterstattung anlässlich der Debatte um die Broschüre nannte, wollten sie ein Exempel statuieren. Ein vermeintlich leichtes Opfer, das sich mit der Androhung eines Ordnungsgeldes in Höhe von bis zu 250 000 Euro mundtot machen lässt. Das war wohl das Kalkül des Stiftungsvorstandes.

Darum ging man auch nicht gegen ebenfalls deutlich kritische Bundestagsabgeordnete, Bildungsminister oder Journalisten vor, sondern gegen einen kleinen Kommunalpolitiker, der seine Kitas schützen will. In der Folge sollte jede Kritik an der Broschüre erstickt werden. So ganz geheuer war ihnen ihr Vorgehen aber wohl selbst nicht. So »untersagte« man mir die Veröffentlichung entsprechender Schreiben. Öffentlich sollte der ganze Vorgang lieber nicht werden.

Die Anwälte der Stiftung waren im Kern der Auffassung, ich hätte mich als Vertreter des Staates zur »pädagogisch wertvollen« und »unumstrittenen« Broschüre nicht äußern dürfen, sondern hätte die blanke Absurdität mancher Beispiele und die unabsehbaren Folgen für die Arbeit in den Neuköllner Kitas schweigend hinnehmen müssen. Pädagogisch wertvoll? Nun, anders sahen das der Präsident des Deutschen Lehrerverbandes, die CDU/CSU-Bundestagsfraktion, verschiedene Journalisten und Geistliche sowie der Kultusminister des Bundeslandes Sachsen, um nur einige zu nennen. Auch Heinz Buschkowsky hat das Machwerk kritisiert und war sich sicher, dass der politisch verantwortlichen Ministerin »jemand was in den Tee« getan haben muss.

Die Stiftung beklagte zudem, meine Äußerungen seien ehrverletzend und geschäftsschädigend gewesen. Auch im Rückblick muss ich sagen, dass ich mit einer Schädigung des »Geschäfts« der noch immer – warum eigentlich? – als gemeinnützig anerkannten Stiftung sehr gut leben könnte, dies jedoch zu diesem Zeitpunkt nicht mein Ziel war.

Das von der Stiftung eilig bemühte Berliner Verwaltungsgericht hat das wohl auch so gesehen und mir im April 2019 vollumfänglich Recht gegeben. Mein Abraten von der Broschüre enthielt nach Aussage des Gerichts in seiner Begründung weder wahrheitswidrige Tatsachenangaben noch unvertretbare Wertungen. Auf eine Fortführung des Rechtsstreits in der nächsten Instanz verzichtete der Stiftungsvorstand wohlweislich.

Offen blieb nur noch die Frage, was denn Erzieherinnen und Erzieher tun sollen, wenn sie sich konkret mit demokratie- und menschenfeindlichen Elternhäusern auseinandersetzen müssen, aber dem Rat der Stiftung nicht folgen und weder spitzeln noch denunzieren und vorverurteilen sollen? Als Jugendstadtrat ist es natürlich meine Aufgabe, dazu auch Stellung zu nehmen.

Nun, ein Blick in das seit 2003 existierende und seitdem mehrfach überarbeitete Berliner Bildungsprogramm hätte die gesamte teure Broschüre von vornherein überflüssig gemacht. Aber dann hätte die Stiftung dafür freilich auch keine Fördergelder kassieren können. Ich möchte hier nur auszugsweise die wichtigsten Stellen zitieren:

> Pädagoginnen und Pädagogen
> [...]
> regen die Mädchen und Jungen an, Erwartungen, Bedürfnisse und Gefühle anderer wahrzunehmen, sich in die Perspektive des anderen zu versetzen, achtungsvoll miteinander umzugehen und die Individualität der anderen zu respektieren,

ermutigen sie, gegenüber Diskriminierung und Benachteiligung aufmerksam und unduldsam zu sein,

regen sie an, soziale, geschlechtsbezogene, ethnisch-kulturelle und individuelle Gemeinsamkeiten sowie Unterschiede im Leben von Menschen wahrzunehmen und Regeln demokratischen Zusammenlebens zu erkennen.

[...]

Pädagoginnen und Pädagogen streben aktiv die Erziehungspartnerschaft mit Müttern und Vätern in wechselseitiger Anerkennung an.

[...]

Sie gehen mit Informationen, die sie von Eltern erhalten, professionell um und behandeln persönliche Belange von Eltern vertraulich.

[...]

Pädagoginnen und Pädagogen sind wachsam gegenüber Vorurteilen und Diskriminierung und achten darauf, Abwertung und Ausgrenzung aktiv entgegenzutreten.

[...]

Partizipation, Gleichheit, Autonomie und Solidarität sind demokratische Werte, die von allen Mitarbeiterinnen und Mitarbeitern einer Kita getragen werden sollen.

Über diese konkreten und verbindlichen Inhalte des Berliner Bildungsprogramms hinaus werden die Fachkräfte in Neuköllner Kindertagesstätten im Rahmen ihrer Ausbildung auf die Elternarbeit in allen ihren Facetten vorbereitet. Die dabei erlernten und in teilweise jahrzehntelanger Praxis erprobten Handlungsweisen sind für die Begegnung und Auseinandersetzung mit allen Eltern geeignet, die dem demokratischen Grundkonsens nicht in gleicher Weise offen gegenüberstehen wie die Mehrheitsgesellschaft. Eine einseitige und vorurteilsbehaftete Broschüre benötigen sie dafür nicht.

Die »Offenheit« linksextremistischer Staatsverächter

»Herr Liecke, Sie haben Eier.« Als ein evangelischer Pfarrer auf den Kirchenstufen in Nord-Neukölln das zu mir sagte, war ich erst einmal ein wenig sprachlos. Damit hatte ich gerade nicht unbedingt gerechnet.

Im anschließenden Gespräch wurde aber schnell klar, was er meint: Meine klare Haltung gegen linke, rechte und religiöse Extremisten – gegen überhaupt alle Extremisten, egal woher sie kommen – hat dem umtriebigen Geistlichen imponiert. Vielleicht war es auch gar nicht nur die grundsätzliche Haltung, die ich mit vielen Menschen in diesem Land teile, sondern der Mut, diese Haltung öffentlich zu vertreten. Denn ich kritisierte in einem Interview mit dem Onlineportal *WELT* wenige Tage zuvor nicht nur die üblichen Verdächtigen, sondern auch die schleichende Unterwanderung der demokratischen Mitte durch linke und islamistische Gruppierungen, die sich immer weiter vorwagen. Rückblickend weicht meine anfängliche Freude über diese Anerkennung von unerwarteter Stelle der Sorge, dass es von echten Problemen in diesem Land zeugt, wenn solche demokratischen Selbstverständlichkeiten offenbar besonderen Mut erfordern.

Wie die Gefahren für unsere Demokratie von allen Seiten in die Mitte unserer Gesellschaft einsickern, kann zum Beispiel auch am zivilgesellschaftlichen *Bündnis Neukölln* beobachtet werden. Es handelt sich um einen Zusammenschluss von linken Parteien, gesellschaftlichen Organisationen, Kirchen, einfachen Bürgern und Initiativen. Was sie, meist im reinen Ehrenamt, jedes Jahr auf die Beine stellen – Straßenfeste, ehrlicher Einsatz für demokratische Prozesse und lautes Aufstehen gegen Rechtsextremismus und Gewalt – ist beeindruckend und wäre ein so wichtiger Beitrag zur Zivilgesellschaft in Neukölln, wenn …

Wenn sie dabei nicht offen und vollkommen schamlos mit Extremisten paktieren würden. Verdi, IG Bau, Arbeiterwohlfahrt, DGB, katholische und evangelische Kirche, Falken, Jusos, Grüne, Linke und SPD sitzen an einem Tisch mit bekennenden und vom Verfassungsschutz beobachteten Extremisten. Was am anderen Ende des Spektrums ein politisches Erdbeben und sowohl politische als auch persönliche Ächtung bedeuten würde, wird in diesen Kreisen voller Stolz vor sich hergetragen.

Denn mit dabei sind auch die *Antifa* und vor allem die *Interventionistische Linke* (IL), die vom Verfassungsschutz als »Speerspitze des Linksextremismus« in Deutschland gesehen wird. Sie gelten als Drahtzieher und Organisatoren hinter den brutalen Ausschreitungen beim G20-Gipfel in Hamburg, sie mobilisieren europaweit für linke Gewaltexzesse, legen laut Sicherheitskreisen Waffenbunker und Verstecke an.

Strategisch klug, wie sie sind, stehen sie niemals an vorderer Front, nutzen aber existierende Strukturen, um Gewalt gegen Einsatzkräfte, unliebsame Unternehmen und Einzelpersonen erst zu ermöglichen. Im *Bündnis Neukölln* und anderen zivilgesellschaftlichen Gruppierungen wie der *Seebrücke* und Initiativen wie *Deutsche Wohnen und Co. enteignen* spielt das natürlich keine Rolle. Hier fressen sie Kreide und dienen sich als schlagkräftige Unterstützer mit hoher Mobilisierungsfähigkeit an. Wer von ihnen unterstützt wird, will es im Zweifel vielleicht auch gar nicht so genau wissen.

Der Hamburger Verfassungsschutz formuliert es so:

> Linksextremisten nutzen unterschiedliche Strategien, um gesellschaftlich als relevante Kraft wahrgenommen zu werden und mit ihrer Ideologie in demokratische Bereiche einzudringen. Verfassungsfeindliche Positionen sollen in den gesamtgesellschaftlichen Diskurs eingebracht werden, um politische Entscheidungen und den demokratischen Diskussionsprozess zu beeinflussen.

Dass sie trotzdem immer wieder als geeignete Partner wahrgenommen werden, wundert mich zwar nicht mehr, treibt mir aber nach wie vor die Sorgenfalten ins Gesicht. Denn Pläne und Strategien der vom Verfassungsschutz bundesweit durchweg als linksextremistisch erkannten *IL* sind für jedermann lesbar im Internet verfügbar.

Es geht darum, durch Anknüpfung an zivilgesellschaftliche Organisationen linksextremistische Positionen in die Mitte der Gesellschaft zu tragen, sag- und hörbar zu machen und den Diskurs weit nach links zu verschieben. Politisch exekutiert werden die Ideen der *IL* folgerichtig von der in Berlin mitregierenden Linkspartei, die Schritt für Schritt das Strategiepapier der Extremisten »Das Rote Berlin – Strategien für eine sozialistische Stadt« umzusetzen versucht. Damit Sie das ganz zweifelsfrei verstehen: In Berlin arbeitet eine Regierungspartei das Programm von Linksextremisten ab.

Diese Strategie der »Entgrenzung« ist weder besonders neu, noch wird sie exklusiv durch Linksextremisten betrieben. Rechtsextremisten suchen so ebenfalls Anknüpfungspunkte an bürgerliche Strukturen, ohne freilich ihr menschenverachtendes Weltbild aufzugeben. Salafisten und Vertreter des politischen Islam haben diese Strategie höchst erfolgreich aufgegriffen und stoßen damit auch in Neukölln auf die offenen Arme mehrerer Abgeordneter der Grünen sowie höchster Amtsträger in den Reihen der Sozialdemokraten. Diese Unterstützung reicht bis weit in die Zivilgesellschaft und muss jedem Sorge bereiten, der sich ungeachtet seiner politischen Positionen von jeder Art von Extremismus in Wort und Tat distanziert.

So verschwimmen nach und nach bislang trennscharf wahrgenommene Grenzen zwischen extremistischen Bestrebungen und legitimer demokratischer und zivilgesellschaftlicher Auseinandersetzung. Gleichzeitig bieten diese Verflechtungen Schutz und verleihen eine Legitimität, die letztlich paradoxerweise dazu führt, dass die *IL* bei dem jährlichen *Festival Offenes Neu-*

kölln eine wichtige Rolle spielt. Dabei ist eine offene Gesellschaft das Letzte, was diese Staats- und Menschenverächter wollen.

Nach offiziellen Angaben ist jeder vierte Linksextremist gewaltbereit. Fast zehntausend militante Linke gibt es in Deutschland. Ihre Radikalisierung, ihre Brandanschläge und Menschenjagden wären ohne die *IL* als ideologischer und organisatorischer Überbau in dieser Form kaum denkbar.

Das Bundesamt für Verfassungsschutz bringt es auf den Punkt:

> Die *IL* fungiert dabei als Scharnier zwischen militanten Strukturen und nicht gewaltorientierten Linksextremisten sowie nicht extremistischen Gruppen und Initiativen.

Wenn die IL also Unterschriften für niedrigere Mieten sammelt, Fahrräder für Flüchtlinge repariert oder Plakate für das Stadtteilfest klebt, will sie damit in erster Linie Plattformen für ihre Ideologie schaffen. Sie missbraucht zivilgesellschaftliches Engagement und pervertiert geradezu das Anliegen der unglaublich engagierten Neuköllnerinnen und Neuköllner, die sich für Demokratie und Menschenrechte einsetzen. Die *IL* will das Gegenteil davon. Zudem ist ihr Verhältnis zur Gewalt taktisch geprägt. Gewalt wird also nicht grundsätzlich abgelehnt, sondern ist dann ein willkommenes Mittel, wenn sie Erfolg verspricht. Die Diagnose scheint eindeutig, und die Schlussfolgerung auch: Echte Demokraten können mit dieser Gruppierung niemals zusammenarbeiten.

Drei Wochen vor dem Wahltermin in Berlin im September 2021, bei dem auch über die nach Meinung namhafter Experten verfassungswidrigen Pläne eines linken Bündnisses, unzählige private Wohnungen in Berlin zu enteignen, abgestimmt werden sollte, fiel das auch Gewerkschaftsvertretern auf. Man hätte nie mit solchen Sekten wie der *IL* zusammenarbeiten dürfen, hieß es plötzlich. Die Linksextremisten haben dort still und leise das Ruder in die Hand genommen und damit – Überraschung! – ihre Strategie der Entgrenzung vollkommen umgesetzt. Was als blauäugig angenommene Hilfe bei der Sammlung von Unterschriften für ein Volksbegehren begann, wurde zum totalen Kontrollverlust über strategische Ausrichtung, öffentliche Kommunikation und interne Mindestanforderungen an den respektvollen Umgang miteinander. Was den Gewerkschaften noch blieb, waren inhaltlich zwar zutreffende, aber doch hilflos wirkende Pressezitate über die »wohlstandsverwahrloste Narzissten-Truppe« und »eitle Berufsquatscher«, denen die Mieter der Stadt letztlich egal seien. Ohne jegliche Häme gegen diese Initiative, die auch ohne die Machtübernahme von Extremisten ganz weit links einzuordnen ist, muss ich zusammenfassen: Wer nicht hören will, muss fühlen. Es soll anderen eine Warnung sein, mit diesen Verfassungsfeinden zu paktieren.

Der mittlerweile tatsächlich enorme Einfluss ultralinker Gewalttäter auf große Teile der Gesellschaft zeigte sich im Sommer 2020 exemplarisch bei der Räumung einer bis dahin über die Szene hinaus kaum bekannten Kneipe im Neuköllner Schillerkiez. Das *Syndikat* sah sich selbst als linke Szenekneipe, als Freiraum, als alternatives Projekt, betrieben nicht von Eigentümern, sondern von einem sogenannten Kollektiv. Und es wäre auch verfehlt, das Syndikat mit linksextremistischen Brutstätten wie der »Kadterschmiede« (selbst gewählte Bezeichnung: »das komitee der revolutionären kadterschmiede gegen volk und nation«) oder dem »Anarcha-Queer-Feminist Collective« Liebig 34 im Bezirk Friedrichshain-Kreuzberg gleichzusetzen.

Dass die von Linksextremisten sorgfältig aufgebaute gemäßigte Fassade eingerissen wird, sobald es nützlich erscheint, zeigen die brutalen und gezielten Gewaltausbrüche anlässlich der gerichtlich angeordneten Räumung der Kneipe aber dennoch. Die sehr umfangreich dokumentierten Ereignisse rund um die Räumung haben uns allen unabweisbar vor Augen geführt, welch staats- und menschenverachtendes Potenzial innerhalb der linken Szene vorhanden ist.

Während der Räumung der Gewerberäume kam es zu sechsundsechzig Ermittlungsverfahren gegen Unterstützer der linken Szene. Darunter mehrere versuchte gefährliche Körperverletzungen, schwerer Landfriedensbruch, tätliche Angriffe und Widerstand gegen Vollstreckungsbeamte, Verwenden von Kennzeichen verfassungswidriger Organisationen, Verstöße gegen das Waffen- sowie das Sprengstoffgesetz. Einem Beamten wurde von mehreren Linken gezielt der Schutzhelm abgerissen und anschließend eine Glasflasche in das Gesicht geschmettert, wodurch er schwerste Verletzungen erlitt und lange Zeit um sein Augenlicht fürchten musste.

Dabei ist auch die Wahrnehmung der direkten Anwohner im Neuköllner Schillerkiez interessant. Die Kneipe wurde – sicher nicht gänzlich ohne Grund – als Bestandteil der Nachbarschaft gesehen. »Man hat sich dort gekümmert«, hörte man immer wieder. Wer gerade nicht flüssig war, bekam seine Molle eben so. Wer Probleme beim Amt hatte, konnte sich schon mal Rat und Begleitung holen. Die soziale Verankerung war so groß, dass bei der Räumung selbst ganz bürgerlich daherkommende Anwohner eher Sympathien für linke Gewalttäter als für die Männer und Frauen der Berliner Polizei äußerten.

Es schmerzt mich, feststellen zu müssen, dass die perfide Strategie der linken Extremisten vollen Erfolg hat. Und sie wird es weiter haben, wenn nicht alle demokratischen Menschen in diesem Land ein klares Signal gegen jede Form des Extremismus setzen. Gewerkschaften, Kirchen, Parteien, Jugendverbände und vom Staat finanzierte Initiativen dürfen mit diesen Organisationen genauso wenig zusammenarbeiten wie mit der rechtsextremen *Identitären Bewegung*. Es darf bei der Abgrenzung zu Staats-, Demokratie- und Menschenverachtung keine zwei Maßstäbe geben.

Epilog – Der Mut, den Deutschland braucht

Was wird aus diesem Bezirk, dem ich mein gesamtes bisheriges politisches Leben gewidmet habe? Andere winken mit dieser Frage konfrontiert müde ab. Zu kompliziert, zu anstrengend, zu wenig prestigeträchtig. Neukölln gibt nicht immer schöne Bilder, im Gegenteil. Bilder aus Neukölln sind meist düster, gar fatalistisch. Nur in wenigen schimmern die Chancen durch, die sich in diesem Mikrokosmos der Republik mit 330 000 Einwohnern bieten. Es ist nicht einfach, hier etwas zu erreichen, und Dank gibt es kaum. Aber es macht süchtig, hier Erfolge zu erzielen. Und seien sie noch so klein und mühsam erkämpft.

Was wird aus Neukölln? Diese Frage bereitet mir keine schlaflosen Nächte. Ich weiß um die vielen absurd anmutenden Probleme, von denen jedes einzelne einen zur Verzweiflung treiben kann. Aber ich weiß auch um die ungeheure Kraft und den Willen so vieler Menschen mit so vielen Ideen, so viel Mut und so viel Entschlossenheit.

Jedoch: Wenn sich unsere Mehrheitsgesellschaft wie in den letzten Jahrzehnten weiterhin selbst einredet, dass jede noch so vorsichtige Kritik an Integrationsversagen nicht erlaubt ist, dass Migration nur gut für sie ist und dass Fehler zuallererst immer bei sich selbst zu suchen sind, dann fällt echte Veränderung schwer. Wer sich reflexhaften Rassismusvorwürfen ausgesetzt sieht, muss entweder viel Mut oder eine hohe Schmerztoleranz mitbringen, um auf Kurs zu bleiben. Kirsten Heisig hatte beides. Heinz Buschkowsky hat beides. Und auch Ahmad Mansour hat beides. Darüber hinaus wird es eng.

Denn der Mut zeigt sich nicht in immer schärferen, überzogenen und schlicht auf Polemik abzielenden Problembeschreibungen. Er zeigt sich in dem Willen, etwas konkret zu verändern. Zu machen. Schritt für Schritt, weil es anders nicht geht. Langsam und zäh, weil man viele Menschen noch überzeugen und mitnehmen muss. Dieser Mut zeigt sich in der jahrelangen harten Arbeit an den wirklich wichtigen Themen einer Gesellschaft, die sich ändern muss, um zu bestehen. Aus eigener, teils bitterer Erfahrung weiß ich: Krampfhaft am Traum von der multikulturellen Gesellschaft festzuhalten, hilft niemandem. Am allerwenigsten denen, die ihren Platz in unserer Gesellschaft noch suchen.

Identitätspolitik ist in diesem Sinne ein reines Placebo für Menschen, die sich über die moralische Entrüstung anderer gegenüber definieren, selbst aber keine Ideen, keinen Antrieb oder auch nur die Fähigkeit haben, wirklich etwas zu bewegen und das Leben derer, für die sie einzutreten vorgeben, tatsächlich zu verbessern. Da treten erbittert und rücksichtslos geführte Debatten über Straßennamen an die Stelle von echten Bildungschancen. Gedichte werden verbannt, anstatt für gute Bezahlung gesellschaftlich relevanter Berufe zu sorgen. Aus dem akademischen Elfenbeinturm diktierte Sprachregeln verdrängen den Anspruch auf echte Gleichberechtigung. Und Redner werden niedergeschrien, anstatt am Streit in der Sache gemeinsam zu wachsen.

Der Mut zeigt sich deshalb auch darin, den digitalen Empörungszirkus auszuhalten. Er kommt regelmäßig in die Stadt, teert und federt mit beinahe kindlicher Wonne und neu entdeckter deutscher Gründlichkeit die moralisch Verwerflichen, um dann schnell weiterzuziehen. Anknüpfungspunkte an die reale Welt gibt es allenfalls, wenn ein Zeitungsredakteur gerade keine Lust auf Journalismus hat und stattdessen Twitter-Beiträge abschreibt und online stellt. Viel zu oft häufen sich solche puren Wiederholungen von mehr oder weniger geistreichen, oft belanglosen, aber stets nur in der Absicht der Bloßstellung des politischen Gegners verfassten Kurznachrichten und treten an die Stelle von wirklich ernst zu nehmendem Journalismus, der noch als Handwerk verstanden wird. Zurück bleibt meist nichts als verbrannte Erde. Die Probleme von gestern sind weiterhin da, es traut sich nur keiner mehr, sie anzusprechen oder sie zu bearbeiten. Man muss das aushalten können, wenn man sich an die Themen heranwagt, die die Zukunft unseres Landes entscheiden werden.

Der Mut zeigt sich in der aufrechten Haltung gegen Demokratieverächter und Extremisten, die aus allen Richtungen auf das bei Weitem nicht perfekte, aber beste Deutschland, das wir je hatten, verbal und physisch einprügeln. Von weit rechts. Von links. Mit religiösem Fanatismus, kulturellem Überlegenheitswahn und dem Impetus einer vollkommenen Umwälzung und Überwindung unserer freiheitlichen Gesellschaft. Gelingt ihnen das in Neukölln, wird es ihnen überall gelingen. Dann scheitert das Erbe der hart erstrittenen Aufbaujahre unserer Großeltern und Urgroßeltern. Dann ist Neukölln nur der Anfang.

Der Mut zeigt sich aber auch im wenig glamourösen Ringen um beste Chancen für alle Kinder in diesem Land. Und ich meine *alle* Kinder. Nicht nur jene, die das Glück haben, bei gebildeten, warmherzigen und zu jeder Zeit geduldigen Eltern aufzuwachsen. Die Erziehung und die Pflege von Kindern ist Privileg und Bürde zugleich. Wer sie nicht alleine tragen kann, dem muss der Staat helfen. Ohne Ansehen der Person, der Herkunft, des Nettoeinkommens oder der Anspruchshaltung.

Dazu müssen wir Politiker nicht einmal in die Familien hinein. Meist reicht es, wenn wir gute Betreuungsplätze zur Verfügung stellen, die von anständig bezahlten und engagierten Erzieherinnen und Erziehern in solchen Räumen angeboten werden. Es reicht, wenn wir Schulen bauen und instand halten, bei deren Anblick wir selbst uns einen Ganztagsunterricht vorstellen können und deren Toiletten wir selbst benutzen würden. Und wenn wir gleichzeitig verstehen, dass Lehrerinnen und Lehrer Bildung vermitteln sollen und keine grundlegenden Sozialkompetenzen. Das ist nämlich nicht ihr Job. Das ist Aufgabe der Eltern.

Wo das alles nicht reicht, müssen wir mehr tun. Mehr unterstützen, mehr anbieten, aber eben auch mehr Druck machen. Kinder, die sich in der Grundschule nicht allein die Schuhe zubinden oder einen geraden deutschen Satz sprechen können, die noch nie Knete gesehen haben und sich nicht unfallfrei den Po abwischen, haben ernste Schwierigkeiten – und sie sind auf dem besten Weg, als Bildungsverlierer die nächste Generation von Hartz-IV-Empfängern zu begründen.

Der Mut, den Deutschland braucht, zeigt sich auch darin, wie wir mit den Schwächsten unserer Gesellschaft in Not umgehen. Dass wir Kinderschutz ernst nehmen und weder Datenschutz noch lieb gewonnenen Standesdünkel ernsthaft als Argument gegen ihn verwenden. Dass wir suchtkranke Menschen als das sehen, was sie sind: Kranke, die unsere Hilfe brauchen. Und gleichzeitig diejenigen mit harter Hand und gnadenlos verfolgen und bestrafen, die das ganze menschliche Elend einer Drogensucht gierig grinsend ausnutzen.

Dass wir den Staat nicht als notwendiges Übel, als Gegner und Unterdrücker sehen, sondern als das, was er ist: Garant unserer Sicherheit, unseres Wohlstandes, unserer Zukunftschancen. In Berlin galt es jahrzehntelang als spießig und reaktionär, die Einhaltung der von uns selbst gegebenen Regeln einzufordern. Mit dem Motto der Stadt »*be*Berlin« wurde dieser himmelschreiende Nihilismus einer neuen digitalen Bohème zum Leitbild erkoren. Augenzwinkernd über Regelverstöße hinwegzusehen war Ausweis besonderer Weltoffenheit und Toleranz und garantierte viele Jahre lang lobende Erwähnungen im öffentlich-rechtlichen Fernsehen und in linksliberal geprägten Zeitungsredaktionen. Wer die damit einhergehenden Probleme angesprochen hat, galt als entweder rechts, reaktionär oder jedenfalls des Rassismus hochverdächtig.

Bis die Pandemie kam. Das linke Berlin sträubte sich lange. Wollte dann aber doch irgendwie schon ein Stück weit, und nur wenn es keinem so wirklich wehtut, und überhaupt, so ein bisschen könnte doch jeder mal mitmachen, weil, wenn schon die Kanzlerin es sagt, na ja, dann müssen wir halt auch ein wenig was tun. Verzögern, relativieren, beobachten. Der rot-rot-grüne Senat unter dem ehemaligen Regierenden Bürgermeister Michael Müller (SPD) hat diese Steckenpferde seiner Amtszeit während der Pandemie zur wahren Paradedisziplin ausgebaut.

Leider musste dasselbe linke Berlin feststellen, dass man sich Ordnungsamtsmitarbeiter, Polizistinnen und Verwaltungsbeamte, die Bußgelder auch durchsetzen, nicht backen kann. Genauso wenig wie Pflegekräfte und Ärzte. Genauso wenig wie gut ausgestattete Gesundheitsämter, eine anständige IT-Ausstattung und auch nur annähernd als akzeptabel geltende Büroräume für die vielen Menschen, die Kontakte nachverfolgen, Quarantäne aussprechen und Menschenleben retten sollten.

Jedes einzelne dieser Probleme ist ein Neuköllner Problem. Aber sie werden zu unser aller Problemen. Neukölln ist in seiner Widersprüchlichkeit, seiner Vielfalt, seinen sozialen, kulturellen, religiösen und politischen Spannungen ein Mikrokosmos, ein Labor, ein Spiegel unseres ganzen Landes. Was wir hier erreichen, hat zuvor in Deutschland Schule gemacht und wird es wieder tun. Und wenn wir hier versagen, wird die Zukunft unserer Kinder und Enkel eine andere. Es ist an uns allen, das zu verstehen und das Beste aus Neukölln, das Beste aus diesem Land zu machen.

Schon zu Beginn der Pandemie in der ersten Jahreshälfte 2020 war mir klar, dass Neukölln mal wieder vor einem Berg neuer Probleme stehen wird. Wo schon in den letzten Jahren Schultoiletten defekt und dreckig waren, wird es nach Steuerausfällen in Milliardenhöhe und ebenso großen Ausgaben für Rettungsschirme keine großen Sanierungen geben können.

Wo schon vorher kein Geld für Sozialarbeiter da war, werden suchtkranke Menschen in Zukunft wohl erst recht allein gelassen. Und wo kleine, aber lebenswichtige Kiezprojekte bisher schon jedes Jahr aufs Neue um wenige Euros betteln mussten, wird sich absehbar keine stetige und ausreichende Finanzierung für Elterncafés, Familienlotsen und Frauenhäuser finden.

Neukölln wird zusammenrücken und auch das durchstehen. Weil wir es gewohnt sind, auf uns gestellt zu sein. Der Neuköllner zetert und schimpft, schaut sich um, schlägt den Kragen hoch und macht dann einfach weiter. Wer soll es denn sonst tun?

Wenn es stimmt, dass Neukölln das Labor für Deutschland ist, dann wird mir nicht bange. Dann können der Mut und die Zuversicht aus Neukölln inspirierend für das ganze Land sein.

Addendum: Die Wahl

Das Superwahljahr 2021 hat die Karten neu gemischt. Und Deutschland sitzt mit heruntergelassener Hose und einem miesen Blatt da. Die viele Jahre das Land führende Union ist nach sechzehn Jahren Kanzleramt inhaltlich und personell erschöpft und vor allem mit Ansage gescheitert. Die Verantwortlichen dafür müssen den Grundsatz »erst das Land, dann die Partei, dann die Person« ernst nehmen, wenn die Union nicht anderen konservativen Kräften in Europa in die Bedeutungslosigkeit folgen soll. Nach der Bundestagswahl 2021 begann zunächst zäh der endlich notwendige Prozess der Erneuerung, das Abschneiden alter Zöpfe und die brutalstmögliche Aufarbeitung des Wahlergebnisses. Und ich bin sicher, dass uns das auch gelingen wird, denn es ist praktisch alternativlos.

Klar, ich bin der festen Überzeugung, dass eine unionsgeführte Bundesregierung im Grundsatz gut für dieses Land ist – nicht nur mangels erprobter Alternative, sondern weil das christdemokratische Wertefundament, ihre Fähigkeit zum Ausgleich verschiedenster Interessen und ihre Bereitschaft, eigene Überzeugungen zu hinterfragen und den gesellschaftlichen Realitäten anzupassen, ohne in die orientierungslose Beliebigkeit einer Sozialdemokratie abzudriften, entscheidend für den Erfolg dieses Landes war, ist und sein wird. Aber ich sehe auch, dass Vertrauen in die Selbsterneuerungskraft dieser einzigen noch wirklich staatstragenden Partei erst wieder gewonnen werden muss. Das wird außerhalb von Regierungsverantwortung schon schwer genug, wenn es überhaupt gelingen soll. Mein Herz hängt an dieser Partei. Und ich hoffe sehr, dass die neue Führung es ernst meint mit der Erneuerung von Kopf bis Fuß.

Als ich diese letzten Zeilen des Buches schrieb, deutete alles auf eine neue Bundesregierung aus Sozialdemokraten, Grünen und Liberalen hin. Auch wenn ich mir gut vorstellen kann, dass sich Christian Lindner und Robert Habeck an der Frage, wer das Finanzministerium führen soll, vollkommen zerstreiten, muss ich doch davon ausgehen, dass diese Koalition im Bund Realität wird.

Mit Blick auf diese erste Bundesregierung in der Nach-Merkel-Ära hege ich die Hoffnung, dass sich die führenden Kräfte von SPD und Grünen nicht von ihrer eifernden Basis in eine paternalistische Verbotspolitik treiben lassen, sondern an der neuen Verantwortung wachsen. Nennen Sie es Zweckoptimismus, nennen Sie es Blauäugigkeit. Das zum Leidwesen meiner Parteifreunde im Südwesten grün regierte Baden-Württemberg zeigt, dass grüne Ideologie vernünftigem und lösungsorientiertem Regierungshandeln weichen kann. Dass die Grünen im Ländle für die Grünen in Friedrichshain-Kreuzberg genau das bürgerliche Feindbild sind, das sie andernorts mit allen Mitteln bekämpfen, muss diese Partei mit sich selbst klären.

Vielleicht wird dieses Spannungsfeld die größte Aufgabe dieses neuen Bündnisses auf Zeit. Es war nur eine kleine Episode im

Vorwahlkampf 2021. Aber dass Teile der grünen Partei das Wort »Deutschland« als negativ assoziiert begreifen und meinen, es passe eher zur AfD, hat das Potenzial, die Partei und damit auch die neue Bundesregierung zu zerreißen. Auch und gerade, weil es in der Sozialdemokratie nicht wenige gibt, denen solche Ideen nicht fremd sind. Ich persönlich würde jedem, der auch nur ansatzweise so denkt, nahelegen, keine öffentlichen Ämter in unserem Land anzustreben. Es würde ihm zahlreiche schlaflose Nächte ersparen. Das gilt übrigens auch für alle, die damit kokettieren, Extremisten zu sein.

Die Ampel aus SPD, Grünen und FDP wird kein Bündnis der Mitte sein, wie es vor allem die Liberalen immer wieder pflichtschuldig beteuern. Es ist das, was zwei von drei Parteien dieser Koalition es werden lassen: ein Linksbündnis. Vor allem die stark nach links gerückte sozialdemokratische Bundestagsfraktion wird jeder bürgerlichen Politik einen Riegel vorschieben. Dazu muss man sich nur die innerparteilichen Kräfteverhältnisse ansehen: von den 206 Bundestagsabgeordneten der SPD sind 49 Mitglied der sozialistischen Nachwuchsorganisation Jusos. Mehr als halb so viel wie die gesamte FDP-Fraktion. Und mit enormer innerparteilicher Schlagkraft – gemeinsam haben sie Olaf Scholz die größte Niederlage seines politischen Lebens beschert und ihn bei der Wahl zum Parteivorsitz auf offener Bühne gedemütigt. Er soll lieber nicht hoffen, dass sie es nicht noch einmal tun werden. 2017 war es der Vorsitzende der in weiten Teilen rechtsextremistischen AfD-Fraktion, der mit Blick auf die Bundesregierung ankündigte, »wir werden sie jagen«. Die Zeiten sind vorbei. Diese Bundesregierung wird von den eigenen Leuten gejagt werden. Und die Liberalen werden dem nichts entgegensetzen können, da sie sich ein schnelles Scheitern der Koalition nicht leisten können. Ich lehne mich nicht weit aus dem Fenster, wenn ich sage, dass wohl kaum ein Wähler sein Kreuz bei der FDP gemacht hätte, um eine linke Bundesregierung zu bekommen. Die

Führung der Liberalen weiß das, kann sich aber nach dem peinlichen Scheitern der Jamaika-Koalitionsverhandlungen 2017 nicht erneut den Gang in die Opposition erlauben. Aus »Es ist besser nicht zu regieren, als falsch zu regieren« wird »Es ist besser, irgendwie zu regieren, als gar nicht«.

In Berlin werden die Sozialdemokraten als stärkste politische Kraft weiterhin die Landesregierung führen. Es ist ein Unglück für die Stadt, dass es mit einer linken Mehrheit ein schlichtes »Weiter so« geben wird. Denn eine andere Mehrheit wäre möglich gewesen. Eine Mehrheit, die die ganze Stadt in den Blick nimmt, statt ausschließlich die Innenstadt. Mit einer Politik des Ausgleichs, statt Identitätspolitik für bis ins Kleinste gespaltene gesellschaftliche Gruppierungen. Und mit dem ehrlichen Versuch, die Stadt zum Funktionieren zu bringen, statt dem Wohlfühlen in ideologisch begründeter Unzulänglichkeit. Eine echte Koalition der Mitte, die dieses Land nach Jahren der gewollten gesellschaftlichen Spaltung so bitter nötig gehabt hätte, wäre möglich gewesen. Doch gegen die strukturell linke Mehrheit in der Berliner Sozialdemokratie kommt dank für sie enttäuschenden Wahlergebnis auch eine pragmatische Parteiführung nicht an. Es werden weitere fünf verlorene Jahre für Berlin werden.

Diese Partei ist buchstäblich für alles, was in Berlin in den letzten dreißig Jahren in dieser Stadt entschieden wurde, verantwortlich. So lange sitzen sie ununterbrochen im Senat und stellen seit zwanzig Jahren ununterbrochen den Regierenden Bürgermeister. Und so lange war Zeit, die Verwaltung von Kopf bis Fuß zu sozialdemokratisieren. Es würde weitere Jahrzehnte brauchen, um die Stadt von dieser bleiernen Schwere und zahllosen Parteifunktionären in den mittleren und oberen Führungspositionen der Landesverwaltung zu befreien. Wenn man denn einmal anfangen würde. Diese Chance ist vertan.

Kitakrise, Schulkrise, gescheiterte Digitalisierung, Polizei und Feuerwehr am Limit, vernachlässigte Gesundheitsämter,

Verkehrspolitik als ideologisches Schlachtfeld, Identitätspolitik als Staatsdoktrin, eine gespaltene Stadt ... Sie ergänzen bitte selbstständig. Für all das trägt die Berliner Sozialdemokratie die Verantwortung. Nicht allein, aber seit vielen Jahrzehnten mit großer Kontinuität. Ich habe nie verstanden, warum sie noch immer den Freifahrtschein ins Rote Rathaus erhalten. Man sagt, es sei Wahnsinn, stets das gleiche zu tun und ein anderes Ergebnis zu erwarten.

Jedenfalls scheint die Strategie, im letzten Jahr des vor sich hin stolpernden Senats mit leidlich neuem Personal die eigene Opposition zu spielen, bei den Berlinerinnen und Berlinern anzukommen. Wie glaubwürdig ist jemand, der kurz vor der Wahl alles verspricht, was er in jahrzehntelanger Regierungsverantwortung selbst verhindert hat? Ich prophezeie schon heute, dass von ehrgeizigem U-Bahn-Ausbau über Stärkung der Inneren Sicherheit bis zum dringend notwendigen Wohnungsneubau kaum etwas wirklich umgesetzt werden wird. Warum auch? Es lief doch bisher hervorragend.

Gerade jene, die den politischen Islam nicht nur gewähren lassen, sondern ihn aktiv unterstützen und fördern, werden damit weitermachen. Ein Fanal für das ganze Land. Aber ist Berlin damit verloren? Ich kann es niemandem verdenken, der es so sieht. Aber ich habe mein ganzes politisches Leben dafür gearbeitet, dass diese Stadt besser wird, als sie ist. Ich werde jetzt nicht damit aufhören.